Roman Petrov

3S

Система сталих продаж

Найпідступніший і найхитріший спосіб збільшення продажів – це щира любов до клієнта.

3s@petrov.re

"3S: Sustainable Seales System - Система сталих продажів" - це піонерська книга, яка відкриває передовий підхід до етичного продажу у 21 столітті. Вона переосмислює саму суть успішного продажу, акцентуючи увагу на відкритості, щирості та силі рекомендацій від клієнтів. Обіймаючи ці принципи, професіонали у сфері продажів можуть створювати довготривалі відносини, основані на довірі та автентичності, що призводить до довготривалого успіху.

Протягом книги читачі виявлять справжню кладовицю практичних прикладів, що демонструють застосування етичних технік продажу. Від індивідуального досвіду з клієнтами до адаптованих рішень, ці реальні сценарії показують трансформуючу силу етичного продажу на практиці. Більше того, книга виходить за рамки простих оповідань, надаючи читачам теоретичних обгрунтувань на основі психології поведінки та досліджень у сфері продажів. Розуміючи основні принципи цих стратегій, продавці отримують міцну базу для адаптації та коригування свого підходу в швидко змінюваному ринку.

Практичність "3S: Система сталих продажів" доповнюється її теоретичною глибиною. Через всеосяжний дослідження різних технік та стратегій продажу читачі отримують уявлення про динаміку прийняття рішень клієнтами та фактори, які визначають лояльність та рекомендації. Озброєні цим знанням, професіонали у сфері продажів можуть впевнено долати етичні виклики, приймаючи принципові рішення та досягаючи видатних результатів. Будь ви досвідченим експертом у продажах чи новачком у цій сфері, ця книга служитиме надійним путівником, оснащуючи вас необхідними інструментами та знанням для успіху в світі етичного продажу.

Roman Petrov

«3S: Система сталих продажів »

      Роман Петров - це бельгійський цивільний інженер українського походження, який раніше був спеціалістом з продажів, бізнес-тренером, бізнес-консультантом та інструктором. Роман відомий своїми публікаціями з продажів та управління продажами в різних бізнес-виданнях. Він є співавтором книги "Реконізм", автором книг "Сексономія" та "400 Основні життєві уроки, які повинна знати кожна дитина". Роман здобув популярність завдяки своїм захоплюючим виступам як спікер на різних конференціях. Маючи понад 15 років досвіду в продажах та управлінні продажами, Роман володіє глибокими знаннями в понад 20 галузях, включаючи авіацію, фінансові послуги, юриспруденцію, інформаційні технології, FMCG, консалтинг, сільське господарство, франчайзинг, медіа, рекламу, мережевий маркетинг та інші сектори економіки.

Зміст

Для моєї дорогої Насті,
людині, якій я нічого не продавав.

Передмова: Нова ера етичних продажів

Ласкаво прошу у світ етичного продажу! У цьому стрімко змінюваному бізнес-ландшафті, де свідома поведінка споживачів та екологічна свідомість відіграють ключову роль, необхідно переосмислити наш підхід до продажів. Минули часи жорстоких тактик та експлуатуючих практик; настав час для зміни парадигми на більш прозорий, сталий і орієнтований на репутацію підхід.

Як інженер за освітою та магістр фінансового управління, я розпочав захоплюючу подорож, що привела мене до вивчення різних областей у своєму житті. Перед переїздом до Бельгії я занурився в світ консалтингу з продажів, використовуючи свою експертизу та знання для допомоги організаціям у розробці ефективних стратегій продажів. Саме тоді я зрозумів, що в теорії продажів щось не так, і почав розуміти суть того, що потрібно змінити.

Живучи у 21 столітті, де переважає екологічна свідомість, ми заступаємося за екологічні практики, сталий розвиток та управління відходами. Однак, парадоксально, ми продовжуємо спостерігати за хижацькою та опортуністичною поведінкою в процесі продажу. Це більше не відповідає цінностям сучасного, прозорого та відкритого світу, де споживачі мають все більше влади, а продавці повинні прагнути заробити свою репутацію.

Мотивований цим усвідомленням, я вирішив відобразити свої думки та досвід у книзі про продажі, яку я опублікував в Україні російською мовою перед своїм переїздом до Бельгії. Попри те, що я обрав кар'єру інженера після прибуття в Бельгію, мій шлях перетнувся з консультативними продажами в одній з компаній, для якої я працював, де я надавав технічні рішення для підтримки представників з продажів.

Знову в мені з'явилася потреба поділитися своїми знаннями, і я взявся за переклад своєї книги англійською та українською. Результат цієї роботи тепер перед вами. Ця книга включає в себе суть моїх думок та статей, які я спочатку ділився на своєму блозі, у бізнес-виданнях та через презентації на конференціях. Досліджуючи мій веб-сайт, ви знайдете основні статті, які лягли в основу цієї книги.

Все, що я зробив - це зібрав ці тексти, відточив і організував їх, і представив вам у формі книги. Сподіваюся, що на її сторінках ви відкриєте для себе новий погляд на продажі - погляд, який обіймає чесність, співчуття та сталі практики. Приймаючи етичний підхід до продажів, ми можемо створити взаємовигідне оточення для покупців та продавців, підтримуючи довгострокові відносини і доглядаючи нашу репутацію.

Запрошую вас розпочати цю трансформуючу подорож разом зі мною і вивчити принципи та стратегії, які можуть революціонізувати спосіб, яким ми продаемо. Разом давайте введемо нову еру етичного продажу, де успіх вимірюється не тільки фінансовими досягненнями, але й позитивним впливом, який ми створюємо для наших клієнтів, наших спільнот та нашого світу.

Приємного читання!

Роман   Петров

Про продажі з любов'ю

I have never been involved in marketing. I simply loved my customers.

Zino Davidoff

Уся ця книжка буде присвячена тому, що продажі без любові неможливі. Немає "фішок", "скриптів", "слів", "фраз", "запитань", "технік", які гарантовано працюють і які змусили б клієнта прийняти рішення про покупку. Будь-яке слово, вимовлене продавцем, може бути сказано як з любов'ю, так і без неї. І тільки від цього залежатиме результат переговорів.

Зараз мало хто пов'язує продажі та любов. Куди частіше говорять про "боротьбу", "перемоги" і мало не "бойовий гіпноз". У масовій свідомості продажі взагалі часто вважаються чимось таким, що межує з шахрайством і обманом. Проте, на ділі торгівля нерозривно пов'язана з поняттям любові до ближнього. Дикі звірі не торгують, вони просто забирають силою все, що можуть забрати. Торгівля зародилася в людському суспільстві тоді ж, коли з'явилися поняття справедливості, взаємодопомоги та довіри.

Найархаїчніші форми торгівлі взагалі не були пов'язані з економічною вигодою. Обмін надлишками спочатку мав символічний характер, означаючи дружбу, мир і любов між двома людьми або їхніми групами. У міру зростання продуктивності праці такий обмін став приносити не тільки символічну, а й реальну економічну користь, замість епізодичного обміну подарунками виникла регулярна торгівля, що підстьобнула подальшу спеціалізацію та поділ праці, розкручуючи маховик людської цивілізації.

Хорошому рибалці більше не треба було займатися збором фруктів або полюванням – він завжди міг розраховувати на те, що йому вдасться продати свій улов і купити все необхідне. При цьому його благополуччя багато в чому залежало від благополуччя тих, з ким він торгував, адже якщо у них справи були погані, то вони не змогли б заплатити йому за рибу хорошу ціну. Торгівля зв'язала людей узами взаємної залежності так само, як це робить кохання. На відміну від війни або конкуренції в торгівлі вигоду отримують обидві сторони.

Спеціалізація людей, виникнувши одного разу, тільки поглиблювалася. Професіонали з'явилися в кожній галузі. Зрозуміло, доглядати за своїм урожаєм міг би і ткач, а винороб, імовірно, впорався б із виробництвом сукна для своєї родини. Однак спеціалізація виявляється економічно вигіднішою, навіть коли домогосподарство здатне самостійно виконувати для себе всі необхідні операції.

Уявімо собі сім'ю ткача і сім'ю винороба. Ткач витрачає на вироблення одного метра сукна 15 годин. За бажання він також міг би робити вино, на виробництво пляшки якого витрачав би 20 годин. Водночас у, скажімо, спритнішого винороба на виробництво пляшки вина йде 5 годин. При цьому він може ткати сукно навіть швидше за самого ткача, витрачаючи на вироблення одного метра 10 годин. Здавалося б, за таких умов ткач мав би збанкрутувати: його потенційний клієнт сам здатен забезпечити свою сім'ю необхідною для пошиття одягу кількістю тканини. Та й пляшку вина він виробляє набагато швидше. Але давайте порахуємо.

Наприклад, ткач обмінює метр сукна на пляшку вина, заощаджуючи 20 – 15 = 5 годин свого часу. Водночас ця угода вигідна і для самого винороба, хоч він і міг би через свою моторність виробляти і вино, і сукно швидше, ніж ткач. Річ у тім, що метр сукна він купить лише за 5 годин роботи, тоді як сам би він виткав його за 10 годин. Тож він, так само як і ткач, економить на цій угоді 5 годин.

У виграші залишаються обидві сторони. Нехай навіть винороб здатний виробляти обидва продукти швидше, ніж ткач, спеціалізація все ж призводить до того, що ткачеві відносно вигідно займатися ткацтвом, а виноробу – вином.

Водночас кожен ткач хотів виручити більше за виткане ним сукно, а кожен винороб сподівався продати своє вино якомога вигідніше. Поряд із володінням певною професією кожен мав ще й уміти торгувати. Звісно, навички торгівлі поступово самі виросли в окрему спеціалізацію: з'явилися професійні купці й торговці – люди, що володіють запасами різних товарів і здатні вести вигідний для всіх обмін. Вони привласнювали собі частину різниці у вартості виробництва товарів, що існувала у спеціалізованих виробників, і отримували прибуток за надані послуги, теж будучи, своєю чергою, фахівцями в певній галузі – у продажах.

Коли люди жили в невеликих громадах, і продавці, так само, як і постачальники товарів, були в усіх на виду, не було особливого сенсу шахраювати або обманювати. Навпаки, найбільшого успіху могли домогтися саме ті посередники, яким довіряла громада. Вони дозволяли іншим членам громади займатися своєю справою, забезпечуючи їх товарами, які ті не виробляли самі.

На жаль, сьогодні продажі сприймаються вже не як інструмент, що об'єднує суспільство, не як цемент у кладці, а як щось протилежне єдності, що фактично виключає її. Сам іменник "продажність" має негативне забарвлення, а слово "продати" є ледь не синонімом дієслова "обдурити". Те, що хтось "купився", натякає лише на його недалекість. Прилавок – лінія фронту, торгаш – ворог суспільства. А ремесло продавця (або "продажника"), незважаючи на надзвичайну затребуваність, перебуває в самому низу ієрархії професій, десь поруч із золотарем або злодієм.

Тепер людина, обираючи, по який бік прилавка їй стояти, і ухвалюючи рішення на користь продажів, вирушає туди як на війну. Продавець – це неодмінно людина з активною життєвою позицією, яка не пасує перед труднощами, вміє боротися і домагатися своїх цілей, вовк, якого годують ноги. Романтика продажів, підтримана кінофільмами, стала романтикою боротьби. "Are you man enough?" – запитує у продавця нерухомості герой Алека Болдвіна у фільмі "Glengarry Glen Ross". Однак боротьба – це завжди руйнування, завжди протистояння. Люди, які вважають метою всього свого життя боротьбу, рідко бувають успішними. Боротьба безперспективна, а її ідея, прищеплена нам з дитинства героїчними творами, є не більше ніж спробою возвеличити або, точніше, виправдати дії щасливого солдата, який став королем. Більшість успішних людей сприймає життя як гру, а не як боротьбу. Подумайте про це.

Поміркуйте про любов замість боротьби. Адже любов – це не що інше, як відчуття того, що твоє щастя залежить від добробуту іншої людини. У малому, первісному, суспільстві, де залежність благополуччя людей один від одного очевидна, ефективний і взаємокорисний обмін благами був, по суті, реалізацією почуття любові людей один до одного.

Прямо на наших очах історична спіраль завершує свій оборот, і ми можемо побачити, як парадигма боротьби йде, поступаючись місцем парадигмі взаємодопомоги і любові. У сучасному світі все менше місця залишається для хитрощів та інтриг. Завдяки інтернету і соціальним мережам сьогодні всі знають один про одного майже все. Або можуть дізнатися, погугливши буквально кілька хвилин. Будь-які трюки та хитрощі в таких умовах поступово перестають діяти, і на перший план виходить щирість і прозорість.

На що після цього сподівається продавець, який сприймає свою роботу як боротьбу, а прилавок – як лінію фронту? На довіру з боку покупця? Але як можна вірити ворогові? Як можна довіряти тому, чия робота – обманювати? Чи можна знайти правду на війні, де інформацію замінює пропаганда, замість відкритості надають перевагу розвідданим, а на зміну справжнім намірам приходять дезінформація і маневри; де замість білого чорне?

Ця книга про Білі продажі. Про підхід до продажів, який повертає їм первісну роль – роль цементу суспільства. Я не кажу нічого нового, коли стверджую, що обманювати погано. Але я не просто заявляю, що потрібно бути відкритими і щирими, а пояснюю, як і чому це вигідно. Насамперед, для продавця. Сьогодні він просто не буде успішним, якщо не буде відкритим і прозорим. Білі продажі – єдиний інструмент продажів,   доречний   у   XXI   столітті..

Що ми продаємо

> *Люди купують довіру перш,
> ніж вони куплять товари.*
>
> *Марк Стівенс*

Знак відмінності

На ринку, де ви працюєте, необхідно чітко розуміти, чим ваша компанія відрізняється від інших, на перший погляд, таких самих. Список можливих переваг не можна обмежити і можна припустити лише деякі з них. Це бізнес вашої компанії і вам слід розуміти, що саме ви запропонуєте своїм клієнтам.

Наприклад, засновник бізнесу дуже розумний і придумав суперідею. У нього є зовсім небагато часу до того, як оточуючі зрозуміють, на чому він заробляє, і почнуть робити те саме. Можливо, ви виробляєте приблизно такий самий товар, що й у монополіста. Однак при цьому ви набагато мобільніші і можете надавати таку послугу швидше, ніж зазвичай встигає розвернутися бюрократична машина монополії. На зорі інтернету основними провайдерами були невеликі приватні компанії, готові працювати на ринку, що тільки зароджувався, де монополісти не бачили великого прибутку. Ці фірми були мобільні щодо клієнта, конкурували, формували очікування споживачів від продукту. Однак коли ринок сформувався, на ньому стали обертатися досить солідні гроші, а поняття продукту стало стандартизованим. У цей момент на сцену вийшли великі телекомунікаційні компанії, які взялися за справу всією своєю інфраструктурою. І для дрібних провайдерів настав час, щоб або покинути ринок, або зайнятися нішевими і корпоративними рішеннями: наданням майданчиків для серверів клієнтів і місця на серверах для сайтів клієнтів, організацією віртуальних приватних мереж тощо.

Можливо, у вас є відпрацьований канал постачання товару, аналогічного тому, що є на ринку, проте за іншою ціною та/або іншої якості. Або у вас є, так уже склалося, "Перший і Найголовніший Клієнт" (усе з великої літери). Вам не доводиться проходити етап пошуку клієнтів, не маючи грошей, і ви можете розвивати інфраструктуру своєї компанії, користуючись хоча б тимчасово гарантованим грошовим потоком.

Можливо, ваша компанія досить смілива (або дурна), щоб порушити закон. І імпорт, який ви організовуєте, контрабандний; або товар, який ви виробляєте, контрафактний; або вам, не без хабарів, відчинено якісь двері в дозвільних, наглядових, перевіряючих або каральних органах. Ніхто не закликає порушувати закони. Однак переможців не судять, а перший мільйон, як відомо, чесним шляхом заробити не можна.

Або, припустімо, ви володієте певними географічними перевагами. Ваша аптека найзручніша для мешканців найближчих будинків, або ваша нотаріальна контора волею випадку розташована в тому ж приміщенні, де реєструються угоди з нерухомістю в державному кадастрі.

У наявного бізнесу переваги бувають і історичні. Традиції так склалися, що ви маєте коло старих знайомств – людей, які довіряють вам більше, ніж іншим, або людей, з якими вам легше порозумітися.

Ваш товар або послуга може бути більш високої якості порівняно з аналогами завдяки або новому бізнес-процесу, або новій технології. Наприклад, кур'єрська служба доставки краща за пошту. Або ваша автомайстерня володіє обладнанням, якого ще немає в країні, але яке необхідне для виконання певних робіт.

Або ви – власник патенту, на основі якого пропонуєте новий або значно вдосконалений товар. І так далі.

Тільки з розумінням того, чим саме ви кращі за інших, потрібно починати продавати. Саме ця відмінна властивість ляже в основу вашої пропозиції клієнтам. Зрозуміло, явно висловлювати її не варто: ваші клієнти повинні "купити" вашу перевагу – захотіти звернути на неї увагу.

Допомога залу

Часто люди, які ведуть свій бізнес, не цілком чітко розуміють, що саме продають. Вони заявляють, начебто пропонують снопов'язалки чи меблі, чи перевезення, чи комп'ютери... Але при цьому забувають, що все це постачають і інші. А якщо товар у всіх однаковий, купувати будуть там, де дешевше. На жаль, на такому бізнесі гроші заробити не можна. Принаймні більше, ніж дав би депозит, якби продати весь товар, приміщення, інструменти і віднести виручені гроші в банк.

Насправді будь-який бізнес продає ту тонку різницю, яка відрізняє його від конкурента. Продається все, що снопов'язалкою, по суті, і не є, але пов'язане з актом продажу. Саме це щось і формує економічний прибуток[1]

---

[1] З точки зору економічної теорії, підприємець доти буде присутнім на ринку, доки прибуток від його бізнесу перевищуватиме пасивний рентний дохід від грошей, виручених від продажу бізнесу. Тобто, з точки зору економіки, але не бухгалтерії, прибуток підприємця, який він згоден отримувати за свою роботу, включається до валових витрат. Докладніше: "Економікс", Кемпбелл Р. Макконнелл, Стенлі Л. Брю.

бізнесу, що перевищує "депозит". Саме воно дає змогу компанії витісняти конкурентів на найбезнадійніших, здавалося б, безнадійно "диких" ринках. Ще більш цікаво те, що мало хто замислюється: "Що ж такого специфічного є в моєму бізнесі, що привернуло мого клієнта саме до мене, а не до мого конкурента?" А навіть якщо й замислюється, то починає добирати відповіді на кшталт "надійність" або "швидкість", або… ну так, "ціна". Начебто всі навколо завжди купують найдешевше.

Утім, навіщо щось вигадувати, якщо можна просто запитати? У кого? Та в наявних клієнтів, звісно. Нехай вони подумають і дадуть відповідь. Посперечайтеся з ними, якщо вони скажуть "надійність", – її не можна оцінити, не спробувавши. Посперечайтеся, якщо вони скажуть "ціна", – навряд чи всі ваші клієнти їздять на "Таврії". Нічого поганого не станеться. Максимум, що може статися, – у вас куплять ще раз, згадавши при цьому те саме, що змусило зупинити і зберегти вибір саме на вас. Запитайте і зрозумійте, нарешті, з чим саме як козир ви підете на зустріч до наступного клієнта.

Для 3S^2 продажів важливо, щоб клієнт отримав задоволення не тільки від самої купівлі, а й від використання речі чи послуги. Адже нам потрібні рекомендації – ми вже давно працюємо в плоскому світі, де ніде сховатися і ніхто не вірить телевізору та білбордам.

Гірська система

Кожен продавець може дуже швидко відповісти на запитання, що він продає. Адже це ж очевидно. "Я продаю

---

[2] 3S: англ. Sustainable Sales System (Система сталих продажів)

горщики" або "Я продаю кондиціонери". Можна почути відповіді на кшталт "Я продаю комплексні рішення в галузі…".

Крім того, продавці, навчені тренінгами з продажу, гордо заявляють, що вони продають себе. Щоправда, вони не замислюються над тим, що покупець не в силах спробувати цей товар до купівлі, а отже, керуватиметься ірраціональними мотивами. А там, де немає раціональності, завжди є місце обману. Після цього ми дивуємося: чому продавцям не вірять і чому їм так важко цю довіру заслужити? Адже за весь час існування продажів люди, які вірять продавцеві просто на слово, вимерли як динозаври.

Правильна відповідь на запитання "Що ми продаємо?" лежить в основі діяльності будь-якої фірми і в основі економіки взагалі. Однак нерідко швидка відповідь не є правильною: люди вважають, що вони продають лише продукт – приблизно такий самий, як і в конкурентів. "Але на 10% дешевше!" Подібні відповіді, на жаль, не обіцяють особливого успіху. І ось чому. В економіці існує таке поняття, як досконала конкуренція. Це неіснуюча в реальності математична модель, що дає змогу зрозуміти роботу важливих законів економіки. Досконала конкуренція – це ідеалізований стан ринку, коли окремі покупці та продавці не можуть впливати на ціну, але формують її своїм внеском попиту та пропозиції. Тобто продавець не призначає свою ціну товару, а продає товар за тією вартістю, яка є на ринку. Він не може встановлювати більшу (у нього цей товар просто не куплять) або меншу ціну (він працюватиме собі у збиток).

Ситуація, близька до описаної вище, можлива: коли товар у всіх однаковий, будь-хто може вийти на ринок і піти з нього, всі учасники ринку однаковою мірою володіють інформацією про ціни на товар, а витрати на придбання товару (транспортні та накладні витрати) настільки малі, що ними можна знехтувати. За цих умов покупець бере те, що дешевше, і на ринку залишаються тільки компанії, здатні запропонувати найнижчу ціну. Однак, пропонуючи її, продавці опиняються в ситуації, коли вони перестають отримувати економічний прибуток. В економіці, на відміну від бухгалтерії, до валових витрат прийнято відносити ще й дохід підприємця, що змушує його залишатися на ринку. Наприклад, якщо підприємець раптом зрозуміє, що він може продати свій бізнес, виручені гроші покласти в банк під відсотки і, розслабившись, одержувати рентний дохід, що дорівнює його доходу від підприємництва, він це і зробить. Йому не потрібен головний біль і ділові ризики, пов'язані з веденням бізнесу, та ще в умовах конкуренції та податкового тягаря.

Зрозуміло, з точки зору бухгалтерії, таке підприємство отримує прибуток. Але з погляду економіки, підприємство, чий бухгалтерський прибуток дорівнює рентному доходу від депозитного вкладу, вже перебуває на межі збитковості і прибутку (економічного) не приносить.

А якщо підприємство не приносить економічного прибутку, значить… воно нічого не продає. Адже джерелом прибутку завжди були продажі. Іншими словами, якщо ви продаєте те саме, що продає ваш конкурент, ви не продаєте нічого. Сама ж відповідь на запитання "Що ми продаємо?" має бути унікальною, відмінною від того, що на неї відповів би ваш конкурент.

Коли я під час своєї роботи консультував безліч компаній із різних сфер діяльності, з'ясовувалося, що більшість моїх клієнтів не могли чітко і ясно відповісти на запитання "Що ми продаємо?" так, щоб ця відповідь була застосовна тільки до них, а не до десятка подібних фірм. І дуже часто виявлялося, що керівництву компанії потрібно було просто сісти й подумати, що саме вона продає, щоб інші питання, пов'язані з розвитком або побудовою продажів, вирішувалися однозначно й логічно.

Якщо подивитись на ринок очима економіста, виявиться, що фірма може отримати прибуток лише завдяки тому, у чому вона є монополістом, або тому, що конкуренти не здатні надати за ті самі гроші. Це – ключова відмінність пропозиції конкретної фірми від пропозиції конкурентів. Усі аптеки продають ліки, але кожна з них зручна лише для певного кола покупців. Усі автосалони пропонують автомобілі, але кожна конкретна людина обирає один салон, зважаючи на свої власні міркування і вбачаючи певні переваги саме в обраному. Рідко вирішальну роль відіграє просто вартість товару. Не так багато людей керується при покупці лише ціною на товар. Часто ці переваги досить банальні – близькість, особисті знайомства, зручність, зовнішній вигляд тощо. Але ще частіше ці переваги навіть не усвідомлюються продавцями, хоча саме це "саме" дає змогу компаніям виділятися на рівному, як дно висохлого солоного озера, пейзажі конкурентного ринку. І саме воно дає компаніям той самий економічний прибуток, який перевищує дохід від депозитного внеску, що дорівнює вартості компанії.

Колись у газетах передруковувалася стаття про курку, яка бігає як пінгвін. Господарі стверджували, що ніколи не зварять із неї суп. І з точки зору курки, це абсолютний успіх! Якщо ви хочете, щоб із вас не "зварили суп", вам потрібно навчитися виділятися серед оточуючих. Не так важливо, добре це буде сприйнято чи погано. Питання в тому, щоб бути особливими. Сир із пліснявою, по суті, зіпсований, але саме цим він і привертає до себе увагу. Не бійтеся бути "зіпсованими", бійтеся бути такими як усі. І якщо ви не будете побоюватися поганого результату власної унікальності, то отримаєте хороший.

Головний секрет полягає в тому, що в цьому плоскому світі достатньо бути просто пагорбом або купиною, щоб знайти для себе достатню кількість шанувальників серед усього населення країни. Уявіть собі, що ви почали пропонувати послугу або товар, які будуть, з якихось не пов'язаних з якістю або юзабіліті[3] параметрів, категорично відкинуті 95% населення. Але при цьому 5% населення закохаються у ваш товар і будуть "витягати" його у вас. Порівняйте це з ситуацією, коли ви – лише один зі 100 або 1000 виробників стандартного товару, затребуваного 95% населення. На яку частку ринку за інших рівних умов ви зможете розраховувати? Чи вдасться вам боротися на рівних з китами, які експлуатують ефект масштабу і величезні рекламні бюджети? Чи буде хтось "витягати" у вас вироблений продукт або послугу? Ні, їх доведеться "проштовхувати". До слова, тягнути завжди легше, ніж штовхати, і існує думка, що саме тому більшість автомобілів сьогодні передньопривідні.

«Це» і місія

Ми рекомендуємо компаніям регулярно робити прості речі – запитувати у своїх клієнтів, чому вони обрали саме їх, що було важливим, коли вони обирали. Те, що думає

---

[3] Юзабіліті, зручність використання (англ. usability – дослівно "можливість використання", "здатність бути використаним", "корисність") – поняття в мікроергономіці, ергономічна характеристика ступеня зручності предмета для застосування користувачами під час досягнення певних цілей у певному контексті. Термін має зв'язок із поняттям "ергономічність", але на відміну від останнього менше асоціюється з технічною естетикою, із зовнішнім виглядом і більш прив'язаний до утилітарності об'єкта.

покупець, у більшості випадків не збігається з тим, що уявляє про себе компанія. Однак розуміючи, що саме купив покупець, можна почати якраз це і продавати. До речі, шукати клієнтів з такими потребами теж, напевно, набагато зручніше і вигідніше, з точки зору витрат.

Насправді добре обдумана відповідь на запитання "Що ми продаємо?" і є місія компанії. "Більшість формулювань місій містять правильні слова на кшталт "люди – наш найважливіший актив", "ми будемо кращими у своїй справі", "наша мета – перевершити очікування", "наша мета – забезпечити акціонерам доходи, вищі за середні". "Лінивий" спосіб сформулювати місію – просто з'єднати все це в будь-якому порядку"[4]. Але набір подібних тверджень не слугуватиме інструментом стратегічного управління і, тим більше, інструментом продажів. Це може здатися лише непоганим інструментом пропаганди або, як зараз кажуть, "паблік рилейшнз". Але покупці, як правило, взагалі не в курсі місії компанії, незважаючи на те, що на її формулювання витрачається робочий час не найнижчеоплачуваніших співробітників.

Якщо ви керуєте своїм бізнесом, а тим паче, якщо ваш бізнес – продажі в чистому вигляді, і ви не виробляєте нічого матеріального, ви маєте дати чітку відповідь на запитання, чим "цим" ви торгуєте. Чим саме таким, що відрізняється від пропозиції конкурентів? В іншому разі вам більше нічого не лишається, як вийти на стару й затоптану стежку цінової конкуренції, знижок, акцій і відкатів. Ця стежка, як написано вище, веде в точку втрати економічного прибутку, в точку, де вам стає байдуже, вести свій бізнес чи продавати його.

____

[4] Філіп Котлер "Маркетинг від А до Я. 80 концепцій, які має знати кожен менеджер" (2003 р).

Візьмемо, приміром, туристичне агентство, яке продає продукти інших туроператорів. Бізнес дуже близький до ринку досконалої конкуренції. Покупці не бачать різниці між агентствами, не бачать особливих причин, щоб купувати квитки і путівки тільки в одній компанії, і реагують тільки на ціну. Самі туристичні агентства думають, що вони продають тури, і жваво реагують на дзвінки потенційних клієнтів, підбираючи їм подорож по телефону. Клієнти, отримавши інформацію про відповідний тур, тобто знаючи назву готелю, дати перельоту, ціну та умови проживання, обдзвонюють ще з десяток подібних фірм у пошуках дешевшої пропозиції. Не розуміючи, за якими критеріями слід обирати агентство, вони перетворюють пошук найдешевшого туру на спорт і вважають себе переможцями, виторгувавши за те ж саме ще 5-10 доларів. Сама торгівля можлива для агентства тільки за рахунок власних комісійних, які їм платять туроператори. Агентство, яке продало тур хоча б з одним доларом прибутку, вже перебуває в кращому становищі, ніж агентство, яке не продало нічого взагалі. У підсумку більшість туристичних агентств – це небагаті компанії, які задовольняються копійчаними доходами.

Але якщо поговорити зі співробітниками кількох агентств, виявиться, що знання – єдине, що відрізняє одну турфірму від іншої. Досвідчені менеджери з туризму знають, чим характеризується кожен готель; які нюанси того чи іншого часу вильоту; чи підійде певний курорт конкретному клієнту. Співробітники агентств їздять у рекламні тури, де їх знайомлять із безліччю готелів, вони вивчають відгуки клієнтів і мають чітке уявлення про продукт, який продають.

То якщо "це" і є знання про туристичні послуги, то чому ж агенції з легкістю та надією діляться ними з людьми, які зовсім не обов'язково звернуться по путівку саме в цю компанію? Навпаки, будь-яка інша агенція, отримавши технічні параметри вже підібраного кимось туру і розуміючи, що час на виявлення потреб туриста витрачати вже не доведеться, легко надасть знижку такому "хребетному" туристу (тому, хто обдзвонює всіх підряд). У цій ситуації агентство, що володіє досвідом і знаннями, опиняється в програші, тому що воно просто подарувало свій досвід споживачеві або навіть конкуруючій компанії.

Якщо агентство усвідомлює, що продає свій досвід переважно постійним клієнтам, які одного разу оцінили якість підбору туру і готові за це платити, воно більше не буде підбирати тури телефоном, а запросить людину в офіс. Адже тип клієнта, його цінності та критерії вибору набагато легше зрозуміти під час особистої зустрічі. Крім того, так набагато легше встановити довірчі відносини і показати клієнту, що заробіток продавця чесний, а сам продавець керується вигодою клієнта, чесно відпрацьовуючи свій гонорар. Той, хто вже прийшов до офісу, з меншою ймовірністю піде шукати дешевший тур. Особиста зустріч, таким чином, є інструментом селекції правильних клієнтів.

Ринок випадкових продаж

Більшість компаній намагаються втриматися на ринку без чіткого формулювання "цього". Їм або просто невтямки, що вони продають, або вони загрузли в суєті та рутині. У будь-якому разі причинами, через які клієнти приходять за товаром саме в цю компанію, не цікавляться. На жаль, я у своїй практиці дуже рідко зустрічав компанії, які запитували своїх клієнтів про те, чому ті їх обрали.

Ба більше, більшість організацій навіть побоюються ставити клієнтам подібні запитання. Вони думають, що таким чином продемонструють клієнту своє невігластво і невпевненість у власних силах. Адже в культурі продажів заведено, щоб продавець розповідав або, як зараз кажуть, "впарював" клієнту інформацію про переваги своєї компанії або продукту. Культура продажів, з якою ми маємо справу, сформована, на жаль, не професіоналами, а людьми, які опинилися в самому низу соціальної ієрархії професій. Адже якщо переглянути список вакансій на сайтах із працевлаштування, з'ясується, що хоча "менеджери з продажу" і є однією з найзатребуваніших категорій працівників, їхня зарплата доволі низька, а доходи вельми примарні через переважаючу в зарплаті змінну частину. Саме ці люди "вантажать", "парять" і "втирають", борються із запереченнями, завойовують клієнтів і борються за контракти. Це борці, а не гравці. Їм цікава перемога, а не любов. "Слабоумство і відвага!" – ось їхнє гасло.

Чомусь жодна дівчина не соромиться запитати у свого молодого чоловіка: "Ти мене любиш? А за що?" Чоловік, який відповідає на ці запитання, насправді переконує сам себе, чим саме йому дорога кохана людина. Навіть не усвідомлюючи раніше причину своєї закоханості і будучи рухомим гормонами, захоплений зненацька він почне метушливо підбирати найбільш правдоподібну відповідь. А в процесі заодно і формує для себе набір цінностей і пояснень, чому йому все ще варто бути поруч із цією дівчиною в той час, коли дія наркЧоловікам не подобається відповідати на такі запитання. Вони навіть не розуміють, навіщо їх ставлять. А жінки не завжди усвідомлюють, що запитуючи: "За що?", вони використовують найсильніший і найефективніший інструмент продажів, спрямований на те, щоб клієнт сам себе переконував у необхідності покупки. Такого роду запитання Ніл Рекхем у своїй книжці "СПІН-продажі" називав, у російському перекладі, "направляючими". В оригіналі цей тип запитань називався "need-payoff", що більш точно відображає їхні завдання.

У тому, що продавці соромляться з'ясовувати таку інформацію у споживачів, криється саме ставлення таких продавців до своїх клієнтів. Адже якщо продовжувати порівнювати продажі та кохання, питання "За що?" звучить доречно тільки з вуст коханої, але не з вуст повії. Якщо продавець ставиться до своїх клієнтів як до джерела грошей за роботу, яка робиться без задоволення, то і покупець отримує не задоволення від покупки, а якийсь сурогат. Це, за його розумінням, клієнт міг би надати собі й сам, що часто й робить: відмовляється від послуг продавця, самостійно знаходить товар у прайс-листах або прокручує десятки інтернет-сторінок, аналізує розміщені на них відгуки і потім купує продукт.

Здатність продавця дізнаватися "За що?" має забезпечуватися ще до факту продажу. А найкращими продажами є ті, після яких продавець може поставити таке запитання. Щоб зрозуміти, чи продає компанія в стилі 3S, необхідно просто відповісти собі на запитання: "Чи достатньо щиро вибудувано наші стосунки з клієнтами, щоб ми могли запитати їх, чому вони обрали саме нас?" Це типове "need-payoff" запитання дає змогу клієнту самостійно ще раз "купити" у продавця те, що той продав, і готує ґрунт для подальшої бесіди про рекомендації. Адже якщо продавати в 3S стилі, більшість клієнтів приходитиме в компанію за рекомендаціями, тим паче що настирливі "холодні дзвінки" недоречні та навіть шкідливі для репутації того, хто продає.

Відповіді клієнтів на запитання "За що?" можуть показати продавцям, що насправді купується. Найгірша для професіонала відповідь звучатиме так: "Ціна і тільки ціна". Це означає, що продавець "здався", погодився на збиток для себе, не знайшов жодних інших способів залучити клієнта. Продаж, здійснений за критерієм найнижчої ціни, означає, що продавець не готовий брати гроші за ту додаткову вартість, яку він формує, будучи посередником між виробником і покупцем. Він не готовий брати гроші за "це" або не знає, чим "цим" він відрізняється від собіподібних.

Коли продавець не розуміє, що він продає насправді, він може розраховувати або на випадковість, або на обман. Покупець, якому не дають зрозуміти, чим цей продавець кращий за іншого, купує, керуючись суб'єктивними критеріями і цінностями, сформованими, як правило, ще в дитинстві. Так дехто купує зелень на базарі: вони роблять два-три кола вздовж прилавків, запитують ціну, отримують стандартну відповідь і, нарешті, зупиняють вибір на якомусь пучку із зеленню. Їм здається, що вони зробили вибір усвідомлено, але насправді ця уявна усвідомленість вибору змішана з втомою, неможливістю обрати щось одне з однакового і навіть з напрямком руху покупця по ринку. Продавець у цьому випадку – всього лише пасивний учасник подій.

На східному базарі продавці прагнуть брати участь у виборі товару і починають нахвалювати його. Можливо, вони кажуть правду, але сприймається це як декларація переваг, яких нібито немає у товарів конкурентів. Зараз так само чинять і постачальники соняшникової олії, коли пишуть на пляшках великими літерами "без холестерину". Це хоч і правда, але дуже лукава. Продавці можуть намагатися маніпулювати покупцями, даючи їм команди або приписи до дії: "Підходьте, купуйте" або "Не проходьте повз". Але такі дії зазвичай сприймаються клієнтами або як зайва настирливість, що відлякує і заважає зосередитися на списку покупок, або як неминуче зло, яке після раціоналізації перетворюється на "особливий колорит східного базару". Однак цей колорит зовсім не прибирає з порядку денного фактор випадковості або везіння, тому що зазивають усі, а покупець робить вибір, керуючись критеріями, відомими лише йому самому. Але, як говорив Ральф Волдо Емерсон, в удачу вірять лише слабкі люди, а сильні і сміливі вірять у причини і наслідки.

Справжньою причиною, чому покупець не тільки купить товар уперше, а й прийде по нього знову, а потім порекомендує продавця своїм друзям, є довіра. Але її можна досягти, тільки вибудувавши стосунки. Своєю чергою, вибудувати їх можна, лише пізнавши клієнта і щиро ним зацікавившись, полюбивши його. Коли ж вибір покупця зумовлений випадковістю, стосунки вибудувати неможливо. Клієнт не цінує своє придбання і впевнений, що таких як ви хоч греблю гати. Він не зацікавлений у підтримці стосунків із вами, у вас немає взаємності, як немає і любові – почуття взаємної залежності одне від одного. Люди, які постійно купують на базарі м'ясо або молоко в одних і тих самих продавців, розуміють, що вони залежать від свого постачальника так само, як і постачальник залежить від них. І якщо між ними не буде щирості та любові, то вийде точно те саме, що в зазивал, які ходили в перший клас школи продажів, але на другий їхніх сил уже не вистачило.

Є такий анекдот про поручика Ржевського, який запитав у гусарів поради, як заманити вподобану жінку. Вони порадили йому спочатку звернути увагу на даму або її аксесуар, потім поговорити про погоду, потім – про музику, а вже після цього м'яко переходити до теми побачення. Після цього Ржевський зустрів на прогулянці Наташу Ростову із песиком, підійшов до неї, штовхнув тварину ногою, прокоментував: "Низько пішла, до дощу, мабуть", і одразу ж заявив: "У мене є барабан, йдемо зі мною в ліжко!"

Приблизно за тією ж схемою працюють зазивали на набережних Луксора й Асуана. Вони дуже хочуть прокатати вас на своїй фелюзі (човні з косим вітрилом) прохолодними водами Нілу. Якщо ви сидите на набережній і милуєтеся краєвидом на цю річку, то будете змушені пережити 3-4 цілком доброзичливі зустрічі, які складаються з фраз "Привіт!", "Як справи?", "З якої ви країни?" (після цього зазвичай слідує хвалебний шаблонний коментар про країну), "У мене є фелюга, он вона, хочете покататися?" Наприклад, якщо відповісти, що приїхав із "Нагонії", у відповідь можна почути: "Ух ти, у мене якраз двоюрідний брат одружився з дівчиною з Нагонії!"

Власне, що відбувається? Ці хлопці добре опанували навички вступу в контакт, проте їхній гарячий темперамент не терпить довгих відступів від теми, що їх цікавить, тож вони в лоб кажуть про барабан та решту…

Так, це теж прогрес, бо бідніші й, отже, більш простодушні візники просто кричать "Келеш[5]?!". До речі, почувши відповідь "ні", і ті, й інші наївно вважають, що торг доречний, і запитують: "You know how much?" з інтонацією, яка означає, що ціна має приємно здивувати вас.

Найцікавіше, що проїхати на келеші поперек міста коштує до 5 фунтів[6], а катання на фелюзі – 25 фунтів на годину. Тобто йдеться про некритичні для туриста суми. І по ідеї, вони мають погоджуватися на цю послугу, навіть якщо вже одного разу нею скористалися. Чому ж вони всі хором кажуть "ні" і відмахуються від зазивал, як від настирливих мух? При цьому туристи залюбки витрачають гроші на свіжовичавлений сік, який також є "визначною пам'яткою" Верхнього Єгипту і коштує 1-2 фунти за склянку залежно від виду соку і жадібності продавця.

---

[5] Назва традиційного для Верхнього Єгипту однолошадного чотириколісного тентового воза.

[6] На той момент це приблизно відповідало одному долару США.

Річ у тім, що зазивали навіть не намагаються витягувати назовні потреби клієнтів і у своїй тактиці переходять від фази "знайомство" до фази "презентація", оминаючи фази розкриття проблеми, її розвитку та спрямування до розв'язання. Вони відмовляються від тих самих етапів, про які говорять усі відомі техніки консультативних продажів: від "SPIN" або "Top Gun" до "Стратегічних продажів" або "Продажів рішень", включно з технікою 3S, про яку написана ця книга.

Бути монополістом

Монопольний стан ніколи не означав, що товар можна продавати за будь-якою, якою завгодно високою вартістю. Ціна на товар, пропонований монополістом, має відповідати лише одному критерію – забезпечувати виробнику максимальний прибуток. З одного боку, існує взаємозалежність між попитом і пропозицією на ринку, тобто що вищою є ціна на продукцію, то менше буде охочих купити її. З іншого боку, існує зв'язок між масштабами виробництва і собівартістю продукції. Монополіст, виробляючи більше, змушений знижувати ціну, щоб забезпечити попит. Тому він ніколи не працюватиме на повну потужність, а обере для себе такий рівноважний стан, у якому отримає максимальний прибуток.

Це означає, що на відміну від конкурентного ринку а) монополіст отримує економічний прибуток, б) цей прибуток максимально можливий.

Ситуація, в якій існує конкуренція, але кожен постачальник або продавець чимось відрізняється від інших, називається "монополістична конкуренція". У маркетингу це заведено називати диференціацією, а відомий маркетолог Джек Траут так і назвав свою книжку – "Диференціюйся або вмирай". Це, як показано вище, чиста математика. Економічний прибуток можна отримати тільки за умови продажу таких товарів, додана вартість яких сформована в т.ч. і за рахунок унікальних конкурентних переваг.

Джек Траут міркує з точки зору класичного маркетингу, коли йдеться про масовий продаж, цілі ринки та великі обсяги виробництва. Його рекомендації корисні в ситуаціях, коли ціна інформування споживача про конкурентні переваги компанії порівняно невелика, якщо її співвідносити з кожною одиницею випущеної продукції.

Але якщо ми спустимося вниз, у ту сферу, де живуть прості продавці, а світ складається з безлічі невеликих компаній, виявиться, що на масову рекламу у компаній не просто немає грошей – їм це зовсім не вигідно. Адже якщо припустити, що 1 білборд, який коштує рекламодавцю 300 доларів на місяць, підвищує продажі на 0,1%, то обсяги продажів повинні перевищувати 300 000 доларів, щоб рішення про розміщення білборда взагалі стояло на порядку денному у раціонального бізнесмена.

Чи важлива диференціація для малого і середнього бізнесу або, навпаки, для бізнесу великих, але рідкісних продажів? Давайте розглянемо простий приклад. Припустимо, що ви печете хліб. У вас є дві можливості – пекти звичайний хліб і пекти… зелений хліб. Так, пропонуючи зелений хліб, ви будете монополістом. Але який рівень попиту на зелений хліб? Адже ви, реалізуючи стратегію монополіста, захочете продавати зелений хліб дорожче за білий, а отже, вам слід розраховувати на відповідний рівень попиту. Чи варто ризикувати і витрачати ресурси фірми на фокусування саме на виробництві зеленого хліба, якщо попит як такий відсутній взагалі до того, як хтось почне пропонувати зелений хліб?

Очевидною стратегією хлібопека буде продаж білого хліба. Так надійніше: попит зрозумілий, ринок зрозумілий, споживач зрозумілий, але й… конкурент теж зрозумілий. Ви не відкриєте Америку, почавши продавати свій хліб мешканцям навколишніх будинків. Вони десь і до вашої появи його купували. А отже, ви стаєте на шлях боротьби, про яку вже було сказано вище. У фінансах та інвестуванні є золоте правило: що надійніше, то менш прибутково. Зелений хліб – більш ризиковий продукт, але потенційно і більш прибутковий. І щоб зрозуміти, чи варто починати його виробляти, треба визначити, кому взагалі він може бути потрібен.

Для продавців зеленого хліба в нас є хороші новини: попит людей на знання та інформацію задовольняється з кожним днем дедалі краще. Сьогодні все менше вірять новинам і все більше – блогам. Рецепти пирога дізнаються на "Однокласниках", а туристичну фірму обирають після прочитання відгуків про неї на інтернет-ресурсах. На 7 мільярдів людей завжди знайдеться пара сотень тисяч "ненормальних", яким буде потрібен саме зелений хліб. Це всього лише 0.003% населення. І навіть якщо фізично досяжною для вас буде лише сота частина цих людей, ви все одно зможете випускати 200 буханок зеленого хліба на день. І купувати їх будуть тільки у вас доти, доки ціна за "зеленість" буде розумною. До речі, купувати незвичний хліб клієнти будуть тому, що вони про вас дізнаються: з чужих слів, з постів на Facebook або заміток блогерів. Якщо їм потрібен буде зелений хліб, вони відкриють пошуковик і за допомогою пари кліків зайдуть на ваш сайт. Вам не знадобиться масова реклама з білбордами, ви вже здатні бути успішнішими за великих виробників, які до того за рахунок ефекту масштабу були здатні на дороге бомбардування свідомості споживачів рекламою своїх брендів і товарів. При цьому якщо великі монстри усвідомлять, що зелений хліб комусь цікавий, і налагодять його масове виробництво, ви почнете пекти червоний або синій хліб. Але найголовніше тут те, що таким корпораціям буде просто не цікаво випускати зелений хліб, адже реальний попит на нього менший від мінімального обсягу випуску продукції, що робить виробництво рентабельним.

Саме відхід у ніші, де ваш шматок пирога стає недоступним для великих конкурентів, дає змогу виживати приватним пивоварням, дрібним кондитерським і меблевим салонам. Висока собівартість виробництва при цьому з лишком компенсується відносною монополією пропозиції. Зрозуміло, за наявності попиту на цю пропозицію за такою ціною.

Copy-paste

Для продавців зеленого хліба у нас є також і погані новини. Річ у тім, що саме зараз як ніколи стала актуальною проблема копіювання. Будь-яка конкурентна перевага, яку маєте ви, буде моментально скопійована, щойно конкуренти зрозуміють, що продаж товару, подібного до вашого, приносить прибуток.

Проблема копіювання існувала завжди. Але останнім часом повторити за іншими стало неймовірно просто. Будь-яке технічне рішення, будь-який процес, будь-який підхід не тільки легко копіюється, а й стає відомим усьому світові, щойно ви його вперше використали для залучення клієнтів. Наступного дня після того, як хтось напише друзям, що він побував у ресторані з обслуговуванням у цілковитій темряві, та сама ідея "відвідає" уми сотень підприємців. Як мінімум, монополія звузиться до одного міста або навіть кварталу, а як максимум, у відповідь на цей задум буде запропоновано ще з десяток альтернативних і не менш привабливих ідей. Якщо раніше шлях ідеї до людей, охочих її скопіювати, займав довгі роки, то тепер споживачі отримують альтернативу протягом буквально шести місяців.

Інститути обмеження прав на копіювання (копірайт) та інтелектуальної власності переживають не найкращі часи. У суспільстві саме зараз змінюється парадигма. Не без зусиль, з боротьбою монополій за свої прибутки, але все ж таки змінюється. Патентний захист своїх ідей коштує чималих грошей, тому доступний лише великим корпораціям, але й у цьому випадку він не демонструє особливої ефективності.

Середній і дрібний бізнес не захищений від копіювання взагалі. Виграний судовий процес з одним копіювальником призведе не до перемоги, а до популярності. І завтра той, хто захистився, отримає армію тих, хто візьме його ідею на озброєння. На практиці, особливо в країнах зі слабко розвиненим інститутом інтелектуальної власності, невеликій компанії не до снаги захищати себе навіть від тих, хто безсовісно використовує ту саму назву фірми, нехай навіть вона захищена торговою маркою.

Бізнесу в таких умовах залишається тільки виробляти таку стратегію, щоб залишатися на крок попереду конкурентів, бути готовим вийти на ринок з новою ідеєю якраз тоді, коли стара втратила монополію. Це дуже дорого і не всякий бізнес взагалі здатен на таке. Крім того, це недоступно для продавця або бізнесу, який займається лише продажами. Їм залишається лише сподіватися, що їхній у чомусь унікальний підхід до клієнта не буде скопійовано занадто швидко.

Добавте себе

Утім, у продавців є ще одна можливість перемогти: додати у свої продажі себе як частину своєї унікальної пропозиції. Скопіювати можна все що завгодно, але тільки не особистість.

Чому Samsung, роблячи речі навіть кращі, ніж в Apple, не витримував конкуренції зі Стівом Джобсом аж до самої його смерті, щонайменше, за критерієм симпатії та прихильності споживачів? Легко було уявити собі фаната Apple і абсолютно неможливо – фаната Samsung.

До повернення Стіва Джобса в Apple компанія стрімко втрачала позиції на ринку. Намагаючись утриматися на плаву і якось розподілити тягар витрат на розробку ПЗ і "заліза", вона намагалася зробити те саме, що й інші, – ліцензувати виробництво своїх комп'ютерів і комплектуючих. Але це не допомогло і ліцензії були відкликані. Потім Apple стала використовувати універсальне, а не зроблене на замовлення "залізо" для своїх комп'ютерів і операційну систему на базі стандартної Unix, так що стало набагато легше писати програми одночасно для Mac і Unix/Linux, і навіть запускати Mac OS на звичайному комп'ютері або ставити Windows і Linux на Mac.

З виходом першої Mac OS X некопіюваність перестала бути актуальною. Спроби виділитися за допомогою дизайну пристроїв все одно не виправдовували завищених цін на комп'ютери, 100% функціональної сумісності з якими можна було домогтися за менші гроші.

Це був переломний момент для компанії. Mac OS X, радо зустрінута фанатами компанії, була фактично лебединою піснею для світу Apple. Потрібно було робити щось таке, раз битва на фронті персональних комп'ютерів програна. Так, все ще є і Mac OS, і Apple комп'ютери, але вони практично сумісні з рештою PC-світу, і вибір платформи – це вже не "вибір життя", а данина моді. Не сподобається Mac OS – завжди можна поставити Windows. І навпаки. Тому компанія вирішила виходити на нові ринки, поки ще не надто пізно.

Першим з'явився плеєр iPod. Нічим не примітна іграшка, яка давала змогу слухати цифрову музику. Головне – цю ідею можна було скопіювати. З боку це могло б виглядати як крок відчаю. Однак це було початком нового успіху. Успіх Apple, точніше, розворот від падіння до злету приписують Стіву Джобсу, який якраз у цей час повернувся в компанію. Але якщо подивитися уважніше, виявиться, що вплив Стіва Джобса на технології або бізнес був мінімальним. Про це йдеться в його біографії, та й суха інформація щодо патентів демонструє, що всі винаходи, які впроваджували в Apple, якщо і згадували ім'я Джобса, то тільки серед співавторів. Усі чудово розуміють, що означає, коли в співавторах значиться керівник…

Навіщо ж тоді Apple був потрібен Стів Джобс? Невідомо, навмисне чи випадково, але Apple скористалася ним саме як елементом некопіюваності. Можна скопіювати все, але тільки не людину. Засоби масової пропаганди, відточені в середині XX століття, були використані, щоб створити образ гуру, генія, пророка. Це повторити за кимось неможливо. Усе, що було потрібно Apple, – створити і підтримати образ пророка. Хто стане ним? Звісно, легендарна особистість. Як її добути? Поритися в шафі з архівами. Ось же він – легендарний засновник компанії. Його роль – публічні презентації та підтримка образу. Усе. Виходить, що люди, які купували iPod або комп'ютер Apple, купували впевненість у тому, що вони володітимуть технологічною досконалістю, переданою їм прямо з рук генія і пророка.

За інших рівних вибір покупців був вирішений. Тому було вже не страшно знову почати вкладати гроші в інновації: на світ з'явилися iPhone, iPad, MacBook Air. Так, на ринку виникли "ультрабуки" з набагато кращими характеристиками, ніж у MacBook Air. Але хто буде на них дивитися, коли йдеться про престиж або впевненість у якості? Адже інша техніка не містить у собі частинку Джобса.

Чому ж ніхто ще не повторив успіх Apple? Адже подібний прийом давно використовують книготорговці, які створюють образ легендарного підробленого письменника зі складною і цікавою біографією, розкручують цю особистість, з ім'ям якої потім продаються книжки, написані насправді найнятими писаками. За цими книжками тут же знімають другосортні, але касові фільми. Цим же прийомом користуються модні будинки і, тим більше, політики. Можна писати найкращі книжки, шити найкращі речі і наливати в дизайнерські флакони найкращі парфуми, але ім'я скопіювати не можна.

Як бачимо, ідея помістити бренд у людину аж ніяк не нова. Просто вперше на ринку інформаційних технологій вона була випробувана саме Apple. І знову незрозуміло, навмисне чи випадково. Акціонери просто могли побачити зростання продажів у той час, коли Стів Джобс знову прийшов у компанію, і підтримувати його подальше перебування в ній. Якщо ж це було зроблено навмисне, то тоді, коли компанії не було чого втрачати – або пан або пропав. Обравши нову для технологічної компанії стратегію, її власники не прогадали.

Те ж саме можна сказати і про продажі. Продавці, які копіюють прийоми і техніки своїх колег, автоматично стають другими. Вони прирікають себе на неуспіх, намагаючись застосувати до своєї роботи чарівні "формули", "фішки", "тактики". Блискучі й переконливі прийоми, що мотивують клієнта до купівлі, стають побитими штампами, а "техніки продажів" – усім відомою нісенітницею, яка не працює, тому що до будь-якої "техніки" у покупців з часом виробляється імунітет. І що привабливішою здається та чи інша тактика, то активніше її використовують, то частіше покупці стикаються з типовими шаблонами поведінки, і то швидше в них відбувається відторгнення подібних моделей продажів – вони відчувають, що товар їм просто нав'язують.

Єдина успішна тактика, якою може володіти продавець, така: включати себе, свою особистість у послугу продажу. Ви – єдине, що неможливо скопіювати в цьому світі. І цим не можна не скористатися. Знайдіть тих, кому ви особливо симпатичні, тих, хто потребує саме вас, і запропонуйте їм себе.

Виходить, що гасло "продайте спочатку себе" все-таки правильне? Так. Але тепер зрозуміло, чому і як це можна використовувати. Треба спочатку зрозуміти, кому ви потрібні, і вже потім намагатися "продати себе" цим людям. Адже продавати непотрібне не просто марно, а й шкідливо для компанії.

В одній компанії вирішили випробувати ідею масового рекрутингу торгових агентів. Передбачалося, що армія торгових агентів, які отримують не фіксовану винагороду, а лише комісійні, здатна запропонувати продукт, затребуваний домогосподарствами, а продажі не потребуватимуть масованої рекламної підтримки. Це випробувана тактика, її використовують багато компаній, що працюють за принципом багаторівневого маркетингу.

У рамках проєкту я, будучи запрошеним консультантом, написав скрипти – сценарії телефонної розмови працівників контакт-центру компанії з потенційними агентами. Мета цієї комунікації – залучення їх на роботу, де немає зарплати і робочого місця. До того ж робота продавця не сприймається суспільством як така, що вимагає серйозної кваліфікації або навичок. Це явно не було привабливою пропозицією. Тому скрипти за допомогою особливим чином вибудуваних фраз і запитань ще на самому початку відфільтровували людей, яких могли б зацікавити зазначені умови. Я очікував великої, але терпимої частки відмов, які співробітники контакт-центру отримували б від безробітних людей, що не мають активної життєвої позиції як такої. Нас цікавила кожна десята людина, в яку мало сенс інвестувати час і ресурси на навчання, супровід та облік її діяльності.

Однак уже за тиждень замовник повернувся з інформацією, що скрипти, які давали спочатку очікуваний ефект, не працюють взагалі, і люди відмовляються приходити на інтерв'ю. Зі свого досвіду я знав, що справа, скоріше, не в скриптах, тому домовився прийти до контакт-центру і послухати, як спілкуються його співробітники з потенційними агентами. Буквально після двох дзвінків стало зрозуміло, у чому справа. Очікування виправдалися: дівчата спілкувалися з клієнтами дуже формально, абсолютно без емоцій, автоматично вимовляли заготовлені репліки і холодно відповідали на зустрічні запитання людей.

Тоді я взяв скрипт дзвінка, зняв слухавку і зателефонував за першим же номером телефону, що попався. Після короткої розмови з кандидатом було призначено зустріч. Приголомшена начальниця контакт-центру почала заперечувати, мовляв, розмова йшла не за скриптом, і тому зустріч усе-таки було призначено. Однак після аналізу запису розмови стало зрозуміло, що їй це тільки здалося. Скрипт дотримувався з точністю до найдрібніших деталей.

Різниця полягала в тому, що, крім самого тексту, я передавав телефоном набагато більше інформації. Відомо, що слова передають лише 7% відомостей. Ще 38% співрозмовник отримує з тону співрозмовника, його інтонацій і акцентів. Решта передається мімікою, жестами та фізіологічними реакціями. Коли ми оперуємо лише словами та інтонаціями і не можемо використовувати жести, ці 38%

перетворюються на 84%, а 7% – на 16%. Передати горезвісні 84% телефоном можливо, але їх не можна просто написати на папері. Додані мною інтонації настільки разюче змінювали суть сказаного, що свідки ситуації відмовлялися вірити, що в бесіді використовували той самий скрипт.

Щоб збагнути, чим відрізнялася моя мова від мови співробітниць контакт-центру, треба спочатку зрозуміти, що потрібно людям, потенційно готовим прийняти таку пропозицію про працевлаштування. Цим людям, які опинилися без роботи, була потрібна увага, визнання і любов. А торгових агентів зазвичай сприймають як "витратний матеріал", учасників нечесної оборудки, в якій виграє наймач, байдужий до особистості та долі агента. Для такого роботодавця важливо, щоб агент продавав деякий час товар, але сам він не готовий і не збирається надавати агенту жодних гарантій – робоче місце, зарплату, соціальний пакет.

Дівчата з контакт-центру спочатку правильно зрозуміли інтонації, які слід було використовувати, працюючи зі скриптом. Наприклад, запитання "Ви зараз ще шукаєте роботу?" правильно вимовляти з турботою в голосі. Однак, отримавши безліч відмов (планувалося, що їх буде 90% від усіх розмов) співробітниці "охололи" до тих, кому телефонували. Вони стали спілкуватися не від свого імені, а від імені компанії. Так легше жити – відмовляють не тобі, відмовляють компанії. Вони приготувалися до відмов і перестали вкладати у свої репліки правильні емоції. Інтонаційна складова таких дзвінків, ті самі 84% інформації, говорить нам: "Нічого особистого, це просто бізнес. Сьогодні я маю обдзвонити 200 осіб, і що швидше ми закінчимо розмову, то краще. Так, мою розмову записують, тому я маю чесно відпрацювати скрипт. Але якщо ви покладете слухавку раніше, від цього всі тільки виграють".

Що ж зробив я? Просто додав себе в скрипт. Додав любов. Ті самі 84% складалися з упевненості в тому, що людина, з якою ми спілкуємося, дорога нам. Нам небайдужа її доля, і ми готові супроводжувати і підтримувати її важкий, але правильний вибір – працювати на себе, а не на зарплату. У світі дуже багато цілком успішних і незалежних людей, які взагалі не розуміють, що таке зарплата: стоматологи, сантехніки, адвокати, плиточники, штукатури, виконроби, таксисти, електрики, консультанти, письменники і кінозірки. Усі ці люди працюють на себе і не страждають від відсутності регулярного фіксованого заохочення з боку роботодавця – зарплати. Що ще важливіше: вони не страждають від відсутності уваги та визнання. Саме ці два компоненти вкладалися в ті 84% інформації, яку я передавав за допомогою інтонацій, розмовляючи з людьми телефоном. І вони мені вірили!

Це може здатися дивовижним, але подібних історій, коли дзвінки за скриптами, написаними мною, не вдаються, якщо в них не додати любові, дуже багато. У більшості випадків, коли дзвінки не спрацьовували у співробітників, які вивчили скрипт, у мене виходило призначити зустріч або домогтися іншого необхідного результату з першого разу. Це завжди справляло незабутнє враження на клієнтів. Просте додавання любові, щирої віри, що ти несеш людині добро і користь, розуміння потреб співрозмовника дає змогу збільшити результати "холодного" обдзвону з 1-5% до 70%. Щоправда, з одним маленьким "але": не варто дзвонити взагалі без усвідомлення, чим той, хто телефонує, може бути корисний абоненту. А після того, як розуміння цього з'явиться, подібні дзвінки вже ніяк не можна буде назвати "холодними".

Підсумки глави

Основні думки

- Продажі – суспільно необхідна діяльність, від якої залежать прогрес і добробут суспільства.
- Для того, щоб щось давати, треба розуміти, що саме ти даєш.
- Ніхто крім клієнтів не скаже вам, чому у вас купують те, що ви продаєте.
- Важливо відрізнятися від інших. Що стандартніша ваша пропозиція, то менший ваш прибуток.
- Що б ви не продавали у XXI столітті, це скопіюють у перші ж півроку вашої роботи. Мало того, якщо ви тільки почали щось робити, то з великою часткою ймовірності можна стверджувати, що це ж саме вже почав робити хтось інший.
- У продажах є два шляхи: або рухатися вперед, постійно пропонуючи щось нове, або забезпечити неможливість копіювання шляхом додавання в бізнес особистості.

Вправи

- Сформулюйте, що саме ви продаєте, причому так, щоб те саме не зміг сказати про себе ваш конкурент.
- Сформулюйте, що продають ваші конкуренти, причому так, щоб таке пояснення було унікальним для кожного з них.

З чого почати

- Зустріньтеся з наявними клієнтами і розпитайте їх, чому вони обрали саме вас. Що їм подобається у стосунках із вами? На що вони розраховували до вступу в угоду і що отримали?
- Подивіться на місію вашої компанії. Наскільки її формулювання відповідає тому, що саме ви продаєте?

Кому ми продаємо?

Продавці рідко думають про те, щоб вибирати клієнтів... як моряк у відпустці на березі – ми не дуже прискіпливі. Величезна помилка.

Сет Годін

Хто наш клієнт

Уявіть собі, що у вас є магазин, у магазині – двері та покупці. Якщо ми будемо прагнути утримати покупців, закриваючи вихід, то ми, таким чином, закриємо і вхід. Весь світ витканий із протилежностей: без світла немає тіні, без падінь немає злетів. Як би ми охарактеризували зростання бізнесу, якби не мали поняття про його падіння, якби бізнес весь час зростав? Чи варто було б турбуватися про те, як закриється угода, якби угоди закривалися завжди? Як би поводилися в цьому випадку продавці, чи стали б вони хвилюватися з цього приводу?

У нашому житті ми часто плутаємо симптом і причину явища. Бачачи, що клієнти йдуть з магазину, нічого не купивши, ми закриваємо двері. Бачачи, що співробітники в робочий час байдикують і сидять в інтернеті, роботодавець позбавляє їх доступу до мережі. Співробітники не можуть отримати важливу інформацію, але причину неробства не усунуто. Зустрічаючи заперечення клієнта під час продажу, продавці починають боротися з цими запереченнями. Так-так, знову борці-продавці. Вони уявляють собі, що варто побороти заперечення, як клієнт одразу ж купить їхній товар.

Захопившись боротьбою як процесом, ловлячи кайф від адреналінового сплеску, борці не беруть до уваги, що вкрай складно побороти заперечення клієнта, якому взагалі не потрібен цей товар. Справжня робота із запереченнями, вірніше, профілактика заперечень починається ще на етапі пошуку клієнта. Важко продавати горілку мусульманам, а новорічні ялинки – у лютому. Якщо ви намагатиметеся це робити, то неминуче натрапите на заперечення, причому найбільш непробивні. І які б техніки роботи з ними ви не використовували, ви все одно не продасте. Суть 3S полягає в тому, що за правильного підходу заперечень бути взагалі не повинно. Якщо ви продаєте, точно розуміючи кому і навіщо потрібен конкретний товар, ви нейтралізуєте більшість приводів для заперечень, які могли б виникнути у вашого клієнта.

У попередньому розділі ми приділили увагу тому, що саме ми продаємо, на чому ми здатні отримати економічний прибуток. Тепер ми поговоримо про те, кому потрібно те, що ми продаємо.

Ростуть як гриби

Гриби – це щось зовсім особливе: і не рослини, і не тварини. Щоб збирати їх, потрібно знати, які місця грибні, а які ні. Звичайно, можна просто слідувати прикметам, але набагато корисніше буде подумати, що потрібно грибам для росту і розмноження. Гриби, на відміну від рослин, не здатні існувати самостійно. Вони, як і тварини, харчуються залишками інших організмів. Люди часто думають, що грибам потрібне світло, тепло і волога. Дійсно, гриби часто ростуть саме там, де цього добра вистачає. Але тільки тому, що саме в таких місцях є достатньо їжі для грибів, яким самим по собі світло не дуже-то й потрібне.

З пошуком клієнтів справа йде точно так само. Дуже неефективно гуляти лісом, тобто ринком, і вишукувати клієнтів. Куди краще просто знати "грибні" місця, де клієнтів більш ніж достатньо, – бери будь-кого і спілкуйся!

Так чи інакше, ваших клієнтів щось об'єднує і в них є спільні потреби. Є ділові клуби, де можуть збиратися люди зі схожими потребами, є постачальники чогось, необхідного вашим клієнтам. Наприклад, якщо ваші клієнти – банки, їм потрібні фірми, що постачають і ремонтують банкомати. Якщо ваші клієнти – телевізійні канали, вони потребують агентств, що продають їхній рекламний час. Якщо ви продаєте щось, про що варто говорити з кадровиками, контакти HR-директорів ви завжди легко можете знайти у рекрутингових компаній або в HR-клубах при торгово-промислових палатах.

Але перед тим, як кинутися на пошуки грибів, люди, як правило, заздалегідь формують розуміння деяких речей. Які гриби їстівні, а які ні. Чи варто розраховувати на кошик опеньків, чи ще триває час піддубників. Який вигляд має білий гриб і що таке мухомор. Так-так, такий гарний, яскравий гриб, що привертає до себе увагу. Гриб? Так. Але, на жаль, не їстівний. Так само йде справа і з пошуком клієнтів: перед тим як іти шукати їх, треба точно знати, який вони мають вигляд.

Грибників залежно від їхнього досвіду, можна розділити на кілька категорій:

- тих, хто збирає все підряд;
- тих, хто збирає тільки нечисленні знайомі їм їстівні гриби;
- тих, хто не збирає низку їстівних грибів, знаючи про їхню "нетехнологічність": маслюки треба ретельно чистити, сироїжки надто тендітні, а рядовки хрустітимуть піском;

- тих, хто йде на "тихе полювання" з конкретною метою – збирати такі-то гриби такого-то розміру.

Вправа, яку потрібно обов'язково виконувати продавцям, полягає в тому, щоб описувати для себе ідеального клієнта. Досвідчений продавець навіть не подумає зустрічатися з усіма потенційними покупцями поспіль. Це те саме, що збирати в кошик усі зустрінуті в лісі гриби, подібна поведінка загрожує отруєнням. Те ж саме відбувається і в продажах: є ризик демотивувати себе зустріччю з людьми, яким взагалі не потрібен ваш товар. Дуже важко продавати в умовах, коли "всі навколо" кажуть, що ваш товар або послуга нікому не потрібні. Компетентний же продавець не буде кидатися на кожного "їстівного" клієнта. Він подумає про те, скільки часу він витратить на ведення переговорів і укладення угоди, скільки часу піде на узгодження поставки, документообіг та іншу бюрократію. І якщо для цього продавця буде доступний "легший" покупець, насамперед він приділить увагу тому клієнту, який є більш перспективним – і з погляду закриття угоди, і з погляду подальшого розвитку продажів (додаткових продажів, рекомендацій тощо). Зрозуміло, що більш "легким" клієнтом буде той, з ким ви вже вибудували персональні особисті стосунки. Адже навіть якщо зараз йому не потрібно те, що ви продаєте, воно може йому знадобитися в майбутньому. Як і завжди, він опиниться перед традиційним (і непростим) вибором: кому з продавців вірити? Ви полегшуєте йому цей вибір уже зараз.

Полювання на слонів

«Грибна» модель дуже плідна для моделювання процесу пошуку клієнтів. Ось, наприклад, розмір компанії. Велика компанія, як і великий гриб, недоступна. Її важко шукати, потрібно багато ходити по ринку, щоб вийти на потрібних людей. У продажах є така приказка: мисливці на слонів помирають від голоду. Адже часта помилка, якої припускаються продавці: уявити собі ідеального, але недосяжного клієнта і витратити багато часу на полювання на нього або, як кажуть такі продавці, на боротьбу за нього. Так, це така солодка мрія – заробити відразу багато грошей, уклавши всього лише один контракт. Навіщо підписувати дрібні договори на невеликі суми, якщо можна зробити все й одразу? Але, на жаль, у великих клієнтів, крім їх недосяжності, є ще й інші недоліки.

Як і гриб-переросток, великі компанії бувають червивими. Корумпованість, бюрократія, незадовільна швидкість прийняття рішень, відсутність людей, реально зацікавлених в успіху угоди, – все це робить великі компанії "неїстівними" для більшості продавців. Тобто, навіть знайшовши корисні контакти не останніх людей в організації, продавець може чекати роками, перш ніж угоду буде укладено (якщо це взагалі станеться). А враховуючи, що в XXI столітті технології змінюються із запаморочливою швидкістю, пропозиція, з якою продавець приходив півроку тому, до моменту підписання договору перестає бути актуальною для покупця. Доводиться все починати спочатку.

Другим істотним недоліком роботи з великим клієнтом є залежність від нього. Так грибники, знайшовши великий гриб і не маючи більше місця в кошику, вирішують викинути з нього "нецікавий дріб'язок", щоб там помістився великий гриб. Або несуть його в руці. Але коли обидві руки зайняті, нових грибів уже не зріжеш.

Продавці та компанії, що продають, які уклали угоду з великим клієнтом, який забезпечує їм постійний приплив грошей, звикають до нових обставин. Вони дозволяють собі набагато більші витрати, роздувають штат персоналу. Адже для обслуговування великого клієнта потрібні нові люди і нове обладнання. З розрахунку на гроші, які приносить великий клієнт, будують бізнес-плани, відкривають нові, поки що збиткові напрямки. Для оптимізації роботи компанії переглядається портфель бізнесу, і компанія відмовляється від низки дрібних і не настільки рентабельних клієнтів. Загалом, з часом компанія опиняється в такому стані, коли відхід від неї великого клієнта вже означає серйозні проблеми, якщо не закриття всього бізнесу. Для організації це означає, що вона докладатиме всіх зусиль для утримання свого "слона". Зрештою ситуація дійде до того, що вона буде згодна обслуговувати його без прибутку або навіть собі в збиток, тому що втрата його призведе до ще більших збитків. Чи потрібен такий бізнес?

Часто наявність великого клієнта у невеликої фірми є причиною її існування. Це той самий "Перший і Найголовніший Клієнт". Фірмі не треба проходити етап пошуку клієнтів, період безгрошів'я, і вона, здавалося б, може розвивати свою інфраструктуру, користуючись гарантованим (нехай навіть тимчасово) грошовим потоком. Чимало компаній з'явилося саме для обслуговування специфічної потреби якоїсь великої корпорації. Не менше підприємств практично не існували, поки не знайшли свого "Найголовнішого" клієнта. Але вкрай рідко зустрічаються фірми, які зуміли вижити, втративши його.

Будь-який менеджер раціонально розподіляє свої зусилля. Якщо в нього є клієнт, який приносить багато грошей, і клієнт, який приносить мало грошей, або навіть не приносить їх узагалі, або клієнт "у перспективі", увага менеджера, звісно, буде прикута до найбагатшого клієнта. Решта опиняться в кінці черги за увагою, а перспективні напрямки розвитку так і залишаться вічно перспективними або "альтернативними". Це дійсно раціонально – витрачати свої зусилля на зростання обсягів продажів на 1% там, де цей

1% означає суттєві гроші. І компаній, які змогли відірватися від пуповини ключового клієнта, так мало тому, що менеджерів, які зуміли приділити увагу своєму майбутньому, теж одиниці.

Третя проблема, з якою стикаються продавці, що працюють з великими клієнтами, полягає в тому, що практично неможливо вибудувати позитивні відносини з великим клієнтом, зайшовши до нього з вулиці. Великі клієнти бояться щирих стосунків і холодні по відношенню до навколишнього світу. Це легко зрозуміти: у великих компаніях не так багато співробітників, реально стурбованих результатами діяльності підприємства. Крім того, великі клієнти постійно атакуються "борцями" і "мисливцями за слонами", тому з часом у них виробляється імунітет до продавців у принципі. Вони цілком справедливо не бажають витрачати час на вислуховування історій про те, що їм не потрібно. І якщо 95% зустрічей із продавцями не приносить жодної користі, то оптимальною поведінкою для компанії буде відмова від зустрічей із продавцями взагалі. Звідси проблеми з непробивними секретарями, проханнями надіслати пропозицію електронною поштою або "зустрітися після свят".

Великі компанії старанно відгороджують себе від будь-яких особистих контактів, тому що практично жоден їхній співробітник не здатний відповідати за дії організації, давати обіцянки від її імені і бути самим собою, а не гвинтиком машини. А якщо він – гвинтик машини, то і ставлення буде відповідним. Тому-то великі компанії так люблять тендери. Це так, здавалося б, просто – ухвалювати рішення на підставі пропозицій із безіменних конвертів. Найголовніше, що клерки, які організовують тендер, за допомогою процедур і купи паперів убезпечують себе від помилки і розмивають відповідальність. Результат буде механічним. Чому компанія

А виграла тендер? Тому що вона надала щось менш дороге за специфікацією, ніж у інших. А звідки специфікації? Затверджені комітетом.

Виходить, що вибір іде за ціновим критерієм, а отже, економічного прибутку постачальник може й не побачити. Саме так часто і буває. До того ж нерідко виходить, що продавець у подібній ситуації нездатний продати свої послуги або використати себе як унікальну пропозицію. Усі переваги його як особистості, яка знає і здатна допомогти в ухваленні правильного рішення, відсікаються тендерною машиною. Причому відсікаються цілком справедливо, бо 95% продавців дійсно нав'язують товар, а компаніям цього точно не треба.

У сучасному світі оцінити якість пропонованого продукту в більшості випадків можна тільки після його споживання. А тендерна процедура в принципі не здатна надати закупівельнику хоч якесь уявлення про надійність постачальника і про успішність подальшої співпраці з ним. Тендерна процедура, яку проводять між продавцями однакових комп'ютерних серверів за заданою специфікацією, не здатна дати уявлення про те, наскільки компетентно їх обслуговуватимуть, як швидко поставлятимуться, налаштовуватимуться, докуповуватимуться, як постачальник відповідатиме на телефонні дзвінки, наскільки він буде відкритим і чи любитиме свого клієнта. Тендери вбивають любов і дають в кінцевому підсумку результат або зовсім випадковий, або пов'язаний з особистими інтересами того чи іншого співробітника закупівельника. Сам закупівельник не зможе зрозуміти, чому саме обрали одну компанію із сотень навколо, чи був цей вибір оптимальним. А тому не захоче ні продовжувати стосунки після закупівлі, ні, тим більше, рекомендувати постачальника іншим.

Але є й хороші новини, їх дві. Перша полягає в тому, що поганий той тендер, чий результат не відомий заздалегідь. Тобто в більшості випадків продаж було здійснено, довіру вибудувано й очікування сформовано ще до завершення тендера. Тож якщо продавцю пропонують брати участь у тендері, йому варто замислитися, наскільки він у силах контролювати перебіг цього змагання, чи не є він статистом, і про те, чи є в специфікації до закупівлі згадка про ту особливість товару чи сервісу, яка вирізняє цього продавця з-поміж решти учасників перегонів.

Друга новина полягає в тому, що світ змінюється. Великі компанії переживають і переживатимуть не найкращі часи. Нові технології позбавляють їх ефекту масштабу, а консерватизм і неможливість швидко реагувати на мінливий світ перетворюють їх на динозаврів, приречених на вимирання. Частина підприємств давно зрозуміли, про що йдеться, тож вони поступово перетворюються на хмару менших за розміром компаній, пов'язаних між собою договорами та довгостроковими контрактами. Так, головне підприємство залишає за собою лише володіння торговою маркою, а все інше віддається на аутсорсинг. Це явище було описано в книзі Дона Тапскотта та Ентоні Д. Вільямса "Вікіноміка: Як масове співробітництво змінює все".

Ще 20 років тому на ринку були присутні майже стільки ж автомобільних виробників, що й 50 років тому. Але за останній час їхня кількість збільшилася на порядок. І так відбувається майже в будь-якій галузі. Лідери не тільки розчиняються в натовпі компаній меншого розміру: щоб вижити і набути гнучкості, вони змушені докорінно змінювати власні бізнес-моделі. І чим далі в майбутнє, тим менше продавці стикатимуться з великими корпораціями і тендерами. Але й закупівельникам доведеться непросто: дедалі складнішим буде вибір із постійно зростаючої кількості постачальників. Тому єдине, що можна дати клієнту, – увагу і добре ставлення до нього.

Білі продажі – продажі майбутнього. У майбутньому не буде місця тендерам, які замість прозорості наганяють ще більше туману, а замість відкритості провокують підкилимні ігри. І до нього треба готуватися заздалегідь, адже чимало клієнтів уже зараз живуть у цьому самому майбутньому, але їх нікому обслужити. А старі підходи з новими компаніями просто не працюють.

Мій любимий розмір

Проблеми пошуку клієнта насправді не існує. Натомість існує проблема якості опрацювання перспективних клієнтів. Якщо у вас вона низька, то для досягнення хороших (тобто достатніх для виживання бізнесу) показників продажів потрібно мати багато перспективних клієнтів, управляти базою таких клієнтів, закуповувати CRM-системи тощо. Водночас жоден продавець не здатний фізично обслуговувати більше одного клієнта в один конкретний час. Ось і виходить, що більше одного клієнта в кожну конкретну секунду продавцю не потрібно. Наявність другого клієнта, що чекає на нього, продажі не збільшить, а лише додасть метушні, адже не можна одночасно зрізати кілька грибів.

Гонитва за кількістю перспективних клієнтів подібна до поведінки жінки, яка спить щодня з іншим чоловіком, щоб завагітніти лише від одного з них. Така поведінка жінки засуджується суспільством і в такій тактиці, зрозуміло, немає ні краплі любові, а є лише холодний розрахунок. Саме таке ставлення продавців – перебір усіх підряд – робить цю професію менш шанованою, ніж вона заслуговує.

Також потоку нових клієнтів не сприяє і незадоволеність уже наявних, яким товар банально нав'язали і які це потім усвідомили. Якість роботи продавця має проявлятися не тільки в самому продажі, а й у тому, щоб запропонувати те, що дійсно потрібно клієнту.

Виходить, що до проблеми пошуку нових клієнтів варто підійти, насамперед, з боку скорочення потреби в нових клієнтах або, іншими словами, в поліпшенні якості роботи продавця. Жодні чарівні знання і навички в пошуку грибів не йтимуть на користь, якщо ви не вмієте відрізняти їстівні гриби від отруйних або йдете на "тихе полювання" з дірявим козубком.

І все-таки нових клієнтів треба шукати. Більшість продавців цим і займаються. Щоправда, вони працюють із цим завданням як із проблемою і, відповідно, отримують лише її посилення. Вони уявляють собі світ у вигляді фортеці, за стінами якої перебувають клієнти, що обороняють будівлю, а зовні метушаться атакуючі продавці. Насправді, якщо піднятися над проблемою, злетіти вище поля бою і фортифікаційних споруд, можна побачити, що якщо фортецю не атакувати, то "обложені" і самі будуть раді вийти з неї. Кожна людина перебуває в пошуку, кожен хоче щось придбати. Це я шукаю СТО для своєї машини. Але на техстанції це чомусь розглядають як проблему пошуку клієнтів. Чому ж тоді я не зупиняю свій вибір на першій зустрінутій по дорозі пропозиції?

На ринку ми працюємо з асиметричною інформацією: покупець і продавець володіють абсолютно різними знаннями про товар – як під час купівлі кота в мішку. Що потрібно робити для пошуку клієнтів? Зменшувати цю асиметричність, якщо ви – добросовісний постачальник, і, навпаки, збільшувати її, якщо недобросовісний. З огляду на те, що всі вірять у хорошу (або хоча б прийнятну за виставлену ціну) якість своїх товарів і послуг, мабуть, варто зупинитися саме на питаннях зменшення горезвісної асиметрії.

Бізнес в мережах

Отже, щоб знаходити клієнтів, слід працювати над зменшенням інформаційної асиметрії. Це допоможе їм зупинити вибір на вас. Кожен покупець платить за свою покупку не лише суму, зазначену на ціннику, а й транзакційні витрати: зусилля з пошуку товару та інформації про нього, ціну ризиків, пов'язаних із можливим ремонтом, неякісним обслуговуванням після покупки. Що більше клієнт знатиме про те, як саме виробляється ваш товар, яка його собівартість, що стоїть за його ціною і який досвід інших людей, які вже купили цей товар, то меншими будуть його транзакційні витрати. І тим нижчою для нього, з економічної точки зору, вийде вартість цієї покупки.

Як саме можна зменшити асиметричність інформації? XXI століття подарувало нам чудовий інструмент для цього. За допомогою соціальних мереж ви можете робити так, щоб ваші потенційні клієнти або їхні знайомі були в курсі того, що і як ви робите. Просто діліться інформацією про себе. Не намагайтеся займатися "маркетингом у соціальних медіа" або "формуванням позитивного іміджу компанії" – це не працює. Акаунт у твіттері непередбачуваний за результативністю і його використання не відрізняється від шаманства, якщо ваша активність не спрямована на зменшення асиметричності інформації. Не треба хвалитися – з часом це починає дратувати. Краще показувати, що саме ви робите, адже розповіді про завдання, які ставляться і вирішуються, надихають. Не бійтеся розповідати також про поразки та невдачі. Люди вміють фільтрувати постійний потік позитивної інформації.

Воронка

Багато продавців стикалися з поняттям воронки продажів. Вважається, що якщо з 10 зустрічей виходить 1 угода, то, щоб укласти 2 угоди, треба організувати 20 зустрічей. А для цього, своєю чергою, потрібно здійснити 200 дзвінків телефоном. Який нелюдський і машинний підхід! Такий метод роботи можна порівняти з ловом риби й устриць тралом. Цей великий рибальський сачок опускається на дно і протягується волоком, забираючи в себе все живе і неживе, що трапляється на шляху. Це дуже ефективний спосіб лову риби. Тільки ось одноразовий: після проходження трала на дні залишається голий ґрунт, над яким уже нічого робити рибам, рачкам і молюскам. Йде не просто вилов риби, йде знищення екосистеми.

Горезвісний метод воронки продажів якраз нагадує рибальський трал. І проблема "проходження секретаря", відмов клієнтів від зустрічі, негативне ставлення до продавців як співрозмовників та інше – все це лише відповідна реакція на дії розумників, які використовують воронку продажів. Воронка – це, по суті, браконьєрство, спроба отримати легку наживу на шкоду всім тим, хто прийде після тебе.

Звісно, іноді такий підхід стратегічно виправданий. Якщо ви, носій нової ідеї або виробник нового продукту, розумієте, що максимум за півроку вам у спину дихатимуть конкуренти з прапором "copy-paste" у руках, ваше завдання в цій ситуації – швидко оббігти весь ринок, зосередитися на 1-5% тих, хто погодився, і закрити угоди. Решта 95% ринку, сказавши одного разу "ні", згодом раціоналізують для себе цю позицію, придумають відповідь на запитання, чому саме вони відмовили, і зустрінуть вашого послідовника вже у всеозброєнні. Вони вже подумали і вирішили – їм це не треба. Але навіть якщо вони не замислювалися над виправданням своєї відмови, вони все одно належать до тих 95%, хто відмовив, а не до тих 5%, хто погодився. Ви застосували "тактику випаленої землі" і після вас працювати буде дуже важко. У цій ситуації конкурентам буде простіше переманити клієнта, який вже розуміє сенс продукту, від вас, ніж намагатися залучити нового. Більшість послідовників просто відмовляться від роботи на цьому ринку, а ті, що залишилися, навряд чи стануть його лідерами, якщо не придумають щось нове раніше за вас.

Якщо ж подивитися на роботу продавця з точки зору Системи сталих продажів 3S, воронка взагалі не метод. Цей варіант можна порівняти з метушнею горе-стоматолога, який у пошуках клієнтів виходить на вулицю і просить кожного перехожого відкрити рота, щоб можна було подивитися, а раптом у зубах є дірка, яка потребує пломбування. Якщо ви як продавець дійсно готові допомогти клієнтам, вони підуть до вас самі, а своєю нав'язливою поведінкою ви лише відлякаєте їх. До того ж ви витратите час не на обслуговування своїх наявних покупців, що могло б забезпечити вам додаткові рекомендації, а на безрезультатний пошук нових.

Насправді клієнти, яких ви знайдете за допомогою воронки, будуть не ті, хто потребував для себе послуг продавця, а ті, хто вже мав чітко сформований запит, твердо знав, чого хоче, і вже було зняв слухавку, щоб зателефонувати постачальникові, але ваш дзвінок дивовижним чином випередив його наміри. Ви там не продавали, а просто опинилися в потрібному місці в потрібний час. Звичайно, з вашої точки зору, вийшло так, що "воронка" спрацювала: ви зробили 200 дзвінків і знайшли клієнта. Але насправді ви його навіть не шукали, а "тягнули по ринку трал". І, зрозуміло, хтось відгукнувся. Ви б змогли продавати набагато більше, якби ті, хто б сказав вам "ні" телефоном, зустрілися б із вами за чиєюсь рекомендацією.

Метод воронки дуже популярний серед "пікаперів" – молодих людей, які захоплюються техніками "одноразових" побачень. Вони шукають собі дівчат для несерйозних стосунків і так само працюють "тралом". 200 підходів до випадкової дівчини на вулиці дає один секс. І не має значення, що більшість дівчат давно вже не схильні знайомитися на вулиці. Не має значення, що та сама дівчина, яка погодилася, просто перебуває у специфічному настрої або не так, як усі інші дівчата, ставиться до випадкових зв'язків. 200 підходів можна зробити за кілька днів або, якщо не напружуватися, за тиждень. "Пікапери" вивчають техніки пікапа, у них є ціла міфологія, що спирається на НЛП, мову рухів тіла і любительську психологію. Але від технік тут нічого не залежить. Це звичайна статистика.

Пікапери отримують те, що хочуть, – одноразові стосунки. Точно так само і з продажами: Білі продажі – це не "пікап", це шлюб на все життя, це стосунки з клієнтом, які ретельно вибудовуються і підтримуються. Їх неможливо вибудувати за допомогою воронки продажів.

Бережи честь змолоду

Бренд – це не просто "торгова марка", а й набір очікувань ваших клієнтів. Люди мають чітко розуміти, чого від вас чекати, це полегшує і їхній вибір вас як постачальника, і вашу роботу з непрофільними клієнтами, які чомусь до вас прийшли. Кожен володар репутації так чи інакше отримує від неї вигоду, а якщо ні, йому слід над цим попрацювати.

Стоматологу важливо мати репутацію хорошого стоматолога, а не проктолога, нехай навіть професійного. Забіяці й задираці вигідно мати репутацію сильного борця, адже саме такий авторитет дає йому змогу битися… менше за інших і отримувати своє без бою – з ним просто не стануть зв'язуватися. Своєю чергою, продавцю варто думати над репутацією не продавця, а помічника і консультанта, людини, яка спочатку вирішує проблеми людей, а вже потім отримує за це винагороду. Тільки з такою ретельно оберігаємою репутацією до продавця потягнуться люди. До речі, корисно буде взяти один урок у собак, він соціальний і називається "повиляй хвостом перший". Сьогодні важливо не стільки те, що робиш ти, скільки те, на що ти мотивуєш інших людей. І чудовим прикладом тут є собака. Він не думає: "Спочатку ти мене додому приведи, нагодуй і помий, а потім я тобі повиляю хвостом". Пес першим віддає свої почуття і лише потім отримує натомість те, що йому потрібно. При цьому тварина не змушує вас нічого їй віддавати, ви самі хочете нагодувати її або погладити.

Формування очікувань клієнтів, зручних як для вас, так і для них самих, полягає ще й у виробленні стандартів. Усі мають знати, що ви робите, в які терміни, за які гроші. Клієнти мають розуміти, спираючись на досвід ваших попередніх угод з іншими, чого можна очікувати від вас, а чого – ні. Якщо клієнти знатимуть, що термін поставки у вас становить, скажімо, 5 днів, то й запитань-заперечень з приводу цього часу в них не виникне. Ще до зустрічі з вами вони знатимуть про терміни і, погоджуючись на зустріч, уже оперуватимуть ними як прийнятними. Ті ж, кого такі умови не влаштовують, просто опиняться поза вашою увагою.

Найкраще, що можна зробити в рамках пошуку клієнтів, – діяти так, щоб із вами вступали в контакт ті, хто вже знає, чого від вас очікувати. А щоб таких людей було більше, єдине, що можна зробити, – сформувати такий набір очікувань клієнтів, який був би кращим за той, що мають конкуренти.

Не давайте обіцянок, але виконуйте їх

Найгірше, що ви можете зробити у XXI столітті, – обдурити. Часто продавці, прагнучи укласти угоду, обіцяють клієнту що завгодно, аби він поставив свій підпис у контракті. Але репутація брехуна – найгірша з можливих: навіщо спілкуватися з людиною, чиїй інформації вірити не можна, а перевіряти накладно? Одного разу збрехавши, ви закриваєте для себе ворота спілкування з цілим ринком.

Колективні тварини саме тому й збираються в стада, що така організація допомагає їм рятуватися від хижаків або, навпаки, нападати на жертв. У таких структурах погані новини поширюються у багато разів швидше за хороші. Істеричний крик макаки при вигляді удава буде її першою реакцією. Зебра, яка побачила лева, приверне до себе увагу стада, і всі кинуться в бік. Вовк, який промахнувся під час атаки на оленя, навряд чи ризикне вести на полювання інших вовків – ця невдача, на жаль, не зможе не позначитися на його авторитеті. При цьому мавпа не покличе своїх родичів, помітивши стигле гроно бананів, а постарається тихо, поки не набігли інші, оприбуткувати ласощі. Зебра жуватиме острівець соковитої трави, не запрошуючи оточуючих на бенкет, а ватажок вовків, який уміло вгризається в горло жертві, сприйматиметься як само собою зрозуміле явище. Так само і люди охоче діляться негативним досвідом, попереджають оточуючих про небезпеку, а ось позитивний воліють використовувати лише для себе і близьких друзів. Завдання продавця – стимулювати поширення позитивного досвіду, а не негативного.

Якщо ви хочете догодити клієнту, найкраще, що ви можете робити, – не обіцяти взагалі. Клієнт зрозуміє вас, коли ви скажете, що те чи інше рішення лежить поза вашими повноваженнями або вашими знаннями, що ви щиро зацікавлені в угоді й тому докладете всіх зусиль для задоволення клієнта, але обіцяти нічого не можете. Щоправда, тут важливо, щоб після таких слів ви зв'язувалися з клієнтом і регулярно повідомляли йому про перебіг справи, а потім, якщо у вас не вийшло, чесно повідомили, що ви зробили все, що могли, але на жаль.

Також відсутність обіцянок, що зв'язують вас, дає вам певну свободу. І навіть якщо клієнт чомусь виявиться не задоволений, ви завжди зможете йому нагадати, що не обіцяли того, на що він чомусь розраховував.

Те ж саме стосується і ваших суто рекламних посилів. Не треба багато чого обіцяти про продукт. Якщо ви кажете, що він найкращий, ви маєте не просто в це вірити, а й уміти показати, чому ви так вважаєте. Якщо ви переконані, що одна з характеристик продукту дає змогу виконувати певну операцію, то ви також повинні мати посилання на успішний досвід такого застосування продукту. Який сенс обіцяти клієнтам, що складні ножі, якими ви торгуєте, можуть використовуватися як лопата? Так, можуть, ви не обманюєте. Але давайте говорити відверто, наскільки хороший ваш ніж як інструмент для риття траншей? Найкраще, що ви можете зробити, рекламуючи продукт, – не сказати про нього всього. Нехай додаткові властивості та здібності вашого товару будуть приємним сюрпризом для покупця. Робіть так, щоб продукт виглядав після покупки краще, ніж до неї. Для вас головне, щоб клієнт не "купився", а купив і не пошкодував. Найгірше, що може статися для вас, – замітка в соціальній мережі про те, що не можна купувати у вашій компанії (байдуже, невдоволення викликає ваше обслуговування або низька якість продукту). А найкраще – теж замітка в соцмережах, але вже про те, що покупець був приємно здивований. Задоволені покупці – найнадійніше джерело ваших нових клієнтів.

Шукайте там, де вже найшли

Коли у нас є клієнти, ми починаємо їх сортувати. Людина взагалі любить розкладати все по поличках, категоріях, групах і потім аналізувати. Особливо коли в неї утворюється багато вільного (від зустрічей і закриття угод) часу. І тут виявляється все, як в анекдоті про людину, яка прийшла в патентне бюро з винаходом автомата для гоління.

— Але, вибачте, як вам це вдалося, адже кожне обличчя унікальне?! – запитали патентознавці.

— Ну, вперше так, – відповів винахідник.

Ми починаємо думати, що наш клієнт – це, наприклад, чоловік 35 років із вищою освітою, який має водійські права категорії "В". З точки зору конкретного чоловіка, це виглядає тим самим ворожінням на кавовій гущі. Така собі "середня температура по лікарні". З точки зору продавців, йдеться просто про підвищення ймовірності угоди під час спілкування з конкретно цим сегментом. Іноді наші висновки, навіть засновані на глибокому аналізі та складних обчисленнях, не збігаються з реальними фактами. Наприклад, виходячи зі статистики, наші покупці – ті самі чоловіки. Відповідно, ми почали атакувати саме цю категорію людей, спілкуючись із батьками, які приходять за дітьми в дитячий садок. При цьому ми не беремо до уваги, наприклад, їхню сексуальну орієнтацію. Адже насправді наш товар або послугу купували… члени якогось гей-клубу, які просто розповідали про нього один одному. Найчастіше самі продавці малюють собі портрет потенційного клієнта, виходячи з власних уявлень про користь, вигоди і методи використання товару. При цьому забувається стара приказка: "Я люблю полуницю з вершками, але у риби інші вподобання, тому на риболовлю я беру черв'яків".

Класичний приклад помилки в маркетингу – історія з просуванням фірмою Tefal сковорідок з антипригарним покриттям. Виробник був упевнений, що ці сковорідки купують тому, що на них можна смажити без олії. Але домогосподарки все одно смажили з олією – так смачніше і теплопередача від поверхні сковороди до продукту краща. А купували такий посуд тому, що він легко миється. Про концепцію Системи сталих продажів 3S маркетологи Tefal нічого не чули, інакше б вони одразу зробили так, як написано вище, у розділі "Що ми продаємо". Щоб зрозуміти, хто і де ваш клієнт, достатньо запитати про це вже наявних покупців. Як вони дізналися про товар, що їм сподобалося, як вони збираються його використовувати, які їхні враження, які розчарування і знахідки тощо. Це просто.

Ми вже порівнювали продажі зі збором грибів. Звісно, найкращий спосіб тут такий: зрізати наступний гриб недалеко від попереднього. Міцелій або грибниця – величезний підземний організм, змушений для свого розмноження випускати на поверхню контейнери зі спорами – гриби. Якщо ми знайшли один гриб, дуже ймовірно, що поруч із ним знайдеться і другий, і третій. Те саме стосується і пошуку клієнтів: коло спілкування людини, яка вже зробила у вас покупку, напевно включає в себе інших потенційних покупців вашого товару. Не варто йти занадто далеко.

Не там, де всі

Якщо шукати гриби там, де їх шукають усі, може виявитися, що на цьому відомому місці їх уже зібрали до вас. Найгірший спосіб залучення клієнтів – чинити так само, як і всі інші. Залучаючи клієнтів до себе так само, як це роблять усі, ви не відрізнятиметеся від них і потрапите в "перегони озброєнь” із конкурентами. Роздратований клієнт сприйматиме це як атаку на нього.

Подивіться на весь спектр способів залучення клієнтів, почитайте книжки на цю тему. І якщо ви знайдете якийсь спосіб, визнаний надійним, перевіреним і працюючим, сміливо викреслюйте його зі свого арсеналу.

Наш світ стає дедалі плоскішим – дедалі важче ховатися в складках місцевості. Асиметричність інформації зменшується. Тому дедалі гірше працюють стандартні інструменти залучення клієнтів – реклама, пропаганда, виставки, “чіпляючі” тексти. Водночас дедалі краще працюють Білі інструменти продажів: рекомендації, персоніфіковане спілкування, інтерес до особистості клієнта, а також розуміння проблем і потреб кожного з тих, хто “зайшов до крамниці”. Саме через те, що продавці та менеджери, навчені старим методам, бачать їхню неефективність у новому світі, виникає горезвісна проблема пошуку клієнтів. А насправді потрібно просто зрозуміти, в якому світі ми перебуваємо і які методи в ньому варто використовувати.

Білі продавці не шукають своїх покупців за допомогою “холодних дзвінків”. Білі продавці не поширюють прес-релізи. Білі продавці не платять гроші за рекламу. Білі продавці не дарують клієнтам шампанське на Новий рік. Це все те, що роблять інші. Замість цього Білі продавці роблять те, чого інші не роблять, і отримують найголовніше, що можна отримати, – клієнта, лояльного ще до укладення угоди. Подаруйте шампанське просто так, а не на свято. Цей подарунок запам’ятають краще. Прийдіть до клієнта не до, а після Нового року, і ви отримаєте розслаблену людину, з якою можна приємно поговорити кілька годин, а не психа в передноворічному цейтноті. Не розсилайте прес-релізи, а потоваришуйте з журналістами, нехай їм буде просто цікаво писати про вас і ваш бізнес. Не треба телефонувати "холодним" клієнтам. Телефонуйте за рекомендацією.

Пам'ятайте, що якщо ви чините "як усі", то і результат отримаєте такий самий, як у всіх. Але ж не це ваше завдання, вам треба бути кращими за інших. Почати рекомендуємо з того, щоб бути іншим. Так, це може бути навіть "інший гірше" замість варіанту "інший краще". Але… Не вистрілив – точно не влучив. Пробуйте, імпровізуйте, тільки не губіться серед інших.

Подивіться на більшість маркетологів: вони постійно роблять щось як усі. Усі вони вішають білборди, дбають про прес-релізи, складають "ту саму, чарівну" комерційну пропозицію, друкують продуктові буклети та флаєри. А після цього, звісно, дивуються, що реклама не спрацювала і товар залишився непоміченим. Ні, на своє виправдання вони, зрозуміло, скажуть: "Але ж якось же вона працює". Хоча насправді ні. Тому не друкуйте і не роздавайте флаєри з "усміхненими мамою, татом і двома дітьми", а, наприклад, попросіть промоутерів щипати перехожих за зад.

Любіть партнерів

Часто у керівників компаній, що продають, складається відчуття, що партнера знайти легко. Потрібно тільки націлитися на компанію, яка що-небудь продає тим самим категоріям клієнтів, що й ви, і запропонувати комісійні за "допродаж". Адже це додатковий дохід, хто від нього відмовиться? Наприклад, компанії, яка організовує корпоративні заходи, може спасти на думку запропонувати "співпрацю" рекрутинговому агентству. Адже у цих організацій схожа клієнтура і обидві вони спілкуються з HR-департаментом компаній-клієнтів.

У спілкуванні бізнесу з бізнесом мотивація відіграє ту саму роль, що і в спілкуванні з людьми. Мотивувати грошима нерозумно і неефективно. Часто один бізнес (А) пропонує іншому (Б) "співпрацю", засновану на тому, що бізнес Б продає товар або послугу бізнесу А й отримує за це комісійні. При цьому ті, хто пропонує, дивуються, чому їхня пропозиція не приваблює колег із бізнесу Б. Адже ось же вони – комісійні! Залишилося тільки запропонувати товар/послугу бізнесу А кожному клієнту бізнесу Б.

Насправді ж якби господарі компанії Б захотіли займатися ще якимось бізнесом, крім свого, вони б і так давно цим зайнялися. Та й пропозиція від А звучить приблизно так: "Хлопці, ваше ремесло – дурниця, займіться-но краще нашим". Будь-який бізнес витрачає сили і кошти на те, щоб насамперед продати себе. Люди вірять у те, чим вони займаються, і, що важливо, на власному продукті здатні заробити більше, ніж на чужому. Однак чомусь з'являються "партнери", які пропонують, щоб частина часу витрачалася на їхній бізнес: з меншою віддачею зараз, із втратою ринку та конкурентних переваг у майбутньому.

Тому проста пропозиція комісії не працює практично ніколи. А якщо і приймається, велика ймовірність, що спрацьовують інші чинники: оптимізація оподаткування, зміна ефективних ставок за кредитами, приналежність до одного холдингу, тобто мова не йде про звичайну комісію.

Клієнт цінний для компанії разом зі своїм гаманцем. І бізнесмени Б будуть зі шкіри геть лізти, щоб спустошити гаманець клієнта за допомогою свого продукту та послуги, на якому вони справді розуміються і завдяки якому вони мають солідний заробіток. Бізнес Б буде готовий запропонувати дорожчий пакет, додаткові опції, кращий сервіс тощо. І лише коли закінчиться фантазія, співробітники компанії Б почнуть думати, чим би ще зайнятися, погодившись поділитися вмістом гаманця свого клієнта з іншим бізнесом.

Якщо ви хочете, щоб чийсь бізнес став вашим каналом продажів, запропонуйте йому свій товар/послугу так, щоб вони побачили, як конкретно це підвищує їхні власні продажі, робить їхніх клієнтів більш лояльними до компанії, збільшує її цінність в очах покупців. А комісія? У цьому випадку її вже можна і не платити.

Співпраця можлива тоді, коли партнеру цікаво, щоб у його клієнта був ваш продукт. Банкам цікаво, щоб заставне майно було застраховано. Проектним організаціям цікаво, щоб клієнт знав, з ким він зможе реалізувати проект свого будинку. Агентствам з нерухомості цікаві іпотечні банки, тощо. Канал продажів працюватиме лише тоді, коли бізнес посередника отримає переваги для продажу свого продукту, а не вашого. Тому розмову з потенційними партнерами варто починати не з комісійних, а з того, чим ви зі своїм продуктом можете допомогти партнеру.

Якщо ж ваш партнер – професійний посередник, вам не варто думати про те, чим цікавий ваш продукт для кінцевого клієнта. Ви маєте думати про те, чому посереднику має бути цікаво працювати з вами. Гроші тут не перший і навіть не другий аргумент. Сама суть того, що ви продаєте, не полягає у вашому продукті. Вона полягає в умовах роботи, у підтримці, в умінні слухати й чути посередника, у розумінні того, що йому потрібно, у надійності, у людських стосунках, нарешті. Ваш клієнт у цьому випадку – посередник, а не кінцевий споживач вашого продукту.

Припиніть полювання

Дичина від мисливця тікає, а домашні тварини від своїх господарів – ні. Якщо більшість намагається визначити "лежбище" потенційних клієнтів і там їх наздогнати, вам варто подумати про створення іншого не менш комфортного лежбища для них – винятково вашого. Корова тому й стала жити з людиною, що, обравши одного вбивцю, вона отримала захист від усіх інших хижаків. Так, для людини тваринництво більш клопітке, ніж полювання. Однак часи збиральництва і кочового життя давно минули, і загнати оленя тепер складніше, ніж виростити корову. Мисливці, особливо мисливці на слонів, сьогодні вмирають від голоду. Вище я наводив класифікацію грибників. Але я не написав про найостаннішу, найвищу категорію – тих, хто вирощує гриби.

Ваших потенційних клієнтів щось об'єднує. У них є спільні проблеми, сподівання, питання. Ключові співробітники ваших корпоративних клієнтів, ті, які ухвалюють рішення, також мають своє коло інтересів. І цим можна користуватися. Дайте потенційним покупцям те, що вони шукають, і вони прийдуть до вас. Я завжди рекомендую своїм клієнтам організовувати ділові клуби, на яких обговорюватимуться питання, цікаві учасникам спільноти. Вони ж і виступатимуть на клубних заходах: розповідатимуть про свій досвід, дискутуватимуть із колегами, слухатимуть запрошених зовнішніх спікерів. Таким чином, люди отримуватимуть важливу для них інформацію, обмінюватимуться досвідом, заводитимуть нові знайомства.

Однак під час організації подібних спільнот, як правило, роблять дві головні помилки. По-перше, продавці, які організовують клуб, починають використовувати його суто для просування своїх товарів, чи то продукт, чи то послуга. Вони виступають перед аудиторією з доповідями на теми, цікаві продавцям, а не членам клубу, займаються явною пропагандою своїх рішень і внаслідок втрачають головне – довіру клієнтів. По-друге, бажаючи зробити "як краще", організатори з панського плеча роблять участь у клубних зустрічах безкоштовною. Щоб не виникало спокуси "відбити по-швидкому" гроші, вкладені в організацію заходів, і щоб ні в кого із запрошених не виникло думки про "безкоштовний сир", участь у клубі варто зробити платною. Це не мають бути великі суми, грошей має вистачити просто на оренду приміщення та кава-брейк. Так запрошені розумітимуть, що на них не заробляють, але за них і не платять. Платна участь у клубі сприяє і раціоналізації: учасники більше цінують те, що отримують за гроші, ніж те, що отримали б у подарунок.

Збудуйте сходи

Вирощуванню клієнтів може послужити ступінчаста продуктова стратегія компанії або сама поведінка продавця, якщо він прагне мати репутацію консультанта. Суть цієї стратегії полягає в тому, що компанія залучає клієнтів для своїх дорожчих продуктів за рахунок просування дешевших. Не варто плутати ступінчасту стратегію з продажами вже існуючим клієнтам. Йдеться саме про те, щоб стати відомим і сформувати потрібну репутацію.

У середині 1990-х років Ратмір Тимашев, будучи асистентом в університеті штату Огайо, вирішив підзаробити і відкрити онлайн-магазин із продажу комп'ютерних комплектуючих. Для цього він покликав свого друга і сусіда по кімнаті в гуртожитку Андрія Баронова, який, зі свого боку, був програмістом-самоуком і добре розбирався у Windows NT. У процесі створення сайту Андрій написав програму, що сканує і розкриває паролі в Windows NT, і виклав її для безплатного скачування, що призвело до сотень завантажень на тиждень. Ратмір побачив у цьому унікальну бізнес-ідею, але йому знадобилося чимало зусиль, щоб переконати Андрія в можливості заробити за допомогою цієї програми гроші. Щоправда, що конкретно робити з нею, вони поки що не уявляли, і для початку запропонували компанії Microsoft консультаційні послуги із захисту Windows NT від злому. У корпорації на них подивилися зверхньо і заявили, що з шантажистами переговорів не ведуть. На жаль, до ідеї Google платити кожному, хто знайде вразливість, тоді ще не прийшли.

Що було робити? Партнери створили складнішу програму, що робить деякі важливі для системних адміністраторів речі простішими, але ця програма, як і перша, розкривала паролі. Свою розробку вони стали продавати за Shareware-ліцензією ("спробуй, потім плати") за 20 доларів. Для надання певної респектабельності своєму підприємству вони створили компанію Aelita Software.

Люди продовжували заходити на сайт і завантажувати безоплатну програму, але поступово Ратмір і Андрій стали отримувати гроші від продажу її платної версії.

Якось, коли вони перебували в одній кімнаті, телефон у ній задзвонив. Людина на іншому боці дроту цікавилася в Андрія, скільки коштуватиме їхня розробка, якщо оплачувати її не за кредитною карткою, а для корпоративного клієнта, причому відразу, без пробного періоду.

— Двадцять доларів, – відповів Андрій.

— Я – ІТ-менеджер Bank of America і нам потрібно встановити це ПЗ на 20 000 комп'ютерів.

— Значить, 20 доларів за встановлення на кожному.

Ратмір ледь встиг вирвати в колеги слухавку і поспілкуватися з абонентом, з'ясувати, що саме потрібно Bank of America, і запропонувати рішення. Згодом воно успішно продавалося великим американським корпораціям.

У 2004-му році Aelita Software, принісши своїм засновникам $8 млн, продали компанії Quest за $115 млн. Двоє талановитих підприємців, не використовуючи зовнішніх інвестицій і працюючи на власному ентузіазмі, створили за кілька років успішний бізнес, який приніс їм мільйони доларів прибутку.

Історія Ратміра та Андрія є блискучою ілюстрацією ступеневої продуктової стратегії. Суть її полягає в тому, що в компанії має існувати якийсь продукт, який вона роздає безплатно або за порівняно невеликі гроші. Мета продажів (або роздач) не стільки заробити на продажах цього продукту, скільки здобути популярність. Продукт має бути простий, зручний і потрібний. Якщо ви займаєтеся чистими продажами, таким продуктом могли б бути певного роду консультації та семінари.

На другому ступені потрібен трохи складніший продукт, який продається за трохи вищою ціною. Клієнти для другого продукту приходять завдяки потоку рекомендацій від людей, які вже скористалися продуктом першого ступеня. А на третьому ступені існує продукт, який і доступний, і затребуваний тільки серед великих корпоративних клієнтів. Відповідно, вони приходять, уже знаючи, що у вас є рішення, яке задовольняє їхні потреби і користується попитом.

Ідея ступеневої продуктової стратегії використовувалася й активно використовується багатьма компаніями, що дає їм змогу знаходити клієнтів без витрат на рекламу та маркетингові заходи.

Думайте як клієнти

Третім способом "вирощування" клієнтів є їхнє підгодовування. Успіх будь-якого продавця безпосередньо залежить від того, чи є у його клієнтів гроші. А гроші у клієнта є тоді, коли продажі у нього зростають. Отже, продавцю, щоб бути успішним, потрібно стежити не за своїми клієнтами, а за клієнтами свого клієнта. Чим займається ваш типовий клієнт? Чи можете ви знайти інформацію про успішні угоди на його ринку? Хто закрив ці угоди? Які суми було виплачено? Шукати це потрібно там, де годуються ваші потенційні клієнти. З іншого боку, продавцям варто дивитися і на своїх наявних покупців – стежити за їхнім ринком, за новинами. Тоді ви зможете підтримати розмову, цікаву вашим клієнтам і корисну для них. Ви, будучи обізнаним, зможете підкинути їм цікаві ідеї, дати цінні наведення. Клієнти мають розуміти, що вони отримують користь від вас і що ви – їхній друг.

Десь на Уралі є пічник – Мішка Цегла. Чудовий мужик! Щороку ходить перевіряє, чи в порядку пічки, які він клав, а живе за десятки кілометрів. Він навіть не намагається "утримувати" клієнтів: печі він кладе з довічною гарантією, тож інших печей у його клієнтів і не передбачається. До замовників заходить просто подивитися, запитати, як справи, і поспілкуватися. Людина щиро любить свою справу і своїх клієнтів. Питається, чи є якісь шанси знайти подібну роботу на території, "контрольованій" Мішкою Цеглою? Ні. Якого пічника порекомендують? Мішку. Чому? Тому що його всі знають (репутація) і він нікуди не втече (репутація ще раз). До кого звернуться за ремонтом пічки? Відповідь відома.

Чому ж такий простий метод залучення клієнтів не використовується практично ніким? Кому хоч раз зателефонували з автосалону і поцікавилися задоволеністю обраної машини, а потім запитали, кому вона особливо сподобалася? Хто з виконробів, які робили ремонти або будівництва, регулярно відвідує своїх клієнтів, потоваришувавши з ними? Зараз, на жаль, усе навпаки – схалтурити, вкрасти частину матеріалів і знову надути наступного клієнта. Але це, як уже написано вище, перестає працювати. Найпідступнішим і найхитрішим способом збільшення продажів тепер є щира любов до клієнта і до своєї справи.

Виставки – пуста трата часу

Участь у профільних виставках і конференціях неефективна. Той час і гроші, які компанія витрачає на участь у подібних заходах, витрачаються даремно і не служать меті залучення клієнтів. Якщо вже й брати участь у виставках, то лише в тих, які є профільними для ваших клієнтів. І, зрозуміло, за умови, що так не вчинять усі ваші конкуренти.

Припустимо, організовується виставка якогось міфічного пузла-музла. На ній повно стендів виробників, дилерів і постачальників пузла-музла. Кожен із них думає, що саме тут і зараз він укладе супер-контракт на постачання великих партій свого пузла-музла. Для виставки виготовили чудовий стенд, дівчатка в міні-спідницях заклично посміхаються, ви привезли навіть макет лінії, де виготовляють ваше пузло-музло. Само собою, по виставці ходять відвідувачі, які, ймовірно, є потенційними покупцями вашого пузла-музла. Частина відвідувачів заходить на ваш стенд, згідно киває у відповідь на ваші розповіді про підвищений ступінь пузлистості вашого музла і обмінюється з вами візитками. Ви радісно забираєте з виставки стопку карток і вносите дані з них у CRM-систему, а потім починаєте користуватися отриманими контактами як джерелом наведень. Красива картинка, правда? Однак графік, що відображає обсяги продажів компанії, чомусь не демонструє явних піків збуту в дні, що настають за проведенням виставки. Очікуваний результат безумовно запізнюється.

Організатори виставки, здавалося б, мають рацію. Поза виставкою так важко знайти профільного клієнта й організувати з ним зустріч. Але у людини, яка справді має повноваження ухвалювати рішення про закупівлі пузла-музла, завжди обмаль часу. До того ж вона вже напевно вирішила свої проблеми з пузлом-музлом або обходиться в бізнесі без нього. У нього справ сила-силенна і маса інших важливіших турбот. Тепер питання: навіщо цей самий "ухвалювач рішень" витрачатиме свій діловий день на відвідування виставки пузла-музла? Можливо, він навіть не здогадується, що йому це пузло-музло потрібне. Чому він на цю виставку поїде? Тому, що йому надіслали запрошення? Ха! Найкраще, що він зробить, – пошле якогось свого не надто завантаженого (читай – "не дуже відповідального") співробітника відвідати виставку: "Ти це… походи, прайси позбирай, там подивимося". У підсумку у вас у пачці візиток повно карток "попок", чиї контакти ви могли б узяти і без виставки, просто зателефонувавши до офісу компанії за номером із жовтих сторінок. Ефективність наведень, отриманих на заході, наближається до нуля. Але ж ви ще й своїх співробітників відволікли, до речі.

Що ще поганого на виставках? Для покупців пузла-музла виставки це унікальна можливість в одному місці зустріти всіх його постачальників. Тобто вважається, що потреба в продукті в цих людей уже сформована, вони явно горять бажанням придбати товар. Навіть якби цей мотиватор, вигаданий організаторами виставки, справді працював, імовірність вашої взаємодії з потенційним клієнтом стає мізерно низькою, бо ви просто один із сотні, а зовсім не єдиний, хто виставляється.

Ще одна проблема – проблема аудиторії конференцій і для виставок. Вона полягає в тому, що ви поширюєте інформацію про себе і про свої продукти серед конкурентів, а не серед клієнтів. Шукати клієнтів на профільній конференції – настільки ж вдячне заняття, що й шукати мишу в котячому притулку. Якщо ви виступаєте з промовою, ви тішите своє самолюбство і тільки. Корисна промова буде сприйнята на ура конкурентами, а марна – пропущена повз вуха. До речі, більшість виступів, як правило, марні за змістом і мають одну мету – піар. Мовляв, запис у порядку денному конференції, що глава фірми такий-то виступить із доповіддю, якось вплине на обсяг продажів цієї самої компанії. Справді?

На відміну від виставок, на конференції потенційні клієнти навіть не доходять. Їм, до речі, і запрошень не висилають. Однак, це благодатний ґрунт для тих, хто вам хоче щось продати. Для них конференція – це "лежбище" керівників компаній, з якими можна зустрітися, поговорити про справи (які їх цікавлять) і домовитися про продаж вам їхнього пузла-музла. Тобто, вслухайтеся, вам пропонують заплатити грошей, щоб ви опинилися в променях уваги десятків спритних продавців. Яка вигідна угода!

Як ви думаєте, кого крім "представників потенційних клієнтів" ви зустрінете на виставках? Тих самих спраглих продати: представників ділових видань у пошуку передплатників, рекрутингових і кадрових агентств, розробників софту та ІТ-рішень для бізнесу, постачальників запчастин для вашого пузла-музла тощо. Загалом, усіх тих, хто хоче заробити на вас, а не тих, на кому могли б заробити ви.

Є ще одна категорія відвідувачів виставки – ротозеї. Це і правильні ротозеї, наприклад, освітні та навчальні заклади, і просто ротозеї – люди, яким "просто цікаво". Це вони утворюють натовп на виставці, це для них ви найняли дівчаток у бікіні і зайняли цілий "квартал" виставкового простору.

Коли ж виставки корисні? Зрозуміло, користь від цих заходів є. Особливо якщо сам формат виставки не "продавець-клієнт", а "постачальник-перекупник" (т.зв. Trade Fair), і якщо виставка міжнародна. Такі події чудово економлять час і гроші відряджених комерсантів, які перебувають у пошуку постачальника товарів для торгового бізнесу. Якби Україна, скажімо, була світовим лідером у виробництві сала, виставка його виробників була б дуже корисною іноземним закупівельникам цього товару для роздрібних мереж по всьому світу. Проте 90% виставок тут присвячено тому, як хтось намагається продемонструвати своє сало українським клієнтам, тобто зовсім навпаки.

Також участь у виставках може слугувати свого роду відповіддю на "шантаж" у "війні" між конкурентами. Тут потрібно розуміти, що якщо у вас є дуже сильний конкурент, а участь у виставці буде дуже добре висвітлюватися в ЗМІ, то грошей на такий піар шкодувати не варто. Це стосується і міжнародних автошоу, і CeBIT тощо. Однак тут теж варто зіставляти витрати і можливі доходи. Якщо, скажімо, регулярна участь у виставці відповідає за 0.01% обсягу ваших продажів, а вартість участі становить 10 000 Євро, значить, брати участь варто, тільки якщо ваші продажі перевищують 100 000 000 000 Євро за аналізований період.

Замість того, щоб витрачати гроші на участь у виставках і конференціях для залучення нових клієнтів, подумайте: можливо, вам варто витратити цю суму на поліпшення життя тих, хто вже є, що забезпечить вам динамічніший потік рекомендацій, аніж передоплачену можливість загубитися серед таких самих, як ви.

Підсумки глави

Основні думки

- Вимкніть боротьбу. Згадайте, як персонаж мультфільму "Крихітка Єнот" потоваришував із Тим, хто сидить у ставку.
- Зрозумійте, що об'єднує ваших клієнтів.
- Не шукайте клієнтів там і так, як це роблять інші.
- Мисливці на слонів помирають від ґолоду
- Не беріть участі в тендерах, результат яких вам не зрозумілий.
- Не женіться за клієнтами. Все одно ви не здатні зустрічатися одночасно з двома з них. Між кількістю і якістю в даному випадку обирайте якість.
- Щоб клієнту легше було купити, зменшіть для нього витрати вибору.
- «Воронка продаж» – браконьєрство.
- Виправдовуйте очікування клієнтів і формуйте таку репутацію, яка вам зручна.
- «Холодні дзвінки» скоріше шкодять, ніж приносять користь.
- Партнерів не цікавлять гроші. Їх цікавлять власні продажі.
- Припиніть полювання. Зробіть так, щоб клієнти самі збиралися навколо вас.
- Подивіться на продуктову лінійку. Чи вибудувана вона так, щоб дешевші продукти приваблювали покупців дорожчих продуктів?
- Не надійтесь на виставки

Вправи

- Намалюйте для себе портрет ідеального клієнта. Сортуйте ваших перспективних клієнтів за їхньою близькістю до ідеалу. Працюйте спочатку з тими, хто найбільш близький до нього.

- Подумайте, від чого залежить успіх бізнесу ваших ключових клієнтів. Чи можете ви їм у чомусь допомогти? Складіть план.

З чого почати

- Подивіться на портфель наявних клієнтів. Знайдіть спільні ознаки. Не обмежуйтеся очевидними на кшталт приналежності до однієї галузі. Подумайте про інші компанії з такими ж ознаками.

- Запитуйте у ваших клієнтів, звідки вони про вас дізналися. Якщо це рекомендація, то приділяйте більше часу спілкуванню з її джерелом і він порекомендує вас знову.

- Якщо заборонити собі "холодні дзвінки", які ще способи пошуку клієнтів у вас залишилися? Опишіть їх. Складіть план дій.

Де знайти покупця

Сліпа свиня іноді знаходить жолуді, але все ж корисно знати, що їх слід шукати під дубом.

Девід Огілві

Генератори контактів

Якщо ми розуміємо, що "холодному" контакту з нами розмовляти нема про що, варто подивитися на контакти, чия температура трохи вища за кімнатну. Тобто ті, з якими ми самі маємо зв'язуватися, маючи якийсь привід і знаючи, що в контакту потенційно є потреба в наших послугах. Дзвонити "по-холодному" взагалі не має сенсу. При цьому робота зі "злегка теплими" контактами або наводками корисна лише продавцям-початківцям, тому що зрілі продавці задовольняються рекомендаціями і сприянням своїх же клієнтів. Білі продажі також спираються на рекомендації, але де їх узяти, коли клієнтів ще немає?

До позитивних властивостей наведень належить:

- Продавець-початківець може працювати відразу з цілою базою наведень. Я рекомендую своїм клієнтам вибудовувати бізнес-процеси генерації наведень ("машини" наведень), які будуть спрямовані на допомогу продавцям на початку їхньої діяльності та надаватимуть серйозну перевагу на ринку праці.
- Також продавець, працюючи з наводками, істотно заощаджує час. Найвитратніший за часом і найнеефективніший на одиницю витрачених зусиль етап продажу – пошук клієнтів – можна істотно оптимізувати.

- У наводках працює ефект плацебо. Продавці почуваються впевненіше, працюючи з наводкою, ніж за наявності просто "холодного" контакту. Можливо, цінуючи наводку, продавці ставляться до контакту з більшою любов'ю, що передається через інтонації по телефону. Я експериментував і як "наведення" просто давав продавцям виписки з телефонного довідника. Якість продажів була вищою, ніж за холодними дзвінками на 30-40%. Таким чином, збільшення впевненості продавця призводить до зростання ефективності продажів.

До негативних:

- Вони "хоч ближче, але все так само холодні".
- Вони коштують грошей. Так чи інакше.

"Машини" наведень можна запускати різними способами. Це можуть бути певні списки потенційних клієнтів, які мають спільні ознаки, за якими ми можемо судити, що у них є потреба в нашому продукті.

Наприклад, одного разу я, працюючи на клієнта, вів переговори з великим супермаркетом, щоб одна компанія могла скористатися його базою власників дисконтних карток. Зрозуміло, подібна пропозиція "з бухти-барахти" виглядає погано як для супермаркету, так і для його покупців. Водночас під час переговорів ми підкреслювали, що компанія, яка шукає наводки, насамперед бажає зберегти теплі стосунки з потенційними клієнтами і не зіпсувати репутацію. Саме тому мова може йти тільки про такий сценарій розмови, в якому клієнти супермаркету інформуються про спеціальну пропозицію саме для них, що підтверджує, таким чином, цінність володіння дисконтною карткою. Подібний хід у скрипті телефонного дзвінка заздалегідь налаштовував покупців на більш доброзичливу розмову і, що важливо, узагалі прибирав заперечення на кшталт "Звідки у вас мій телефон?!" або "Чому ви мені телефонуєте?!". Адже сама бесіда після представлення і з'ясування, чи є час на розмову, починалася з фрази: "Я телефоную вам тому, що ви є власником дисконтної картки супермаркету "Чулан", це правда?". І тут же відповідь: "Так".

До цієї ж категорії належать списки різних комунальних і державних служб. Наприклад, виробники підгузків давно "прописалися" в пологових будинках. Ви можете взяти список фірм із телефонами та прізвищами учасників профільної виставки? Чудово. Вам потрібно продати систему фільтрації повітря? Ідіть до найближчої екологічної інспекції за списком "брудних" підприємств. Ви – туроператор? Підіть туди, де "народжуються" туристи, – у місце видачі закордонних паспортів.

Другим джерелом наведень може слугувати паралельний бізнес. Існують компанії, чиї клієнти ті самі, що й ваші? Ви торгуєте цементом? А хто продає цеглу? Ви реалізуєте пилососи? А де продаються килими? Ви торгуєте людськими органами? А чим зайняті найближчі госпіталь і морг?

У багатьох компаніях намагаються вести роботу з крос-продажів, вважаючи, що раз клієнти купили в них товар "А", саме тому вони придбають і товар "Б". Водночас я жодного разу не зустрічав проєктів із крос-продажів, які виправдали б очікування продавців. Імена наявних клієнтів – цінніший ресурс, ніж список для телефонного обдзвону. Ви можете легко втратити лояльність, намагаючись продавати клієнтам щось, що не потрібне їм, але що, на вашу думку, може їм знадобитися тільки через попередню їхню покупку у вас. Тому дзвінки клієнту не треба починати з того, що раніше він у вас щось придбав. "Ось тепер не буду", – подумає покупець.

Якщо ви працюєте з фізичними особами і особливо якщо ви – локальний постачальник, вам чудово підійдуть BTL-акції. Наприклад, у святковий день ви фотографуєте людей, що прогулюються в міському парку, і обіцяєте безкоштовно віддати їхню фотографію у себе в офісі наступного вечора. Добре б ще й якусь мотивуючу анкетку дати заповнити. Щоб людина, відповідаючи на запитання, починала замислюватися про свої вигоди від придбання вашого продукту/послуги. Якщо ви продаєте пилососи, одним із запитань у такій анкеті може бути таке: "Скільки часу на тиждень ви витрачаєте на прибирання будинку?"

Пройдіться профільною виставкою, роздайте красиві кульки з гелієм в обмін на візитки. Імпровізуйте і не робіть так, як інші.

Також у пошуку наведень вам можуть стати в пригоді й контакт-центри. Це може бути і чужий контакт-центр, якому ви просто заплатите за наведення. Причому ви можете обумовити ступінь їхньої теплоти – від переліку холодних контактів до списку, за яким уже дзвонили і з'ясували потенційну зацікавленість у зустрічі. "Механічні" скрипти працюють неефективно, однак яка вам різниця, скільки було зроблено дзвінків, якщо ви платите за готові контакти?

Це може бути свій власний контакт-центр, співробітники якого дзвонитимуть за добре підготовленими скриптами і будуть чудово натреновані для розмови з наявним клієнтом на тему того, кому б іще в його оточенні стали в пригоді б ваші послуги. Такий підхід дуже зручний, наприклад, для інтернет-провайдерів.

Головне правило в роботі з наводками все те саме – не забувати про любов. Перевірити її наявність дуже легко: якщо ви готові під час дзвінка одразу називати джерело контакту і клієнт сприйматиме це позитивно, якщо ви володієте якимось приводом для дзвінка, і цей привід клієнт сприйматиме як такий, що стосується тільки його або якоїсь нечисленної групи, отже, ви зуміли зберегти любов.

Наприклад, якщо ви домовилися використовувати базу власників дисконтних карток мережі супермаркетів, щоб продавати їм мінеральну воду з доставкою, потрібно подбати, щоб власник дисконтної картки не пошкодував про те, що вона у нього є. Почніть розмову з клієнтом із причини свого дзвінка: клієнт є постійним покупцем супермаркету і, реєструючись у програмі лояльності, він висловив зацікавленість у спеціальних пропозиціях та акціях. Тепер супермаркет пропонує йому отримати щось від вас зі знижкою. Зрозуміло, тут дуже важливі інтонації. Ввічливо поцікавтеся, чи цікаво йому це. Якщо ні, подякуйте за розмову, вибачтесь і запитайте, чи не означає його відмова небажання взагалі знати про будь-які спеціальні пропозиції від супермаркету. Клієнт не повинен залишитися з відчуттям, що йому телефонували за стандартним протоколом “ці надокучливі продажники”

Гілки на дереві

Правилом, яке добре працює і яке слід використовувати під час пошуку нових клієнтів, є розуміння того, що клієнтів варто шукати не по одному, а одразу “пучками”. І найцікавіше тут те, що “гілочки” зв’язків, які виходять від однієї людини, не закінчуються просто на інших людях. Кожна нова людина – це нове “дерево зв’язків”. Хоч би як далеко ми мандрували по ньому, ми завжди бачитимемо одну й ту саму картину – гілочки, що йдуть від гілочок, це нескінченно.

Коли у вас є хороший клієнт, перше, що ви маєте дізнатися, – його приналежність до якихось специфічних груп. А потім варто спробувати отримати доступ до цих спільнот, краще за допомогою вищезгаданого клієнта. Припустимо, ви продаєте складські послуги. І до вас прийшов покупець, який продає підгузки. Типова стратегія господаря складу – сидіти на пероні, звісивши ноги, лузати насіння і чекати нового орендаря. Нетиповим, але таким, що вимагає великих зусиль, буде такий набір дій:

- З'ясувати у клієнта, чому він усе-таки вибрав цей склад, визначити вигоди, які він побачив.
- Спробувати виявити універсальні вигоди (скажімо, це найдешевший склад у центрі міста, а інтернет-магазину потрібно вміти бути в центрі, щоб весь час їздити проти руху заторів).
- Набрати в гуглі "підгузки з доставкою додому" і знайти всіх постачальників цієї продукції, зустрітися з ними і запитати про ті дрібниці, які б вони хотіли поліпшити у власних складських рішеннях.
- Або, що простіше, запитати у клієнта про друзів, конкурентів і заодно вивідати їхні імена та прізвища.
- Або, що навіть веселіше, запитати в клієнта, кого з його друзів-бізнесменів могли б зацікавити ці склади.

Припустімо, ви торгуєте косметикою і у вас є жінка-клієнт. Розпитайте її про життя. Так чи інакше, вона є членом якихось формальних чи неформальних груп. Вона разом з іншими матусями вигулює своє чадо на дитячому майданчику. Вона – одна з мешканців свого будинку. Вона – одна з фахівців на роботі. Вона – одна з відвідувачів секції з аеробіки. Вона одна з… Чому б не попросити в неї допомоги в знайомстві з рештою членів таких груп, а не просто з якоюсь із її подруг?

Ви торгуєте вентиляційними системами? Вашим клієнтом стала тютюнова фабрика? Скільки ще таких підприємств у країні ви знаєте? У вас купила систему вентиляції міні-пекарня? Де ще є пекарні?

Головні мавпи

Одного разу вчені провели експеримент. У вольєр до мавп, де вже вишикувалася ієрархія, поставили прозорий контейнер-годівницю з бананами. У нього була складна система замикання і, щоб дістати банан, мавпам слід було б довго і наполегливо думати.

Мавпи злилися, нервували, але банани дістати не могли. Згодом вони заспокоїлися і перестали звертати увагу на недоступні ласощі. Тоді вчені забрали з вольєра самця нижчого рангу, а потім окремо від інших навчили його відкривати контейнер-годівницю і діставати банани. Після цього самця повернули назад до одноплемінників. Будучи навченою, мавпа підійшла до годівниці і дістала з неї банан. До неї тут же підлетів альфа-самець, відібрав фрукт і ще надавав стусанів "розумнику", щоб той знав своє місце. Тоді "розумник" поліз у контейнер за наступним бананом, але і цей у нього відібрали. Нова навичка не допомогла мавпі посісти нову позицію в зграї, тому банани в нього відбирали доти, доки всі не наїлися. Мавпи, які чудово володіють навичками наслідування, не бажали вчитися діставати банани з годівниці. Їм було легше застосувати силу і відібрати вже витягнутий з годівниці банан.

Тоді вчені вибрали зі зграї альфа-самця і знову-таки наодинці навчили його відкривати контейнер. Повернувшись у загальну клітку, самець чинно підійшов до годівниці і дістав з неї банан. Решта мавп дивилися на нього, і тоді самець рангом нижче підійшов до годівниці та обережно, щоб не розлютити главу зграї, спробував дістати банан і собі. Нарешті в нього вийшло і він радісно поскакав у свій куток.

Через деякий час навичку витягування бананів зі складної годівниці опанували всі мавпи.

Які висновки можна зробити з цього експерименту? Висновки прості: знання та навички поширюються в суспільстві згори донизу. Ніхто не буде наслідувати "розумника" знизу, навіть якщо це явно вигідно. У такого простіше відібрати. Люди, озброєні мовленням і здатністю міркувати, будь-яке починання "знизу" сприйматимуть як дивацтво. Вони обов'язково знайдуть для себе раціональне пояснення, чому он той, нижнього рангу, насправді дурень, а не розумний, і чому не слід за ним повторювати.

Якщо ж якесь починання йде "згори", від лідера, решта легко його наслідуватимуть і набуватимуть нових навичок, знань, звичок, навіть якщо вони не корисні для них. Це інстинкт, що лежить в основі людської поведінки, і цим варто навчитися користуватися.

Обираючи в якій-небудь соціальній групі того, з кого варто почати продажі, подумайте про те, щоб продавати лідеру цієї спільноти, щоб установити з ним тісні стосунки і дружбу. Навіть якщо йому не потрібно те, що ви продаєте, його прихильність до вашої персони допоможе вам знайти нових клієнтів.

Якщо ваші потенційні клієнти займаються фермерством, голова сільгоспуправління в районі – ваша найперша мета. Начальник податкової інспекції, якщо ваші клієнти – бухгалтери. Меценат, якщо ви продаєте софіти і мікрофони; пастор баптистської парафії, якщо ви продаєте щось для домогосподарств. Не йдеться про те, що лідери спільнот займатимуться відкритою пропагандою чи примусом. Однак оскільки вони мають вплив на людей, члени їхньої спільноти почнуть брати приклад з лідера і позитивно сприймуть його рекомендації.

При цьому якщо ви почнете продавати всередині соціальної групи, починаючи з найменш значущого її члена, ви ризикуєте опинитися в ізоляції – члени групи з більш високим "рейтингом" не стануть брати приклад з менш авторитетного колеги. Як це часто буває, вони, ймовірно, спорудять у себе в голові конструкцію, що виправдовує їхню поведінку і ставлення. Мовляв, Ваня – дурник, тому повторювати за ним – робити дурість. Утім, іноді спробувати продати такому Вані може бути корисно: якщо він відмовиться від купівлі, то в такий спосіб спровокує решту вчинити навпаки.

Християнство дуже довго пробивало собі шлях до сердець людей, поки його адептом не став римський імператор. Тютюн і картопля в Росії не користувалися популярністю, поки ними не зацікавився Петро I. Комп'ютери були долею кумедної і висміюваної меншості населення доти, доки лідери не поставили собі на столи ноутбуки, спочатку просто для декору. Зараз навіть літні люди освоюють роботу з комп'ютером, користуються електронною поштою, Skype і мобільними телефонами, хоча ще 10 років тому вони заявляли, що "занадто старі" для цього. Основний мотив для купівлі дорогих автомобілів – їхня статусність, а не надійність, практичність чи естетика. Навіть так: щойно річ виявляється визнаним атрибутом високого статусу людини, решта одразу помічають у ній і надійність, і практичність, і естетику.

Керуйте рекомендаціями

Головним джерелом потенційних клієнтів у 3S продажах є рекомендації. Не варто недооцінювати "тепле коло" – ваших близьких і друзів, – і не потрібно соромитися цією групою користуватися. Зрозуміло, дуже безглуздою вважатимуть розмову за пивом про те, хто зі знайомих твоїх друзів міг би мати потребу в асфальтоукладальниках, що поставляються вашою компанією. Найімовірніше, ваші друзі взагалі ніяк не пов'язані з тими, кому потрібні ці пристрої. Зате вони можуть бути пов'язані з тими, хто пов'язаний з асфальтоукладальниками. Ланцюжок зв'язків може виглядати приблизно так: є друг, у нього працював виконроб, який знає фірму, що кладе асфальт.

Чим такий ланцюжок особливо примітний? Тим, що він іде в протитечію зобов'язань. Виконроб "зобов'язаний" вашому другові і підтримує з ним добрі стосунки, а фірма, що укладає асфальт, отримує у виконроба підряди. Тобто виконроб легко відгукнеться на прохання вашого друга зустрітися з ним. При цьому ваш друг не ризикує тим, що зіпсує з ним стосунки, якщо раптом таке прохання виглядатиме недоречним або нав'язливим. На жаль, люди схильні пам'ятати своїх клієнтів краще, ніж тих, чиїми клієнтами вони є самі. Тому не прагніть занадто нав'язливо вивідувати необхідну інформацію. Будь-яка розмова "за життя" з частою зміною теми приведе вас до тих, чиїм клієнтом є ваш друг.

Також хорошим джерелом рекомендацій є ваші перспективні клієнти. Завжди потрібно будувати розмову з перспективним клієнтом так, щоб він не соромився розповісти вам, кому ще з його оточення були б цікаві ваші товари/послуги або чиїми послугами він користується у своєму бізнесі. Ваша зустріч має завжди закінчуватися на позитивній ноті, щоб ваш контакт був благодушно налаштований до розмови про рекомендації. І навіть невдала для вас зустріч дає контакту легке відчуття провини, яку він готовий "спокутувати", надавши вам нові ідеї для ваших продажів. Не соромтеся запитувати про рекомендації у клієнтів, які не відбулися, проте ви маєте переконатися, що вибудували з ними стосунки.

Наприклад, якщо ви продаєте комбікорм, у фермера легко запитати про його сусідів і тих, кому було б цікаво з вами поговорити. Також у нього варто поцікавитися, де він закуповує, скажімо, запчастини до своїх автопоїлок. Зустріч із цими людьми також має сенс, тому що вони знають ще більше фермерів.

І, зрозуміло, вам допоможуть ваші наявні клієнти. Найкращою рекламою вашого бізнесу будуть ваші задоволені покупці. Серед задоволених клієнтів є так звані "золоті" клієнти. Тобто ті, хто активно співпереживає вам і вашій справі або взагалі став шанувальником вашого бізнесу. Ви маєте вилізти зі шкури геть, але зробити себе частиною їхнього життя. Бути щирими друзями, знати про них усе: починаючи від дня народження собаки і закінчуючи тим, чому почала скрипіти хвіртка в них на дачі. Цих людей навіть не треба просити давати наводки – вони самі будуть вам їх підкидати. Це стане їхнім хобі.

Сорти м'яса

Рекомендації всі відрізняються і продавцю варто оцінювати якість наведень, які він отримує. Зрозуміло, слід прагнути отримувати рекомендації найвищої якості. Якщо людина хотітиме отримати тільки "ім'я і телефон", вона отримає тільки ім'я і телефон. Люди, які стріляли з лука чи гвинтівки, знають: щоб влучити в мішень, стрілу чи ствол слід спрямовувати вище за мішень, а не прямо на мішень. І що далі ціль, то вище спрямовується стріла або спрямовується ствол. Так само і в будь-якому цілепокладанні: варто ставити мету більш амбітну, щоб досягти бажаної. При цьому є шанси, що і сама амбітна мета буде підкорена. А от навпаки не буде: якщо цілитися в менш важкі цілі, більш амбітної не досягти.

Рекомендації, які ви отримуєте, можна поділити на категорії. І що вища категорія, то смачніші рекомендації, прямо як у м'ясній крамниці.

¤I категорія «Вирізка, биток»

Ваш рекомендавець сам телефонує майбутньому клієнту і домовляється з ним про те, що ви зустрінетеся. Це – золота рекомендація, завжди намагайтеся отримати саме її. У вас, напевно, є люди, які щиро переживають за вас і час від часу допомагають вам із наводками і не тільки. Не соромтеся пояснити їм різницю між тим, коли ви телефонуєте самі, і тим, коли ви опиняєтеся в становищі того, кого рекомендують. Вони зрозуміють, а потім постараються зателефонувати і, щонайменше, сказати щось хороше про вас, попросити вислухати або допомогти. У такого виду рекомендацій є неприємний бік. Згодом ви перестанете приймати будь-які інші варіанти рекомендацій, не вважаючи це комільфо: "Напрошуватися недобре". Однак це лише уявна неприємність, яка називається "Зламалася машинка для рахунку грошей".

¤II категорія «Лопатка, бедро»

Ваш рекомендавець зателефонує майбутньому клієнту і попередить його про ваш дзвінок. Часто таку хорошу рекомендацію можна отримати з "третьосортної", коли людина соромиться згадки про себе як про рекомендувача і схильна залишити вам тільки ім'я і телефон. Перетворення легко здійснити за допомогою такого діалогу:

— Я так розумію, ви не хочете, щоб згадувалося ваше ім'я?

— Так, саме так. Я не знаю, якою буде реакція цієї людини на ваші пропозиції.

 — Можливо, варто зараз або пізніше зателефонувати цій людині і запитати її дозволу на передачу її контактів? Так ви покажете їй, що цінуєте її і не "зливаєте" дані про неї будь-кому, і, з іншого боку, вчините по совісті?

 — Можливо…

 — Як ви, сказали, його звати?

 — Сергій Петрович.

 — Ви думаєте, доречно буде просто зараз набрати його номер і просто почути його відповідь?

 — А чому б і ні.

Зрозуміло, ваш рекомендодавець у такій розмові виправдовуватиме себе, і тому його прохання не матиме такого вигляду: "Чуєш, це… тобі ж пилососи не потрібні? Ну і я про те саме". Найімовірніше, це буде так: "Сергію Петровичу, я тут з одним цікавим молодим чоловіком спілкуюся. Просить мене рекомендувати, з ким ще б йому поговорити… а, пилососи продає. …. так, нічого так, я он собі купив. …ніби нормальний. Ну що, вшануєш?.. Так він сам передзвонить тобі".

Також рекомендації другої категорії працюють під час пошуку рекомендованих "по шерсті", тобто тих, які щось винні рекомендувачу, або тих, чиїм клієнтом рекомендувач є сам.

¤III категорія «Пашина, гомілка»

Клієнт дозволяє послатися на нього. Бульйон, звісно, наваристий, але м'ясо жорсткувате. Посилання на знайому людину – чудовий спосіб утримувати "ниточку" телефонного дзвінка і не отримати миттєву відмову від зустрічі. Іноді, щоправда, трапляються казуси, коли рекомендований згадує рекомендатора "незлим тихим...", а той про це навіть не здогадується.

¤IV категорія «Субпродукти»

Ім'я і телефон, от щедрість-то. Для того, щоб це були не "роги і копита", а хоча б лівер, варто більше дізнатися про людину або бізнес, який та представляє. Якщо ваш рекомендатор не дозволяє посилатися на себе, то в жодному разі цього не робіть. Не підводьте тих, хто вам довірився. До речі, зауваження, застосовне для всіх описаних категорій: звітуйте рекомендацеві про свої контакти. Дякуйте, залучайте його до процесу, змушуйте вболівати за вас. Це приведе вас до нових рекомендацій. Найкращим варіантом буде перетворення ваших рекомендателів на першу категорію – людей, які завжди думають про вас. Просто в потрібний момент у них в голові продзвенить ваш іменний дзвіночок.

До речі, четверта категорія незручна тим, що ви, дзвонячи майбутньому клієнту, можете легко нарватися на запитання: "А хто дав вам мій телефон?". І що ви будете робити? Вже краще тоді працювати з наступною групою.

¤V категорія «Собачатина, рубана разом із будкою»

Вам дають не конкретні рекомендації, а тільки ідеї. Де походити, що порозпитувати, кого запитати, на яку категорію людей звернути увагу. Такі наводки дають часто ті самі "золоті" рекомендатори. Просто освіжаючи ваш ідейний застій. Не гребуйте ними. Так, для вас це фактично джерело холодних контактів. Однак оцініть перспективи того, що ви якимось чином входите в нову для себе групу. Вони ж там усередині спільноти один на одного дивляться, озираються, радяться. Рекомендують одне одному. Можливо, ви знайдете для себе нішу, в якій будете "пастися" до кінця своїх днів.

Ті, кому дають

Людям зовсім не обов'язково рекомендувати вас. Їм достатньо рекомендувати вам. Ключове запитання "А чи не порекомендуєте ви мене комусь?" викликатиме насторженість і внутрішню оцінку, серед якої виринає й дискомфорт, спричинений тим, що ваш рекомендатор, виходить, бере на себе відповідальність за щось. До того ж фактично ви просите людину зайнятися просуванням вашого товару. А в продажах комфортно себе почувають зовсім небагато. Мало хто почуватиметься комфортно, вимовляючи за пляшкою пива такий монолог: "Так, до речі, я тут _ купив. Класна річ. Хочеш, я тобі порекомендую, де взяти?"

А ось запитання "А чи не порекомендуєте ви мені, до кого ще я можу звернутися?" виводить і відчуття рекомендувача, і саму суть бесіди на зовсім інший рівень.

Найголовніше, що варто засвоїти: щоб вас рекомендували, вам слід поводитися відповідним чином. Уявіть собі лікаря-стоматолога, який "сідає" на телефон, відкриває адресну книжку і починає телефонувати всім підряд, пропонуючи зазирнути до рота та здійснити лікування, якщо виявляться проблеми. Як ви думаєте, скільки нових клієнтів він знайде за день роботи? А чи гарний вигляд має стоматолог, який у лоб запитує в пацієнта, чи немає серед його знайомих когось іще з гнилими зубами?

Саме подібні міркування, менш картинні, звісно, призводять до того, що продавці просто соромляться брати рекомендації. Вони розраховують на те, що вдячні пацієнти самі розповідатимуть на кожному кроці про те, як добре вони позбулися гнійного стоматиту в доктора Іванова. Щоб вам дійсно давали рекомендації і ви їх правильно приймали, поводьтеся як лікар, а не як коробейник на базарі.

Працюючи за рекомендацією вам потрібно бути ідеальним продавцем. Ви в жодному разі не повинні викликати дискомфорт клієнта своєю персоною. Це катастрофа, якщо ваш перспективний клієнт передзвонить рекомендатору і запитає: "Кого ти до мене підіслав?" Тому так само важливо постійно тримати зворотний зв'язок із рекомендодавцем та інформувати його про стан справ із перспективним клієнтом, його реакцію, прогрес, якого ви досягли. Зателефонуйте рекомендодавцю після зустрічі, подякуйте за наводку. Висловіть упевненість, що зустріч була корисною для всіх і попросіть поцікавитися враженням про зустріч. Адже, якщо рекомендавець дізнається, що зустріч за його рекомендацією пройшла добре, згодом він із задоволенням буде вас рекомендувати й надалі. Якщо ж вона пройшла погано, то нехай вже краще ви самі першими чесно скажете йому про це.

Очевидне

Якщо говорити про рекомендації, насамперед продавців бентежить сама технологія їх отримання. Насправді це питання зникає, якщо перестати обманювати клієнта і ставитися до нього з повагою і любов'ю, розраховуючи на взаємність.

Я часто запитую продавців, чи готові вони у своєму спілкуванні з клієнтом розповісти йому, скільки вони зароблять, якщо угода відбудеться? Найчастіше замість відповіді я спостерігаю округлі очі, що виражають повне нерозуміння, як таке взагалі можливо. Але розраховувати на те, що клієнт не припускає наявність у продавця заробітку, це приблизно те саме, що думати, нібито наречена не знає, що з нею робитимуть у першу шлюбну ніч.

Чи можна вибудувати довірчі відносини, починаючи з обману і бажання приховати очевидне? Якщо у продавця є якась тема, яку він обговорювати не готовий або боїться, але про яку відомо покупцеві, розмова ніколи не вийде чесною і відкритою. Мало того, наївні спроби приховати факт заробітку продавця на угоді надають простір для уяви покупця: він починає підозрювати, що "навар" продавця набагато більший, ніж це є насправді. Покупець починає торгуватися і… у нього виходить.

Бажання приховати свої комісійні це не проблема, а лише її наслідок. Сам продавець не розуміє, чим саме він допомагає клієнту, у чому користь продавця для клієнта і чому йому зручніше купувати саме з цим продавцем, а не якось інакше. Тому починати все ж таки варто з того, щоб наповнити своєю працею продажу і зробити клієнта настільки задоволеним, щоб він розумів, за що саме продавець отримує комісійні.

Спокійне визнання того, як і скільки продавець заробляє на продажі, теж допомагає отримувати рекомендації. На початку зустрічі під час встановлення контакту можна одразу пояснити клієнту вашу роль і ваші цілі: "Іване Івановичу, перш ніж ми почнемо нашу розмову, я б хотів пояснити, як я працюю. Суть моєї роботи полягає в пошуку нових клієнтів і отриманні комісійної винагороди за угоди. Якщо ми домовимося і вам підійде те, що я пропоную, я отримаю комісію від угоди. Консультації, які я проводжу для вас, безкоштовні. Однак я хочу запропонувати вам угоду. Якщо вам сподобається те, про що ми будемо говорити, я попрошу допомоги в пошуку нових клієнтів, домовилися?"

З одного боку:

- ми ніби "розкриваємо карти" – даємо клієнту зрозуміти, що ми чесні щодо нього, хоча, по суті, нічого нового і карколомного йому не повідомляємо;
- ми прибираємо "внутрішнє заперечення" клієнта: "Я куплю, а він заробить на цьому", шляхом спокійного визнання цього факту;
- ми вмикаємо совість клієнта за допомогою згадки безкоштовності консультацій. За хорошу послугу клієнт буде готовий заплатити, навіть якщо вона безкоштовна. Як заплатити? Купити або надати зустрічну послугу – дати рекомендацію.

З іншого боку, ми "вішаємо якір", за який зачепимося наприкінці зустрічі. Після того, як ми переконаємося, що клієнт задоволений придбанням або самим перебігом зустрічі, отримав від неї явну користь, розуміє, що не витратив час даремно (а переконаємося ми завдяки запитанням "у лоб" на кшталт "Вам сподобалося?"), ми скажемо таке: "Іване Івановичу, як я вже казав, моя робота полягає в пошуку нових клієнтів. Як ви думаєте, комусь із ваших знайомих була б корисна інформація, яку ви отримали під час нашої зустрічі?"

Зрозуміло, про це можна запитувати і без "якоря" спочатку, але тоді і розмова буде менш зобов'язуючою для клієнта:

— Вам сподобалося те, про що ми зараз розмовляли?

— Так.

— Можу я поцікавитися, що саме вселяє у вас упевненість у необхідності нашої послуги?

— Бла-бла-бла.

— Як ви думаєте, кому з ваших знайомих буде також корисно поспілкуватися зі мною?

Якщо в основу роботи поставити ідею, що клієнт перебуває на вашому боці, а не навпаки, питання "Як брати рекомендації?" просто не стоїть на порядку денному. Саме тому Білі продажі відрізняються від т.зв. "впарювання". Людина, якій нав'язали товар, не може рекомендувати, адже вона не розуміє, навіщо вона купила цей продукт. Ви маєте бути разом із клієнтом, а не проти нього.

Можливо, вам варто просто розповісти покупцеві про те, що більшість своїх клієнтів ви знаходите за рекомендацією. І як би ви їх не шукали – від спаму до телемаркетингу, – ядро вашої клієнтської бази складають не випадкові люди з вулиці. Після того, як ви поділилися з людиною "секретом" свого бізнесу, варто запитати її думки: "Як ви вважаєте, чи дійсно цей спосіб пошуку клієнтів найкращий? Чи правий я, коли використовую його?" Зрозуміло, клієнт підтвердить це. Ще б йому не погодитися: адже він і сам, напевно, і стоматолога, і плиточника знайшов не за оголошенням у газеті. Якщо в цьому він з вами згоден, просте запитання, поставлене дещо пізніше: "Кому б іще з ваших знайомих було цікаво поспілкуватися зі мною?", вже не буде викликати опору. Клієнт знає, навіщо ви запитуєте і готовий надати допомогу.

Отримавши рекомендацію, продовжуйте інформувати свого покупця про те, як пройшла зустріч за його рекомендацією. Також варто попросити його поспілкуватися з рекомендованим і дізнатися враження того, від зустрічі з вами. Ви, таким чином, залучаєте вашого рекомендодавця на свій бік дедалі більше і більше, втягуєте його в гру і перетворюєте на "золотого" клієнта.

Наш світ стає плоским. Це означає, що для покупця всі продавці рівні, він просто не може помітити серйозних відмінностей між продавцями і, що найстрашніше для вас, не зможе вас згадати. Ви ж не пам'ятаєте, що їли минулої п'ятниці на сніданок? Навряд чи. Швидше за все, ви сконструюєте відповідь, виходячи з того, що ви, як правило, їсте на сніданок у будні дні. А якщо і згадаєте, то лише тому, що їли тоді щось незвичайне. Аналогічно і тут: найкращий спосіб бути рекомендованим – бути таким, щоб тебе запам'ятали. Ну а найкращий спосіб запам'ятатися – бути не таким, як усі. Зрештою, кожен продавець продає насамперед себе.

Золоті клієнти

Працюючи за рекомендаціями, ви помітите, що зустрічаються клієнти, які з великим бажанням дають вам рекомендації, але знайдуться й ті, хто робить це вкрай неохоче. Зрозуміло, клієнтів із другої категорії потрібно переводити в першу. Процедура цього переміщення полягає, по суті, у встановленні з ними щирих, не прив'язаних до бізнесу стосунків. А почати все можна досить просто: продавши людині мобільний телефон, розговоритися з нею, попросити контакт і за кілька місяців передзвонити, уточнюючи, як їй нова покупка. Просто поговорити ще. Якщо ви бачите, що покупець – "ваша" людина, вам із ним добре, то не соромтеся підтримувати і розвивати стосунки з ним. Ось він, найцікавіший "пунктик" у 3S продажах: це, мабуть, єдиний спосіб продавати, який може приносити справжніх друзів.

Однак наша "ємність дружелюбності" вичерпна і ми просто не зможемо бути на двох пікніках одночасно. Тому у нас завжди будуть ті друзі-клієнти, які дають нам нові наводки, і ті, які не дають. Перших можна заслужено іменувати "золотими" клієнтами. У продавця може абсолютно не бути до таких людей якогось комерційного інтересу. В ідеальному варіанті продавцю має бути все одно, чи забезпечують ці клієнти нові перспективні наводки. І саме тому, що продавцю все одно, "золоті" покупці готові забезпечувати йому нові рекомендації. Такий продавець не бореться і не женеться за явною вигодою, завдяки цьому він подобається іншим людям.

Продавцю варто знати про своїх "золотих" клієнтів усе, завжди мати привід зателефонувати і поговорити просто так, хоча б раз на тиждень. Вони пам'ятають про вас. Вони знають, чим ви живете, і вони підкидають вам наводки так само, як ви підкидаєте крихти голубам у парку. Просто тому, що їм це приємно. Якщо вони знають, чим живете ви, то і ви маєте знати, чим живуть вони. Якщо клієнт – рибалка, продавець має знати все про блешні; рольовик – про тактику римських легіонів; качок-культурист – про БАДи і техніки тренувань; українофіл – про те, чим відрізняється Лесь Подерв'янський від Лесі Українки; уболівальник – у чому різниця між Селтиком і Манчестер Юнайтед. Це, як мінімум, збагачує ваш власний внутрішній світ.

Рефреймінг

Рефреймінг – це спосіб комунікації, за якого співрозмовник перетворює хороше на погане і, навпаки, погане на хороше: людина не жадібна, а ощадлива; любов погана, якщо це любов до грошей. Так само йдуть справи і в 3S продажах – позитив завжди можна знайти навіть у найбільш тупиковій ситуації.

Що робити, коли зустріч закінчується нічим, адже виявляється, що ти говориш із найманим менеджером, а рішення ухвалює засновник, який перебуває в іншій країні і зустріч із яким організувати вкрай складно? Білі продажі передбачають тільки один рецепт – стати на бік співрозмовника. Це означає: Переконатися, що найманому менеджеру пропоноване вами рішення подобається, що він зацікавлений у ваших послугах.

Стати на його бік і запитати, яким чином зазвичай приймають рішення засновники, які матеріали їм потрібні для цього. Або запитати в менеджера, що він розповідатиме засновникам про вашу пропозицію, яким аспектам приділятиме найбільше уваги, запропонувати підготувати презентацію, яку буде показано засновникам від його імені.

Запропонувати найманому співробітнику свою допомогу в поясненні продукту засновникам компанії, щоб бути точно впевненим, що вони отримають повну інформацію; попросити організувати телефонну конференцію з найманим менеджером і засновником.

Або що робити, якщо продавець, який продає сільгосптехніку, приїхав до фермера за 200 км, а той узяв та й поїхав у райцентр, забувши про зустріч? Найкраще, що можна зробити, це не боятися і підтверджувати зустріч. Водночас підтверджувати її потрібно не в лоб, типу "ви будете, я ж приїду" (це показує, що ви готові очікувати некоректної поведінки від клієнта). Краще буде поставити запитання, що стосується зустрічі: "Іване Івановичу, ми домовилися з вами зустрітися сьогодні, ви не підкажете, як до вас правильно доїхати?" Але під час бесіди телефоном, якщо вже так вийшло, не варто звинувачувати клієнта. Краще висловити надію на зустріч у майбутньому і попросити про допомогу. Мовляв, якщо вже ви заради цієї зустрічі їхали так далеко, то чи не підкаже він вам, з ким у його районі можна було б також поговорити. У підсумку замість однієї зустрічі у вас може вийти відразу три.

Часто буває, що продавець зустрічається з головною людиною за компетенцією, яка йому потрібна. Наприклад, йде зустріч з IT-директором з приводу продажу IP-телефонії або з головним інженером, коли продається система вентиляції, або начальником HR-відділу, коли пропонуються послуги з оцінки персоналу. Але під час бесіди продавець відчуває, що людина якось взагалі відсутня на зустрічі. Начебто і розмовляєш її цінностями, її мовою, начебто і вона розуміє все. Однак її реакція схожа на жонглювання запереченнями в тих місцях, де вони взагалі не повинні виникнути, вона мнеться, не дивиться в очі, відповідає щось на кшталт "Ну, не знаю-аю…"

Що ж це? Це типовий "попка": людина перебуває не на своєму місці або її просто "приставлено" до керівника організації для виконання секретарської роботи за рішеннями, що ухвалюються керівником. Мало того, її власна ініціатива не вітається, а навіть якби й віталася, вона сама її боїться як вогню, бо їй же й доручать цю ініціативу втілювати, а вона на це просто не здатна. Але зізнатися партнеру по переговорах, що він ніяк не бере участі в ухваленні рішення, ніяково, адже не хочеться втратити обличчя. Ось він і намагається вести переговори, як йому здається, у стилі свого шефа, який його і за людину не вважає.

Вочевидь, помилку було зроблено ще на етапі генерації наводки і призначення зустрічі. Розмова ведеться не з тією людиною і, понад те, рекомендація від вашого співрозмовника його шефу може бути сприйнята тим вкрай негативно: "Що цей придурок взагалі розуміє?!" Що ж потрібно зробити? Перестати продавати, причому одразу. Перевести розмову в особисту площину, зацікавити його бесідою нібито "ні про що", а насправді поговорити про його компанію, сім'ю, цінності та врешті-решт вивести його до визнання, що справді, жодних рішень він не ухвалює. Потім стати на його бік, раціоналізувати ситуацію, щоб він почувався добре, а потім просто запитати номер мобільного його шефа. Зрозуміло, без посилань на нього.

Одного разу, супроводжуючи клієнта як консультанта з продажу і зрозумівши, що я говорю не з тією людиною, я вчинив так, як описано вище. Мій співрозмовник – начальник відділу закупівель одного агрохолдингу – зголосився сам зателефонувати шефові і з'ясувати, чи є в того час. Однак управлінець, як виявилося, на моє щастя, весь час скидав дзвінок. Мій співрозмовник виправдовувався: у шефа німецька делегація і він обов'язково передзвонить, коли звільниться. Однак він так і не передзвонив. Зрештою, мій співрозмовник дав мені номер телефону свого керівника, ми ще трохи поговорили, а потім розпрощалися. Вийшовши за поріг офісу, я набрав отриманий номер і в нас відбувся такий діалог:

— Іване Івановичу, добрий день!

— Добрий!

— Можете говорити?

— Так, звісно.

— Роман Петров, "Трям-Крям Україна" (я працював на клієнта і тому представлявся його ім'ям), ми з вами на виставці познайомилися, пам'ятаєте? (навряд чи він пам'ятав, бо навіть я не був у курсі, про яку виставку йдеться)

— А! Здрастуйте!

— Пам'ятаєте, ми домовлялися зустрітися, коли я приїду до Києва. Так ось, я якраз тут.

— Ну так під'їжджайте, я зараз вільний!

— От і чудово, я якраз на Печерську і за 5 хвилин буду. Зручно?

— Зручно, звісно, адресу знаєте?

— Зрозуміло, ви ж розповідали!

У підсумку я провів досить продуктивну зустріч із “вирішувачем питань”. Те, що Іван Іванович скидав дзвінок під час спілкування з “начальником відділу закупівель”, а зі мною погодився зустрітися, ще раз підтверджує, що діагноз був правильним.

Тому, якщо продаж “не клеїться” і людина при цьому не каже тверде “ні”, зрозумійте, що з вами розмовляє просто не та людина, і ваша мета зараз – прийняти її на свій бік і разом розв'язати питання з шефом.

Уже є

Коли ми дізнаємося, що у клієнта вже є якийсь постійний постачальник, варто замислитися, як усе-таки запропонувати клієнту ще вигідніші умови і показати йому переваги нашої продукції порівняно з товарами конкурентів. Білі продажі орієнтовані на розуміння мотивів клієнта і на його задоволення саме з погляду цінностей. Тому насамперед потрібно зрозуміти, чому клієнт обрав саме цього постачальника, які явні та неявні мотиви. Після цього слід дізнатися, що саме клієнт хотів би змінити в наявних домовленостях і роботі з наявним постачальником. Адже було б чудово, якби можна було нейтралізувати будь-які недоліки. Відповідно, коли нам стануть зрозумілі потреби клієнта, їх потрібно буде просто реалізувати. Наприклад:

— Так, я вас розумію. Немає сенсу змінювати марку. Здебільшого вона вас влаштовує і ризикувати сенсу немає. До речі, про основне. Ідеальних рішень ніколи не буває, вірно? І якщо вам щось підходить в основному, то є зокрема, які вас не влаштовують. Що б ви хотіли поліпшити в продукції, яку вам постачають?

— Ну, ви маєте рацію. Завжди є нюанси. Наприклад, висока концентрація сірководню в продукті.

— Невже? Ніколи б не подумав. А чим це загрожує?

— Це веде до підвищеної корозії і неправильного проходження деяких реакцій.

— А що ви робите з сірководнем?

— Проводимо окремі заходи з очищення, недешеві, до речі.

— А може, міняти елементи, що кородують, дешевше, ніж очищати від сірководню?

— І що, виробництво раз на місяць зупиняти?

— Ви ще згадували про неправильне проходження реакцій…

— Є низка технологічних процесів, у яких сірководень може призвести до браку готової продукції.

— Може, варто придивитися до аналогічних продуктів без сірководню?

— Ну, наскільки я чув, сірководень – проблема фундаментальна і всі подібні продукти в тих чи інших кількостях містять його.

— Виходить, якби у вас був продукт без сірководню, то ви б забули про корозію, а це заощадило б вам грошей на очищення сировини і, що важливо, гарантувало б вихід якісної продукції?

— Ну, якість продукції – само собою, а витрати на очищення для нас дуже суттєві.

— Напевно, ви маєте рацію. Процес очищення сильно впливає на собівартість. До речі, у нас є продукт, з яким ви зможете забути про корозію і витрати на очищення завдяки особливо низькій концентрації сірководню. Ви сказали, для вас це важливо?

— Так, мабуть.

У разі, коли наявний постачальник – внутрішній та/або коли поставки не мають постійного характеру, насамперед потрібно похвалити клієнта за прийняте рішення і зроблений вибір. Варто навіть навести приклади, що підкріплюють вашу похвалу. Потім можна зауважити, що все добре, проте без деяких ключових супутніх послуг основний сервіс втрачає сенс. Уже після цього можна запропонувати проаналізувати потреби клієнта і запропонувати ці самі відсутні послуги. Можна помітити і логічно показати, що їх надання наявним провайдером призведе до конфлікту інтересів. Як аргумент можна використовувати твердження, що всі яйця в один кошик не кладуть. Зрозуміло, про це має говорити сам клієнт, а не продавець. Уже після закриття угоди можна акуратно, крок за кроком забрати в наявного постачальника всі замовлення або поставити його в залежність від себе і домовитися про співпрацю.

Припустимо, рекрутингова компанія стикається з тим, що підбір персоналу в компанії проводять або власні кадровики, або інший рекрутер. Майже напевно ніхто не замислюється над оцінкою профілю посади, на яку підбирають фахівця, а задовольняються лише заявкою на підбір, яка, до речі, зазвичай містить вимоги на кшталт "принеси мені Квіточку Червону". Але профіль посади все-таки варто скласти. Йдеться про інтерв'ювання-анкетування трьох осіб, безпосередньо пов'язаних із цією посадою, наприклад: керівника, підлеглого, HR-фахівця. Інтерв'ювання хитре, без явних і безглуздих запитань на кшталт "Який у нього має бути досвід роботи?".

Також кандидатів, яких відібрали рекрутери, варто оцінювати на відповідність профілю посади (теж шляхом анкетування-інтерв'ююювання). З огляду на те, що ідеальних кандидатів не буває, можна одразу запропонувати "зони зростання" кандидата й оцінити інвестиції, необхідні для (до)навчання фахівця, а заразом і запропонувати необхідне (до)навчання.

Зрозуміло, подібного роду оцінювання не варто доручати наявному рекрутеру, оскільки він хоче "закрити" вакансію якомога швидше і навряд чи займатиметься ще одним рівнем перевірки або селекції. А якщо і буде, то покаже результат на свою користь.

Якщо ж рекрутинг проводять силами внутрішніх фахівців з підбору, ясна річ, що перекладача-китаїста неможливо оцінити, не знаючи китайської, і що внутрішній рекрутер навряд чи матиме достатній рівень компетенції для справді якісного підбору (з фінансовими гарантіями, які внутрішній рекрутер дати не може). Зовнішній рекрутер, який уміє проводити оцінку кандидатів, може серйозно заощадити час профільного керівника на переглядах надісланих резюме і на непотрібних інтерв'ю. Також можна запропонувати оцінити заявку на вакансію і провести "тіньову" роботу, коли зовнішній рекрутер оцінює за невеликий гонорар або безоплатно вартість людини на ринку і її доступність, заразом проводячи такий пошук і пропонуючи вже готового кандидата клієнту.

Якщо зовнішній рекрутер зміг порозумітися з компанією і компанія сприймає все, що він може запропонувати, як необхідність на кшталт вогнегасника під час пожежі, то він зможе поступово перебрати на себе всю роботу наявного рекрутера.

Як же стати "вогнегасником"? Дати зрозуміти людям, які приймають рішення, що навіть тиждень простою без, скажімо, начальника відділу призводить до втрати грошей більших, ніж витрати на рекрутинг. Адже не працює весь відділ, а це вже пожежа!

Рівень

У продавців часто формується переконання, що якщо вони продають своє пузло-музло, цільова людина, з якою їм треба спілкуватися, – це чиновник в організації, в якого на візитці чітко вказано: "Директор з пузла-музла". Однак здебільшого це не ті люди, з якими можна говорити про проблеми бізнесу, що вирішуються за допомогою вашого товару або послуги. Вкрай рідко технічний директор, навіть будучи членом правління компанії, бере участь в ухваленні стратегічних рішень. Рідко IT-директор наділений достатніми для прийняття рішень повноваженнями, частіше він просто відповідає на запити внутрішніх клієнтів. Також небагато знайдеться директорів з персоналу, які відчували б власну самостійність і могли б вести свою політику, керуючись інтересами всієї компанії.

Однак винятки трапляються. Можна знайти людей, які наділені повноваженнями й ухвалюють рішення. Звісно, продавець може вважати, що він продав товар, спілкуючись із профільним менеджером. Але насправді профільний менеджер просто відпрацьовував замовлення від внутрішнього клієнта, а потреби компанії в придбаному рішенні вже були сформовані. Це не продавець продавав, це покупець купував. Досвідчені продавці, які весь час сприймали профільних менеджерів як потенційних співрозмовників, зрозуміло, рано чи пізно стикалися з подібними винятками. Відповідно, їхній досвід говорить їм, що саме з профільними менеджерами і треба зустрічатися. Спираючись на власний досвід, продавці продовжують полювання на людей, як правило, не компетентних у таких стратегічних питаннях, як прибуток компанії. І за великим рахунком, будь-яке рішення для бізнесу, яке хоче продати продавець, означає або скорочення витрат, або збільшення прибутку за рахунок якоїсь інвестиції в придбання.

Як я вже писав, щоб влучити в ціль із лука, стрілу варто спрямовувати вище за ціль. Гравітація сама опустить стрілу за той час, поки вона долетить до мішені. Те саме і в бізнесі: цілитися потрібно вище. Причому що масштабніше рішення, які ви продаєте, то на вищому рівні слід про нього говорити. Якщо ваш товар впливає на результат роботи компанії хоча б на 1%, це вже компетенція найвищого рівня. Зустрічатися і говорити про інвестиції та прибутки варто з тими людьми, яким справді не байдуже, і з тими, хто справді відповідає саме за ці показники діяльності компанії. Але продавець не має шансів зустрітися з власником, якщо він цілиться в клерка. Тим паче, що з клерком ви завжди встигнете зустрітися – до нього вас завжди встигнуть "опустити". Почати краще з високого рівня. До того ж це просто дешевше: власник не зацікавлений у корупції.

Часто описана ситуація – проблема самих продавців. Вони просто не бачать картину з погляду конкретних інвестицій в обмін на конкретний результат. Найчастіше вони самі ще не того рівня, щоб легко спілкуватися з власником на цікаві для нього теми. Тому продавці не здатні грамотно консультувати клієнта, допомагаючи йому з вибором. Усе, що вони бачать, – гроші, які клієнт має бути готовий заплатити за запропоноване рішення. Такі продавці йдуть на запах грошей, як комодські варани сповзаються на запах крові. І бідні ті клієнти, які мають у своєму розпорядженні дійсно великі бюджети: вони змушені терпіти постійну облогу. Але, як ми пам'ятаємо, мисливці на слонів помирають від голоду, а слони рухаються далі. Великі бюджети ще не означають наявність грошей, скоріше, вони свідчать про їхню відсутність. Грошей немає ні в кого і ніколи: всі вони розписані наперед, цей розпис, власне, і є бюджетом. Приходячи в компанію з чимось новим, продавець просто не має шансів розвинути потребу клієнта до бажання купити, якщо не спілкується з тими, хто бачить усю картину цілком, а не просто "відповідає за свій бюджет". Якщо в такого продавця є досвід продажів, то здебільшого це не були продажі, це були покупки.

І тільки якщо запастися терпінням на рік уперед, можна продати своє рішення великій компанії, провівши його через бюджетний процес, сподіваючись, що клерк, з яким спілкується продавець, зможе так само продати ваше рішення всім іншим у компанії і не бути запідозреним у корупції. Але сучасний світ такий, що один рік – це занадто багато. За цей час встигають змінитися і технології, і парадигми. Через рік може бути занадто пізно. І навіть якщо гроші на ваше рішення вже виділено, і ви очікуєте закупівлі, це ще не дає жодних гарантій. Альтернативне рішення, яке з'явилося за час вашої боротьби, може коштувати дешевше, впроваджуватися швидше, бути безпечнішим, мати більш "людський" інтерфейс і не мати недоліків попередника. До того ж, воно може бути продане просто на вищому рівні. У будь-якому разі, це рішення легко змінить настрої в компанії і "ваші" гроші підуть до конкурента.

Зрозуміло, існують і структури, власник яких недоступний або розмитий. З ним зустрітися неможливо. Чи продавати їм? Так. Але варто розуміти, що вплив навичок продавця на процес закупівлі в таких випадках мінімальний. Само собою, є як клієнти, так і продукти, де профільний менеджер – єдина особа в компанії, компетентна у важливому для продавця питанні. Існують клієнти-державні органи, і вони самі працюють у рамках бюджету. У цьому випадку теж можна продавати. Тут важливо усвідомлювати, що проблеми, які може розв'язати продавець, пропонуючи своє рішення, мають дещо інший характер порівняно з проблемами, які вирішуються в комерційних структурах. Держструктурі необхідно вибити бюджет на наступний рік, виправдати суми в його статтях, надати докази економічного ефекту від впровадження закупленого рішення, бути готовою до аудиту та перевірки. Тому для цієї організації куди важливіші папери і терміни, ніж якість. Держструктурі потрібно допомагати, але спілкуватися з нею найправильніше знову-таки на найвищому рівні. Клерки можуть просто побоятися звинувачення в корупції, якщо зважаться просувати якесь конкретне рішення.

Ще одна можливість для продавців, які спілкуються з профільними менеджерами, розкривається тоді, коли цей профільний менеджер некомпетентний у своєму питанні. Часто він намагається приховати цю рису на загальних зустрічах, коли від імені компанії виступає більше однієї людини. Наприклад, він може зайняти позицію захисту і щосили намагатися раціоналізувати відсутність у його компанії того рішення, яке ви пропонуєте. Варто розуміти, що в добре вибудуваних організаціях навіть найголовніший керівник не ризикне (або не зможе) підписати документ без візи профільного менеджера, тому його потрапляння в опозицію до вас не обіцяє нічого хорошого.

Однак якщо зустрітися з ним віч-на-віч, розговоритися, зрозуміти, що в нього болить і що йому потрібно, продавець може стати для профільного менеджера приватним таємним радником, який дає йому рекомендації, як лікар – рецепти. Продавець у такому разі пропонує себе як консультанта і вибудовує довірчі відносини з менеджером. Тут важливо пам'ятати, що якщо ви виступаєте консультантом, будьте ним до кінця: будьте чесні з менеджером, показуйте йому всі варіанти і можливості. Робіть усе, щоб до ваших слів було більше довіри, коли настане час продавати те, що справді потрібно клієнту, і те, що ви якраз продаєте. Пам'ятайте, що ви все одно не продаєте, а відпрацьовуєте покупку. Тому ваші щирі консультації не зможуть нашкодити продажам. А вибудувані довірчі відносини з профільним менеджером дадуть вам змогу опинитися в потрібному місці в потрібний час. По суті, вам потрібно тільки одне: щоб за порадою він звернувся саме до вас.

Підсумки глави

Основні думки

- Подумайте про побудову процесу генерації наведень для ваших продажів. Можливо, у вашому бізнесі варто позбавити продавця від пошуку наведень. Нехай це роблять інші.
- Працюйте з наводками щиро. У вас не повинно бути таких контактів, яким ви не зможете в позитивному ключі пояснити, звідки у вас його дані.
- Шукайте клієнтів одразу групами. Там де один клієнт, є і другий, і третій.
- Завжди намагайтеся спілкуватися з найвищим рівнем співробітників, відповідальним за ухвалення рішень в

організації. У неформалізованих групах спочатку працюйте з центрами впливу.

- Керуйте рекомендаціями. Залучайте клієнтів до процесу пошуку нових клієнтів для вас.
- Навчіться розуміти якість рекомендацій, які ви отримуєте. Пробуйте змінити якість рекомендації, спілкуючись із клієнтом.
- Працюючи за рекомендацією, важливо перевищувати очікування клієнта. Це запорука того, що рекомендавець, отримавши подяку від нового клієнта, порекомендує вас ще раз.
- Будьте гранично чесні з клієнтами. Не думайте, що вони не здогадуються про ваш заробіток на них.
- Виділіть серед ваших клієнтів тих, хто вас рекомендує, і оточіть їх максимальною увагою.
- Ви не продаєте свій продукт. Ви допомагаєте клієнту зробити його бізнес кращим. Отже, варто спілкуватися не з внутрішньокорпоративними користувачами вашого продукту, а з тими, хто відповідає за весь бізнес.

Вправи

- Перегляньте список ваших клієнтів. Зрозумійте, які з них – "золоті", і продумайте цікаві їм теми для розмов і зустрічей.
- Оцініть свою соціальну активність. Скільки у вас нових знайомих на тиждень? Як це число збільшити?

З чого почати

- Додайте в план зустрічі новий обов'язковий пункт – розмову про рекомендації.
- Складіть план зустрічей із вашими наявними клієнтами. Тема зустрічі для вас – поговорити "просто так". Тема зустрічі для клієнта: обговорити якість роботи й отримати зворотний зв'язок. Робіть це регулярно.

- Перед тим як телефонувати перспективним клієнтам, зателефонуйте наявним.

- Для кожного з ваших конкурентів знайдіть список його клієнтів і зустрічайтеся з ними. Перед зустріччю зрозумійте для себе, чим ви кращі за конкурента.

Навіщо йому це

Вбудований захист

Кожен із нас має вбудовану систему оборони від поганих новин. Вона зберігає нам гарний настрій, не дозволяє помирати даремно нервовим клітинам і взагалі тримає нас на потрібній хвилі. Основні печалі нещасних людей пов'язані саме з розладом цієї системи.

Хочете подивитися, як вона працює? Напишіть на будь-якому більш-менш відвідуваному фотоблозі, що техніка Canon краща, ніж Nikon, і побачите, як люто почнуть доводити перевагу своєї апаратури власники фотоапаратів того чи іншого бренду. Щоправда, за відзнятими фотографіями часто практично не видно, за допомогою якого саме обладнання зроблено знімок. Все як у Карела Чапека в оповіданні "Людина і фотоапарат":

— Купуйте Альфу, – авторитетно порадить один. – У мене Альфочка. Знімає дивовижно.

— Я б Альфу задарма не взяв, – з обуренням заявить інший. – Якщо хочете мати хороший апарат, купуйте тільки Дюрреншмідта. У мене Дюрреншмідт. Ось це знімки!

— Із Дюрреншмідтом пропадете, – попереджає третій. – Купіть собі краще дзеркальну камеру. Дзеркалка надійніша за всіх.

— Навіщо дзеркалка? – заперечує четвертий. – Я двадцять років старою Коппелкою знімаю – таких знімків більше ніде не знайдеш.

— Та ну її! – протестує п'ятий. – Що можна зробити з цим старим ящиком. Купуйте тільки Елку. У мене Елочка, і я вам кажу…

— Не слухайте нікого, – бурчить шостий. – Жоден апарат не дасть вам таких знімків, як Арцо. У мене принаймні Арцо.

Так само і будь-яка політична пропаганда потрібна насамперед прихильникам того чи іншого політика – саме вони вслухатимуться, вдивлятимуться і вчитуватимуться в цю інформацію, вишукуючи і знаходячи в ній підтвердження правильності свого вибору. І навіть противники примудряються використовувати "ворожу" пропаганду для підтвердження своєї правоти і згуртування лав – підступи спільного ворога змушують з подвоєною енергією переконувати самих себе в тому, що істина на їхньому боці.

Спробуйте запитати думки людей про ту чи іншу марку телевізорів. Спробуйте пояснити власнику нової машини, що він неправий у своєму виборі. У вашу голову стрімко полетить весь вміст багажника – аптечка, вогнегасник, знак аварійної зупинки і домкрат.

Одного разу психологи провели експеримент, у рамках якого попросили автодилера надати покупцям можливість протягом тижня обрати іншу машину, якщо та, яку вони придбали, їм не сподобається.

Виявилося, що сама можливість вибору робить людину нещасною! Відчуття щастя через тиждень після придбання у людей з "опцією вибору" було меншим удвічі порівняно з людьми, яким таку опцію не пропонували. Цікавими були епітети, якими однакові за становищем покупці описували свої відчуття від купівлі родстера. "Безвиборні" розповідали, що крісло їх "облягає" і вони почуваються пілотами в кабіні літака, а "виборні" скаржилися на... занадто тісний салон.

Вбудований захист – це, мабуть, єдина перешкода, яку продавці мають навчитися долати. По-перше, у собі. Кожна людина вважає себе винятково раціональною. І навіть якщо вона визнає, що вона не така, звучить це як корисна або приваблива властивість: "Я вся така загадкова і непередбачувана..." Що б ми не робили, чим би не займалися, якщо в нас запитати "чому", "навіщо" або "з якою метою", ми завжди знайдемо відповідь. Навіть безцільне заняття ми будемо раціоналізувати тим, що ми "відпочиваємо" або "нам так легше думається".

Коли запитуєш продавця про те, як пройшла зустріч із клієнтом, він практично завжди знаходить хороше. Це не працює лише тоді, коли з ним обійшлися відверто грубо. У всіх же інших випадках "зустріч пройшла добре". А на запитання про те, чого ж він домігся, продавець відповідає: "Ну-у, ми познайомилися". Якщо запитати в нього, якою була мета зустрічі, виявиться, що завданням продавця було те саме "ну-у, познайомитися". Однак мета не може бути настільки неконкретною і настільки ж нерелевантною. На ділі вона має полягати або в закритті угоди, або в створенні прогресу на шляху до неї. А "ну-у, познайомилися" це, на жаль, не прогрес, тому що ні на крок не наближає продавця і клієнта до угоди. Та й сам клієнт погано розуміє, навіщо йому потрібно було знайомитися з типом, від якого немає ніякої користі. Цей результат зустрічі складно назвати хорошим, та й результатом, якщо відверто, його не назвеш. Однак машина раціоналізації працює і захищає продавця від поганих новин. Щоб подолати або перехитрити цей вбудований захист, продавець має всього лише заздалегідь записати у свій зошит 2-3 прийнятні для нього цілі зустрічі. Конкретні, вимірні, обмежені в часі, досяжні та релевантні. Тоді і під час зустрічі буде зрозуміло, до чого потрібно прагнути, і після неї можна буде оцінити отриманий результат, просто поставивши в зошиті галочки (досягнута мета чи ні).

По-друге, продавці повинні вміти долати роботу оборонної системи у клієнта. Той, звісно, раціональний і робить тільки ретельно продумані вчинки. Ви приходите до нього зі своїм пузлом-музлом і починаєте стверджувати, що без нього клієнт просто не може жити. Правда це чи ні, не так важливо. "Кулемети" вже націлені на вас і в них заправлена свіжа стрічка розривних патронів. Ще одне слово з вашого боку – і внутрішня система захисту клієнта розстріляє вас. Клієнт же жив досі без вашого пузла-музла, він що – дурень? Він що, досі жив неправильно? Що, справді, всі проблеми клієнта вирішаться за допомогою вашого пузла-музла? Та хто ви такий, щоб навчати його? Знаєте, про що думає клієнт, коли ви показуєте йому красиві слайди з перевагами і характеристиками вашого пузла-музла? Мозок клієнта напружено зайнятий тим, щоб довести собі, що йому це не треба: більша частина характеристик не потрібна, а потрібні зовсім не відповідають його запитам. Переваги теж вельми сумнівні й легко вирішуються наявними замінниками, а ефективність вашого пузла-музла не виправдовує витрат на нього за масштабу цього бізнесу. Невже клієнт був настільки дурний, що, затверджуючи кілька місяців тому свій бюджет, не передбачив витрати на пузло-музло? Ні, клієнт був мудрий. Чому не передбачив? Тому що це не вигідно, не раціонально, не відповідає меті, на це поки немає грошей, тощо.

Точно так само, як ендорфіни захищають нас від непотрібних больових відчуттів в організмі, ця вбудована система захищає нас від маси неприємностей, які насправді відбуваються з нами, але які ми або не помічаємо, або раціоналізуємо. Часто ми робимо вигляд, що все гаразд, або навіть що відбувається щось дуже гарне.

Багато підручників з продажу порівнюють проблеми клієнта з болем. Продавців вчать знайти у клієнта те, що у нього "болить", докопатися до цього, розвинути з'ясовані проблеми. Але якщо кожна людина в буквальному сенсі перебуває "під кайфом" самораціоналізації, розвиток її проблем – це ніщо інше, як спроба вивести "біль" за поріг, приглушений наркотиком вбудованої системи захисту. Тільки чи стане до вас прихильною людина, чиї рани ви посипаєте сіллю?

Цю систему захисту можна порівняти з лінією Мажино з її укріпрайонами, ДОТами, кулеметами і системою підземних комунікацій. Йти в бій напролом тут немає сенсу. Боротьба – не метод Системи сталих продажів 3S. Навпаки, вони вчать, як обійти цю "лінію Мажино", зайти в тил і зробити так, щоб вона стала захищати вас, а не від вас. Зазвичай продавці під'їжджають до "лінії Мажино" у всеозброєнні. На танку компетентності, з бронею аргументів і снарядами спеціальних умов. Чи мудро це? Можливо, краще зайти пішки, не потривоживши вартових? Йти без зброї і в цивільному одязі, щоб не бути розстріляним на місці як ворог? І ще взяти з собою в сумку трохи їжі, щоб пригостити солдатів, які чергують? Адже вони не вороги нам, а клієнти. Отже, ми повинні їх любити, а не боротися з ними.

Задом наперед

Є старий анекдот про чоловіків, які обговорюють, як пробратися в спальню до дружини о четвертій ранку, щоб та не помітила такого пізнього повернення. Один із рецептів виглядав так: роздягнутися догола в коридорі і йти в спальню задом наперед. Якщо дружина прокинеться, одразу ж зробити вигляд, що щойно встав і йдеш на кухню води попити.

Однак, як насправді опинитися по той бік лінії оборони? Розв'язання будь-яких завдань подібного роду очевидне, якщо ми плануватимемо його від кінця, тобто від мети, до якої прагнемо. У дитячих наївних головоломках на кшталт "допоможи зайчику знайти морквину" шлях легко знаходиться, якщо вести по малюнку олівцем від морквини, а не від зайця. Якщо ми хочемо кудись потрапити, треба шукати шлях звідти, а не шлях туди.

Розглянемо просту задачку: вам потрібно бути в Енську 13 квітня. Що ви робите? Купуєте квиток і летите? Але ж ні! Ви насправді спочатку плануєте, причому плануєте "з кінця". Як ви міркуєте: рейс о 06:50 вівторка, отже, вам потрібно бути в аеропорту о 4:50. Відповідно, ви маєте сісти в таксі о 4:00. Тоді вам потрібно а) прокинутися о 3:00, б) зібрати перед сном валізи і в) замовити перед сном таксі. Ви летите літаком, тому ви обмежені ємністю тари для зубної пасти, дезодоранту, туалетної води. Отже, у понеділок уранці ви маєте перевірити, чи все з "набору для подорожей" у вас є і, якщо чогось бракує, купити це дорогою додому. І так далі (вірніше, "і так раніше"). Тобто ви розпоряджаєтеся часом, виділяючи в потрібний момент необхідну його дозу для кожного із завдань, що потребують вирішення, щоб 13 квітня опинитися в Енську. Зауважте, що якщо ви в понеділок увечері зайдете не до супермаркету (або аптеки), а до хлібної крамниці (бо звідти пахло булочками), ви не зможете полетіти (припустимо, що зубна паста для вас критично важлива).

Однак у "боротьбі за продажі" відбувається якраз навпаки! Продавці, ставлячи покупцеві те чи інше запитання або розповідаючи йому щось, думають лише про "смак булочок", одномоментне враження, а не про те останнє запитання, яке буде поставлено: "Куди вам краще організувати поставку?" або "Як швидко ми зможемо очікувати оплату товару?" У відповідь на яку фразу клієнта прозвучить це запитання? Га? Саме тому "закриття" – настільки складна наука для продавців. Вони не просто "бояться" або "соромляться" закривати, вони не роблять нічого, щоб виник привід закрити угоду.

Одного разу я, будучи запрошеним подивитися, як ідуть продажі, спостерігав, як працюють продавці в автосалоні. Один – бився і отримував у відповідь розривні кулі, другий же опинився по один бік лінії оборони з клієнтом. Ось діалог першого продавця:

— Добрий день! Дякуємо вам, що ви зайшли в салон Ауді, салон найкращих автомобілів у світі!

— Дякую вам, автомобілі Ауді мають справді гарний вигляд, проте я віддаю перевагу Мерседесу.

— Ви не підкажете, чому саме Мерседес вам подобається більше?

— Мені подобається його 8-циліндровий двигун.

— Але ж і в Ауді є 8-циліндровий двигун, який до того ж завоював головний приз 2009 року за якість системи впорскування!

— Система впорскування не найголовніше.

— Чому?

— (роздратовано) Тому, що важливі всі компоненти в цілому!

—

— …

У такому діалозі неможливо зрозуміти, яким чином він може призвести до закриття угоди. Десятки книжок з продажу вчать продавців ставити запитання "Чому?". Адже це ж "відкрите запитання", а отже, за визначенням корисне. Мовляв, після нього клієнт розкриє те, що його цікавить насправді, і розповість нам, що саме зачіпає його душевні струни. Але ставлячи це "чому", продавець не бачить кінцевої мети і не планує з кінця. Це приблизно те саме, що після прочитання в 10-сторінковій книжці "Все про шахи" про переваги рокіровки, намагатися виконати її навіть тоді, коли вона може призвести до мату за кілька ходів.

Наступний діалог, який відбувся зі схожим відвідувачем, але в іншого продавця, нижче наведено навмисно "від кінця", щоб було видно, як насправді варто планувати подібного роду розмови. Отже, вмикаємо кіноплівку "задом наперед":

— Будь ласка, ліворуч у кінець коридору!

— А де у вас каса?

— Якщо ви зможете оплатити авто сьогодні, ми організуємо вам його реєстрацію протягом доби і післязавтра ви зможете забрати машину.

— Як швидко я зможу забрати машину після оплати?

— Майже 150 Н*м при 3000 об. Які ще питання у вас залишилися?

— Що тут говорити, для моїх цілей явно підходить ця червоненька А3. Їй вона дуже сподобається. Чудовий салон, хороша гарантія і відмінна комплектація. У неї тихий і економічний двигун, який, як ви сказали, дає який крутний момент?

— Пройдемо подивимося. (Після огляду і презентації). Отже, ви можете розповісти мені зараз, чим ця машина вам подобається, щоб я зміг відповісти на ваші запитання або поговорити про інші моделі?

— Ні, ну що ви, їй потрібна невелика машинка, як о-о-ось та червоненька!

— Ви маєте рацію, це гордість Ауді на сьогоднішній день. Ви уявляєте машину з таким двигуном для вашої дружини?

— Так, наприклад, знаменита модель V8 з унікальною системою впорскування, що завоювала приз!

— Ви сказали "загалом", тобто для вас в Ауді є щось таке, що б ви хотіли мати у своєму Мерседесі.

— Ну, мені здалося, що Ауді більш жіночна, ніж Мерседес, хоча загалом я віддаю перевагу Мерседесам.

— Але вибачте, чому ж Ауді?

— Машину для своєї дружини.

— Я помітив, що ви приїхали на Мерседесі. А що ви шукаєте в салоні Ауді?

Якщо вам важко читати "задом наперед", то ви, звісно, можете прочитати цей діалог у нормальній послідовності, починаючи з першої, найнижчої, фрази. Зауважте різницю.

Якщо в першому випадку продавець стверджував, що Ауді – найкращий автомобіль у світі, чим викликав опір відвідувача, то в другому випадку він змусив відвідувача виправдовуватися, і кулемети системи захисту тепер працювали для продавця, а не проти нього. У цьому і полягає сама суть Системи сталих продажів 3S: дати клієнту самому переконати себе. Білі продажі теж люблять слово "чому", але тільки вчасно і, що важливо, на "ланцюжку" подій, що ведуть до каси. Продавець, правильно поставивши це запитання, змусив відвідувача самостійно продати собі Ауді, а не розпинався сам, зустрічаючи заперечення і намагаючись від них "відстрілятися".

Чого потрібно вчитися в продажах? Поки клієнт говорить, швидко і чітко формулювати наступний варіант "ланцюжка", що веде до каси, якщо раптом ваша розмова зіскочила з продуманої схеми. Наступний звук, що зірвався з вашого язика, має знову відновлювати цей ланцюжок, а не стрясати повітря. Бережіть час клієнта, ведіть його найкоротшим шляхом. Все-таки він вам за це платить.

Надкомпетентність

Стосунки людей взаємні. Згадаймо мультфільм "Крихітка Єнот": якщо йти на зустріч з оголеним мечем, то, як і в дзеркалі, ти зустрінеш не доброзичливого "Того, хто сидить у ставку", а озброєного до зубів, супротивника, який захищається або навіть нападає на вас. Залиште палицю, меч, щит і шолом. Вам не потрібно бути надкомпетентним і бути ідеально підготовленим до найкаверзніших запитань клієнта. Якщо ви несете йому щось нове, то ви вже знаєте більше за нього. А якщо ви несете щось підготовленому клієнту, вам і продавати не доведеться, адже попит уже сформований. Якщо ж ми зустрічаємося з особою, яка ухвалює рішення, то, найімовірніше, в голові ця людина тримає надто багато важливих речей, щоб відволікатися на будь-що, що займає за об'ємом більше за один аркуш формату А4. Отже, і вам не треба знати більше.

Одного разу мій друг намагався продати мотоцикл. Зробити це чомусь не вдавалося, хоч продавець і чудово володів питанням, сам був байкером і розмовляв із "колегами" однією мовою. Коли до нього приходили покупці і ставили запитання, він відповідав, причому професійно, зі знанням справи і з демонстрацією найтонших моментів. Покупці йшли в задумі.

Тоді я запропонував свою допомогу, але з однією умовою – друг не говоритиме взагалі нічого. Незважаючи на те, що я в мотоциклах розумів рівно стільки, скільки дозволяла моя загальна інженерна освіта, власник товару погодився. Тим більше, що у нього вже був "майже напевно" покупець, який "ось-ось привезе завдаток". А ці хлопці, з якими призначено зустріч, тільки формальність. Все одно ж не куплять.

Я справді мало що розумів у мотоциклах, але дещо розумів у продажах. Я знав головне: запитання має ставити продавець, а не покупець. І я знав, що надкомпетентність може працювати проти продавця.

Коли прийшли потенційні покупці, власник відрекомендувався, викотив мотоцикл з гаража на сонечко і почав було щось віщати. Я перебив його, виразно заглянувши йому в очі, і поставив, здавалося б, найбезглуздіше запитання для продавця: "Хлопці, вибачте, я мало розбираюся в байках. Невже цей настільки гарний, що ви, щоб просто подивитися на нього, приїхали на край міста?" У покупців, зрозуміло, виникла відповідна реакція, вони розгорнули свої кулемети, заряджені, як ми пам'ятаємо, розривними патронами (адже вони ж не дурні насправді) і відповіли:

— Для цього класу байків цей – найбільш прийнятний варіант.

— Невже? Я чув, що BMW кращий…

— Може, він і кращий, але не за такі гроші. Цей у самий раз. – Звертаючись уже до власника: – Ви можете відкрити сидіння?

— Будь ласка, – відкриває.

— О, акумулятор легко дістати…

Я знову ставлю "дурне" запитання:

— А чому це добре?

— Ну як, у дорозі важливо, щоб до батареї був доступ. Мало що.

— Та невже?! І часто таке буває, що ця необхідність виправдовується? Як на мене, багажник під сидінням краще, ніж акумулятор.

У цей час друг-продавець хапається за голову і йде, думаючи, що просто марно витрачає час і даремно він довірив дилетанту продаж свого мотоцикла. Але я вже був з іншого боку "лінії Мажино", і кулемети стріляли в потрібний для мене бік:

— Рідко, але влучно. Гірше, якщо доведеться в дорозі з ключами возитися. Тим паче на морозі. А багажник, якщо потрібно, можна і сідельний купити. Він, до речі, зручніший.

— А куди ви на морозі кататися зібралися?

— Та ось, на Кавказ взимку їхати збираємося, плануємо маршрут у високогір'я.

— І що, цей мотоцикл, по-вашому, впорається?

— Повинен. До речі, ось у нього і рама сталева.

— Хм, я завжди вважав, що алюмінієва крутіша. А ви в гори зібралися. Не важко буде?

— Причому тут важко? Ми ж його не руками штовхати будемо. А якщо що трапиться, сталеву раму легко в дорозі відремонтувати, достатньо знайти зварювання. А ось алюміній після поломки – тільки на звалище.

— А чим ще цей мотоцикл вам подобається?

...

Мотоцикл було продано саме тому покупцеві, який відповідав на "дурні" запитання, навіть незважаючи на те, що ще тиждень у нього пішов на позичання грошей для купівлі. Показово, що інший покупець, який нібито готовий був дати завдаток, передумав.

Часто для продавців є справжньою проблемою те, що вони не можуть прямо на місці взяти гроші. Низка продуктів, наприклад, фінансові послуги, не мають на увазі передачу готівки, і клієнт, купивши послугу, повинен самостійно дійти до банку і оплатити рахунок. Зрозуміло, на цьому шляху зустрінеться і магазин побутової техніки, і пивний бар, і кум, який покрутить пальцем біля скроні та запропонує більш цікаве, на його думку, вкладення грошей. Усе це змушує продавця не спати і переживати, чи дійде клієнт до банку. Борючись не з проблемою, а з симптомом, продавці наважуються на те, щоб вести клієнта до банку буквально за руку; щоб двічі на день дзвонити і перепитувати, чи оплатив він рахунок; щоб фактично демонструвати клієнту свою недовіру. Вона, до речі, завжди взаємна. Як "Той, хто сидить у ставку". Проблема полягає не в тому, "зіскочить" клієнт чи ні, а в тому, наскільки він упевнений у тому, що робить. Чи зможе він під час зустрічі з кумом умовити того разом піти в банк, а не в пивну.

Якщо ви помітили, у випадку з мотоциклом покупець продавав мотоцикл собі сам. Усі ті чудові властивості й характеристики, які мав згадувати продавець, висловив сам покупець і, що важливо, зі щирою вірою у свої слова. Чи з такою ж вірою він сприйняв би подібну презентацію, виконану продавцем?

Я ненав'язливо ставив покупцеві навідні запитання, формуючи в нього переконаність, що інших варіантів немає і "треба брати!". Який би вигляд мали такі запитання з боку професіонала? Дилетантські. Скажіть собі чесно, що краще: стояти і розповідати про переваги мотоцикла, демонструючи свою виняткову компетентність, чи ставити запитання, що ведуть до закриття угоди? Виходить, що навіть коли ми граємо роль профі, згідно з нею, ми не здатні ставити клієнту запитання, які спровокували б його на продаж товару самому собі. Профі знає, що продає, і робить найгірше, що може зробити продавець, – забирає в покупця голос і говорить те, що мав би сказати сам клієнт.

Якщо вам доведеться обирати, кого відправляти на серйозні переговори – технічного дилетанта з поверхневими знаннями й умінням ставити правильні запитання або надкомпетентного технічного фахівця, який не вміє нічого, окрім "презентації", ваш вибір буде очевидним.

Надкомпетентність продавців грає з ними й інші злі жарти. Такий продавець починає спілкуватися з клієнтом своєю "пташиною" мовою. Крім звичних слів тут можна зустріти велику кількість спеціальних слів і термінів.

Покупця це буде напружувати. Він перестане орієнтуватися в розмові, а ясний до того вибір стане туманним і нечітким.

Часто буває так, що продавець компетентніший за покупця, продаючи в корпоративному середовищі, може викликати щодо себе агресію людини, яка за своїми посадовими обов'язками має бути добре обізнана в обговорюваному питанні. Функціонер робитиме все, щоб не вдарити в бруд обличчям і приховати свою некомпетентність за нападками і критиканством.

Надкомпетентність призводить ще й до того, що продавець починає просувати товар, перераховуючи всі його характеристики та переваги. У підсумку клієнт, зіставивши одне з іншим і заблукавши в багатстві можливостей, починає придумувати для себе "ідеальне" рішення. Тут буде все те ж саме, що запропонував продавець, але ось ще з додатковими опціями від конкурентів. У результаті "неідеальний" товар він так і не купить.

Коли компанії шукають продавців із досвідом роботи в певній галузі, вони хочуть знайти саме компетентних продавців. Так, з досвідом компетентність зростає (разом з усіма її недоліками). А ось навички продажів із досвідом не поліпшуються: якщо людина не знає, як правильно продавати, вона не здатна і на критичну оцінку своїх дій. Завдяки системі внутрішнього захисту вона завжди, як їй здається, продає ідеально добре. Чудова презентація, чудова візитка, нова краватка… Що ще потрібно? А якщо продається погано, значить, потрібно ще краще оформити презентацію, запропонувати спеціальні умови та акції. Знову не продається? Ну значить, це ринок такий, клієнти вперті, криза на дворі або продукт не конкурентний. Що ще потрібно зробити? Більше холодних дзвінків, більше зустрічей, більше відкатів. Адже ніхто ніколи не визнає, що він просто не вміє продавати, а всі угоди, які мали місце в минулому, —

результат не його зусиль, а попиту з боку клієнта. Тобто процесу, який не контролюється продавцем. Такі продавці дуже схожі на муху, яка вперто б'ється об скло. Цілком імовірно, що в неї солідний досвід у цьому занятті. Вже вона-то знає: все, що треба робити, – битися об скло і тоді вилетиш на волю. Мало мух, які відлітають від скла, щоб зорієнтуватися, знайти відчинену кватирку і, нарешті, полетіти. Білі продажі – та сама кватирка, що дає свободу.

З іншого боку, хороший продавець може піти на зустріч, не розбираючись у продукті взагалі. Якщо він буде некомпетентний, то запише всі запитання клієнта і вже на третю зустріч буде у всеозброєнні. Але продавати ця некомпетентність йому не завадить. Адже він не презентуватиме, а запитуватиме, що потрібно клієнту, до чого той звик і чого очікує для себе як ідеального рішення. Саме такі запитання, що демонструють турботу про клієнта та інтерес до нього, а не презентація із салютом, зумовлюють продажу. Коли компанії докладають зусиль до того, щоб навчити своїх продавців товарам компанії, вони просто витрачають час даремно. Продавці, не знаючи, навіщо їм потрібна та чи інша інформація, не звільняють у своїй голові комірку пам'яті під неї. Знання, не прив'язані до потреб, людський мозок не зможе втримати. А потреба в знаннях може виникнути тільки після зустрічей і бесід з клієнтами. І тоді продавець сам читатиме, вивчатиме, запитуватиме і цікавитиметься. Іншими словами, нехай продавець іде на зустріч. Їх у нього буде багато. І нічого страшного, якщо на перших трьох він буде просто вчитися. Зате він не зіпсує їх, якщо його від самого початку навчити ставити правильні запитання.

Відкати

Білі продажі та відкати несумісні. Ми не настільки наївні, щоб відмовитися визнавати існування цього явища. Зрештою, в Україні видається журнал "Корупціонер України" (передплатний індекс 99181) і активно продаються книжки з назвою "Переговори про відкат" (ISBN 978-5-9626-0446-6; 2008 р). Разом з тим, сама суть Системи сталих продажів 3S – створювати потребу у клієнта. У такій ситуації відкат просто безглуздий. Також Білі продажі, будучи націленими на найвищий рівень ведення переговорів, просто обходять стороною хабарників, які пригрілися на нижніх рівнях компаній-клієнтів.

Адже перша і найголовніша властивість відкату полягає в тому, що він персоніфікований. Тобто ми платимо комусь гроші за те, щоб він "відкрив ворота" для нашого бізнесу. Усе гаразд, якщо ця акція одноразова. Так ми платимо "сторожу" біля шлагбаума в лікарні, щоб він нас пустив на її територію. Однак мало який бізнес є одноразовим і, виходить, знаходячи собі "платного спільника" на стороні клієнта, ми ставимо себе в постійну залежність від конкретної персоналії. Так, бізнес – явище соціальне, однак тут ідеться про інтереси колективів, а не конкретних людей. Дуже неприємно, коли ви – директор або господар свого бізнесу – залежите від хмиря з волохатою лапою.

- По-перше, він не непідкупний і його можна "переманити", а жадібність таких людей велика ("Шара, синку, обсягу не має").
- По-друге, він – службовець, найнятий кимось. Якщо він – директор, то він найнятий акціонерами (господареві брати відкат сенсу немає), тож може бути звільнений.
- По-третє, він може просто почати вас шантажувати в найнезручніший момент.

- По-четверте, про те, що у вас є "опікуни" або на боці клієнта, або на боці держави, можуть дізнатися конкуренти і скористатися цим з метою знищення вашого бізнесу.

Припустімо, ви – орендодавець офісних приміщень – домовляєтеся з керівником орендаря (найманим менеджером) про те, що 10% від орендної плати буде йти особисто в кишеню цьому співробітнику. Раз на рік ви обов'язково отримуватимете розмови на кшталт "Ми хочемо переїхати, а то у вас оренда дорога", які натякають, що на іншому місці відкати "товстіші". Ви отримаєте несподіваний удар, коли цю людину знімуть з її посади, проте домовленість про відкат, яку якимось чином оформлено юридично на племінницю сестри тещі, має продовжувати дотримуватися. До речі, тут на сцені з'явиться ще один "ефективний менеджер", який бажає отримати відкат. Крім того, ви станете злочинцем. Навіть якщо вас і не посадять, репутація у вас буде, м'яко кажучи, підмочена, тому акціонери інших орендарів почнуть або просити "знижок", або змінювати орендодавця, підозрюючи своїх менеджерів у відкатах. Вам не варто наражати себе на такий ризик. Ваш "платний союзник" може здогадатися, які наслідки на вас чекають у разі оприлюднення інформації про вашу "співпрацю", і вам доведеться вмовляти його тримати язик за зубами.

Друга проблема – репутація. Є досить свіжа історія, коли компанія Даймлер-Крайслер змушена була зізнатися в тому, що платила відкати російським чиновникам. Це показує, що навіть якщо ви і мали практику відстібати, вас можуть притиснути до стінки. Тоді, сплативши належні штрафи і видавши своїх "партнерів", ви втрачаєте можливість розвивати свій бізнес. З одного боку, вас бояться так само, як чиновники боялися Козлевича в книжці "Золоте теля": ніхто не хотів кататися на "таксі", оскільки це означало б наявність зайвих грошей і, як наслідок, арешт із конфіскацією. Навіть якщо відкату не буде, складно довести, що його не було. З іншого боку, всі, хто знає, що ваша компанія здатна на відкати, будуть їх вимагати, навіть якщо ви припините цю практику. Крім того, кримінальний злочин завжди залишається кримінальним злочином. Думаючи про те, як полегшити свій бізнес, не забудьте також і про свій міцний сон ночами, і про можливість бачити своїх дітей. Право, ніщо не варте того, щоб жертвувати своїм побутовим людським щастям.

Третьою дуже неприємною властивістю відкатів є болото, в яке потрапляє ваш бізнес. Збиткову практику дуже легко розпочати, але практично неможливо припинити. Якщо ви є, скажімо, директором українського офісу міжнародної лізингової компанії, і в практиці вашого бізнесу є виплата відкатів вашим клієнтам через "ліві" СПД із переведенням у готівку (при цьому більша частина ваших клієнтів уже сидить на таких відкатах), рішення просто взяти й перестати платити відкати дорівнює рішенню закрити офіс на ключ, залишивши на столі заяву на звільнення всіх співробітників. А "взяти і перестати" можуть доручити ваші акціонери, ознайомившись з історією справ у компанії.

Відкати неприйнятні, якщо ваш бізнес тісно пов'язаний або є частиною великого міжнародного бізнесу. Коли тут місцевий банк "мотивує" місцевого фінансового менеджера розмістити депозит своєї компанії в цьому банку, все гаразд. Однак цю саму історію можна переказати й так: міжнародний банк А займається підкупом співробітників міжнародного холдингу Б. Цього може бути достатньо, щоб не тільки репутацію зіпсувати, а й привести компанію до глобальної ізоляції за "сценарієм Козлевича" і, тим паче, обвалити ціни на її акції.

Цікаво подивитися на відкати і з боку клієнта. Якщо у вашій компанії існує практика отримання співробітниками відкатів або є хоча б підозра на такі "традиції", у вас з'являється весь спектр проблем, пов'язаних із конфліктом інтересів. Ви вже не будете впевнені, що ваш менеджер із закупівель обирає найкраще за максимально низьку ціну. Він вибере дорожче, але з більш поступливим продавцем.

Одного разу я летів у літаку з найманим директором іноземної компанії. Людина абсолютно несамовита, просто дихає "відкатним" стилем бізнесу і в чесні мотиви купівлі свого продукту не вірить у принципі. Він видав таке:

— Ми, до речі, в новий офіс переїжджаємо!

— О, вітаю!

— Шикарний офіс. Ми тільки за дизайн заплатили 200 000 доларів.

— Мабуть, хороший дизайнер?

— Так, звісно. Це моя дружина. Вона – чудовий дизайнер.

Управлінець навіть не зрозумів, як це звучить з боку.

Виплата відкатів рівносильна використанню чит-кодів у грі. IDDQD[7]– і вперед! Однак якщо у вашого клієнта потреба в продукті виражена лише як потреба у відкаті, ви стикаєтеся з неприємним явищем – відсутністю розвитку бізнесу. Вас не рекомендують – не можуть. Той, хто ухвалив рішення обрати

---

[7] Cheat-codes – чит-коди або "коди шахрая" – спосіб отримати в комп'ютерних іграх "вічне життя" або "вічні патрони". IDDQD – чит-код у культовій комп'ютерній грі Doom, що дає гравцеві "режим бога".

вас, ухвалив його не тому, що його компанії щось потрібно, а тому, що хоче "підзаробити".

Також у вас перестає зростати портфель безвідкатних клієнтів, тому що ваш продукт має дорогий вигляд. Його об'єктивна корисність менша за його ціну, тому що відкат уже включено в ціну. Кінцевим платником відкату завжди є покупець продукту або послуги, а не постачальник. Одержувач відкату фактично грабує свого роботодавця. А якщо одержувач – держслужбовець, він грабує всю країну і кожного конкретного платника податків окремо. Боротьба з відкатами це не боротьба, вигідна постачальникам, які бажають "більше заробити", своє вони все одно зароблять. У кожному бізнесі є поріг заробітку, нижче якого не опуститься жоден бізнесмен. І якщо у нього зростають видатки, значить, у його клієнтів зростають витрати.

Зрозуміло, безкомпромісна позиція з цього питання в нашому суспільстві неможлива. Однак якщо у вашій практиці не заведено платити відкати, ваш бізнес більш стійкий і менш залежний від зовнішніх факторів. Об'єктивне рішення вашого клієнта працювати з вами набагато міцніше і набагато корисніше будь-яких суб'єктивних розкладів. Розмірковуючи про доцільність відкату, рахуйте, чи приносить вам його одержувач додаткову вартість. Якщо приносить, то він – просто агент, який отримує комісію. Але якщо він просто хабарник, з ним не варто зв'язуватися. Не знаєте, як одержувач відкату може приносити вам додаткову вартість? Наприклад, він дає вам потік нових клієнтів, настійно рекомендуючи їм скористатися вашими послугами.

Для чого це

Кожен бізнес успішний тільки тоді, коли він правильно розставляє пріоритети. І кожен бізнес потребує тих чи інших закупівель, необхідних для виробництва продукції. Формула "товар – гроші – товар" працює і буде працювати. У цьому й полягає суть будь-якого бізнесу – створювати додаткову вартість. Додавати щось своє в ланцюжку перетворення сировини на використовуваний кінцевим споживачем продукт. І навіть якщо бізнес виробляє послуги, у нього все одно є сировина – те, що закуповують для виконання цих послуг: від паперу та кави до інтернету й оренди приміщень.

Коли ви приходите зі своїм рішенням до клієнта, він може собі дозволити розглянути вашу пропозицію тільки в одному випадку – коли він чітко бачить вплив вашого продукту на результат його бізнесу. Чи готовий він використовувати вас як джерело сировини для себе? Що саме він отримає від співпраці з вами? І чи готові ви чітко відповісти собі на ці запитання? Чи достатньо ви розбираєтеся в бізнесі своїх клієнтів, щоб грамотно консультувати їх?

Іншими словами, 3S продавець має бути більше бізнесменом, ніж продавцем. Можливо, в цьому криється парадокс малої кількості по-справжньому хороших продавців. Кожен, хто досягає такого рівня, вже володіє достатніми навичками і компетенцією або для серйозної керівної роботи, або для ведення свого бізнесу, або для бізнес-консалтингу.

Наприклад, ви продаєте американські капотні тягачі в Україні. Як вчинить 3S продавець? Він у жодному разі не почне телефонувати за "холодними" контактами в усі транспортні компанії, щоб призначити зустріч. Спочатку він увійде в курс справи.

По-перше, здається дивним, що в Україні капотних тягачів мало, всі переважно безкапотні. Невже це все лише справа смаку? Капотні тягачі вважаються більш стійкими на дорозі за рахунок довшої колісної бази. У них вища прохідність, вони впевненіше поводяться на спусках, підйомах і в снігу. У них менш вибагливі агрегати, розраховані на 2 або навіть 4 мільйони кілометрів експлуатації. Серйозну поломку в американських машин часто можна ліквідувати в польових умовах. Вони безпечніші при лобовому зіткненні: два метри життя попереду нікому не зашкодить. Вони комфортніші для водія і, що важливо, в кабіні можна відпочивати або ховатися від негоди тоді, коли двигун ремонтується. Подобається товар? Можна бігти продавати?

Але на іншій шальці терезів – максимальний розмір тягача та автопоїзда, який існує в країнах ЄЕС і який фактично визначає домінування в Європі безкапотних тягачів. Також американські дизелі не відповідають європейським екологічним нормам. Безкапотні вантажівки більш маневрені, що важливо на вузьких вулицях. У Європі, де СТО на кожному кроці, можливість "польових" ремонтів і суперресурс агрегатів ні до чого. Знаменитий комфорт американських тягачів не настільки затребуваний у Європі, де тривалість одного переїзду набагато менша, а місць, де можна переночувати з комфортом, набагато більше. Безпека їзди забезпечується скоріше не капотом, а своєчасною зміною гуми і постійним контролем гальм. Адже 99% аварій це не лобові зіткнення кількох фур, а ДТП за участю легкових машин, причому не в лоб. Високо розташована кабіна безкапотної вантажівки захищає водія від усіх пригод подібного роду. А тепер товар подобається?

Зауважимо, Білі продажі орієнтуються не на те, що подобається всім, а на те, що подобається комусь. На ринку є дві стратегії: пропонувати те саме, що й усі, і з огляду на конкуренцію не мати економічного прибутку, або продавати щось, що потрібне лише 5% людей, проте бути для них монополістом. У сучасному плоскому і прозорому світі не варто боятися того, що ці 5% тебе не знайдуть. Набагато більше приводів побоюватися, що ви не знайдете свою нішу і не зрозумієте, хто саме ваші 5%.

Отже, навіщо комусь купувати капотні вантажівки? Коли рабина запитали, навіщо євреї роблять обрізання, той відповів: "По-перше, це красиво". Так, капотні вантажівки красиві. Йдемо далі: чи варто продавати такі машини тим компаніям, які возять вантажі тільки в/із Європи? Ні. Їх варто продавати тим, хто возить щось в/із Росії. Росія – країна, де немає ні вузьких вуличок, ні СТО на кожному кроці, ні повсюдно хороших доріг з мотелями.

Але щоб автогосподарство певної компанії вирішило придбати для себе капотну машину, потрібно знати бізнес цієї організації. Потрібно говорити з ними їхньою мовою. Вони самі розкажуть про всі випадки, коли їхня машина застрягла в дорозі. Треба тільки запитати їх про це. Поцікавитися слід і тим, до чого саме призводять такі зупинки. Поверхнева, сформульована двома словами проблема – це не проблема, а стінна шафа, яку треба відчинити, щоб увійти в Нарнію[8].

Комфорт капотних машин – це не просто "кращі умови праці для водія". Плювали наші капіталісти на це. Але на що ж вони не плювали? Як щодо графіка руху з таким вибором зупинок, щоб опинитися біля мотелю? Яким був би графік, якби водій зміг ночувати в комфорті прямо в машині? Не так, як у безкапотній вантажівці, – на другому поверсі, на полиці. А в окремій "каюті", якою можна ходити на повний зріст. Оптимальний графік – це менша потреба в автопарку або,

---

[8] Нарнія – чарівна країна, увійти в яку герої серії книжок "Хроніки Нарнії" могли через шафу для одягу.

дивлячись з іншого боку, більша захищеність графіка перевезень від збоїв. До речі про них. А чи траплялися ДТП, причина яких, найімовірніше, криється у втомі водія? На скільки ж відсотків, на думку співрозмовника, скоротиться аварійність у зв'язку з поліпшенням комфорту? А скільки це в грошах? Ну а якщо не аварія, а просто поломка, причому взимку. Яку машину швидше відремонтують? Ту, що лагодять на морозі з перевернутою кабіною, або ту, що лагодять теж на морозі, але періодично відігріваючись у теплій кабіні? А що означає швидкість ремонту? Так, графік. Що трапиться, якщо його не дотримуватимуться? Можливий зрив поставок? Як зазвичай вирішується це питання? За допомогою надлишку складування? На що ж можна витратити гроші, якщо їх не доведеться викидати на аварійний запас товару, що постійно лежить мертвим вантажем на складі? І чи легко знайти хорошого водія? Важко? А на якій машині за однакової зарплати волітимуть працювати водії? Чи допоможе наявність капотних машин у парку переманити цінні кадри з інших компаній? Як комфорт водіння позначиться на плинності персоналу? Скільки часу і грошей витрачається на пошук і адаптацію співробітників? Як працювати з неукомплектованим штатом або з недостатньо кваліфікованим персоналом? Як це відбивається на дотриманні графіка руху, аварійності, дисципліні? Скільки коштує один день володіння вантажівкою (тим більше лізинговою)? Гроші капають незалежно від того, їде вантажівка чи стоїть. З водієм чи без. У ремонті чи на дорозі.

Тут ми торкнулися лише комфорту – відкрили лише одну дверку шафи в Нарнію. А ще в нас є, наприклад, велика стійкість тягача, його живучість і "польова" ремонтопридатність. Кожну з цих тем можна розкрити аналогічним чином. Для кожної з них існує багато запитань і відповідей. Не треба боятися забути торкнутися кожного з аспектів, просто ведіть із бізнесменом розмову про його бізнес. Ви завжди зможете показати, що проблеми бізнесу можна вирішити за допомогою вашого товару. Це ж просто гра в асоціації: ось сказав підприємець, що в нього висока плинність кадрів у компанії, а у вас уже є рішення!

Або сказав він, що в нього син одружується, тому немає грошей на купівлю нової вантажівки. Адже і тут рішення знайдеться: клієнт дуже ретельно рахує гроші, коли він знає їм ціну. Так, він не купить сьогодні. Але саме зараз у вас є серйозний шанс показати всю економічну ефективність вашого товару. І коли бізнесменові доведеться купувати нову техніку, він задумається про капотну машину. Просто завдяки тому, що ви поговорили з ним і відкрили йому шафу в Нарнію. Він сам побачив і розповів про море нових можливостей щодо поліпшення свого бізнесу, якими обов'язково скористається. Так, не потрібно продавати товар, краще разом із підприємцем подумати про його справи.

Коли це потрібно

Сиріл Норткот Паркінсон у своїй книжці "Закони Паркінсона" писав, що китаєць купує собаку й огороджує будинок парканом, коли ці витрати стають меншими, ніж збитки від злодіїв. Таким чином, можна легко зрозуміти, хто в селі живе краще за інших. Те ж саме стверджує і класична економічна теорія: покупець погоджується на угоду, якщо його витрати від відсутності угоди вищі, ніж витрати на купівлю.

Важливою навичкою будь-якого продавця є можливість показати, чим саме вигідна його пропозиція. Продавець повинен уміти розбиратися в бізнесі покупців настільки, щоб зрозуміти й перекласти мовою грошей ті усвідомлювані або неусвідомлювані витрати, яких зазнає клієнт у разі відмови від запропонованого товару.

Одного разу я консультував компанію, яка просувала на сільськогосподарському ринку України інноваційне рішення – зберігання врожаю зернових у мішках-рукавах, а не на елеваторах. Такий метод зберігання зерна використовує великі пластикові рукави діаметром два метри і довжиною 60-100 м. Спеціальна машина, приєднана до трактора, засипає в них зерно, що надходить з поля.

Фермери вважають за краще зберігати зерно, а не продавати його "з-під комбайна", тому що в жнива ціна надто низька, а максимального рівня вона досягає тільки взимку. Вона могла б зростати і аж до нового врожаю, проте зазвичай до весни фермерам потрібні гроші, тому вони починають розпродавати запаси, тим самим насичуючи ринок торішнім зерном.

До появи мішків у фермерів існувало лише три можливості розпорядитися зерном: продати з-під комбайна, здати на елеватор або закласти на власні склади. Частину зерна фермери завжди продають одразу: їм потрібно розрахуватися за паливо, виплатити зарплату робітникам і оплатити деякі важливі речі – сушку зерна, оренду техніки тощо. Власні склади – доля багатих. Невелика комора є у кожного фермера, але складські ємності для врожаю виявилися доступні або тим, хто був близький до керівництва колгоспів і вчасно "прихватизував" склади, або тим, хто щільно займався зерноторгівлею.

Будувати власний склад вельми накладно. Це серйозна інвестиція, яка просто недоступна фермеру, що живе від врожаю до врожаю. До того ж невеликий склад окупався б дуже довго – років 20, а великий – "лише" 10 років. Заможні фермери, які опинилися в потрібний час у потрібному місці в період Перебудови, мало того, що ставали дедалі багатшими, маючи власні склади і продаючи зерно за найкращою ціною, так ще й могли собі дозволити будівництво нових складів і елеваторів. Відповідно, їм було під силу брати в оренду більше землі і приймати на зберігання чужий урожай.

Виходило так, що складування в мішках давало бідним фермерам надію на те, щоб вирватися з порочного кола бідності: продавати зерно з-під комбайна, бо не маєш фінансової подушки від продажу зерна за найвищою ціною, не маєш грошей і на те, щоб побудувати свій склад для зберігання зерна до кращої ціни.

Однак якщо порівнювати вартість зберігання зерна на елеваторі з вартістю пакування зерна в мішки, виявляється, що мішки ставало цікаво використовувати, тільки якщо зберігати зерно понад півроку. За зберігання на елеваторі платиш помісячно, а за пакування в мішки – двічі: один раз – щоб орендувати механізм пакування і купити мішки, другий – орендувати екстрактор (машину, яка зерно з мішка вибирає). Самі машини теж можна придбати, однак це має сенс, якщо у фермера дуже багато мішків. Ще є невеликі витрати на охорону мішків, що лежать на землі, та на втрати від випадкових проколів чи підтоплень.

Виходить, що пряме порівняння мішків з елеваторами не показувало явної вигоди, і консервативні фермери не поспішали із закупівлею мішків і обладнання для них.

Хлопці, які продають ці мішки, щось розуміли в агробізнесі, але життя фермера зсередини не відчували. Зізнатися, я теж не був надкомпетентним у цьому питанні. Але що було зрозуміло точно, так це те, що у фермерів кулемети стріляють не просто розривними снарядами, а ще й бронебійними. Тому атака в лоб лише ще більше переконала б фермерів у марності мішків. Іноді доводилося натрапляти на фермерів, які вже були "оброблені" продавцями-атакувальниками і загартували свою систему оборони новими аргументами та раціоналізацією існуючого стану речей.

Але фермер, як і будь-яка інша людина, хоче, щоб його розуміли. Йому подобається говорити про себе і свої проблеми. І якщо дати йому можливість висловитися, можна дізнатися, що зберігати зерно на елеваторі – не таке вже й ідеальне рішення. Фермер, завантаживши своє, хороше, зерно, назад отримує чиєсь чуже, зазвичай гірше. Так, воно таке саме за документами, але в реальності інше. Ще фермер розповість, що елеватор навмисно завищує показники вологості зерна, щоб узяти з фермерів більше грошей. Згадає він і про черги біля елеваторів, і про неможливість продовжувати збирання, коли всі машини якраз стоять у цих чергах. Та й знайти перевезення в цей час важко – усім потрібно збирати врожай. До слова, один день простою комбайна теж коштує грошей. Що вже казати про погоду: вона може змінитися, і хороший колос після сильної зливи ляже на землю. А злива точно буде, адже збирання йде в спекотну і суху погоду – якраз перед наступним циклоном. Крім того, фермер пригадає, що ціна на елеваторі непередбачувана і з року в рік змінюється. Навіть якщо вона зафіксована державою, доводиться доплачувати, щоб тебе пустили: якщо ти елеватор не завантажиш своїм зерном, його завантажать зерном інших фермерів, і тобі доведеться везти своє на інший, далекий, елеватор. Це означає витрати на пальне. На жаль, співробітники елеваторів бувають у змові із зернотрейдерами, а тому відмовляються приймати зерно у фермерів, і ті змушені продавати врожай з-під комбайна за низькою ціною. Аби відбити паливо і зарплати. Трапляється навіть так, що врожай немає сенсу збирати, от і стоять кукурудзяні поля неприбраними до самої зими.

Інша справа – мішки. Фермер сам розповість, навіщо вони йому і як вони йому допоможуть. Дайте йому можливість висловитися і допоможіть порахувати збитки від тих проблем, з якими він регулярно стикається. У результаті виявиться, що мішки надійніші та передбачуваніші. А головне, вони дають можливість вирватися з полону злиднів. Коли ви все порахуєте, вийде, що зберігання на елеваторі – погана ідея, так само як і власний склад.

В економіці є поняття чистої наведеної вартості. Використовуючи його, можна оцінити вигоду від того чи іншого проекту не просто в грошах, а в грошах з урахуванням їхньої вартості. При порівнянні свого складу і мішків спочатку здасться, що склад кращий, адже він не просить грошей за зберігання кожного кілограма зерна. Але якщо поглянути на вартість грошей, то виявиться, що суму, яку планується вкласти в будівництво складу, можна покласти на депозитний рахунок і мати пасивний дохід, який перевищуватиме витрати на мішки більше ніж удвічі.

Спілкуватися з фермером потрібно його словами, цінностями та проблемами. Якщо йому дати говорити, він сам зрозуміє, що краще платити весь час потроху, ніж одразу і багато. Йому потрібно просто допомогти порахувати. Щоправда, він має захотіти цієї допомоги від вас. Отже, приходити до нього слід не з продажами, а з допомогою. Тільки в цьому разі він повірить вам і вашим розрахункам. В одній із книжок, присвячених продажам, автор стверджував таке: найгірше, що може зробити продавець, – поводитися так, ніби він дуже хоче продати. Мабуть, варто розширити це твердження: продавець має перестати продавати взагалі. Він має допомагати. Тоді клієнт купить сам.

А зробить він це тоді, коли не зможе обійтися без того, що ви продаєте. Уявіть собі компанію. Вона працює, реалізовує свій бізнес-план і тут оп-па – з'явилася гостра потреба у вашому продукті. Ви здатні таке уявити? Дайте собі відповідь на запитання: чому така потреба виникла, що її викликало? Часто пошук відповідного каналу продажів полягає саме у відповіді на це запитання. Якщо ви – компанія, що продає потужне серверне обладнання, то вашим клієнтом стане той, хто дозрів для ERP-систем. Для їхньої роботи потрібне потужне "залізо". Відповідно, вашій компанії варто спілкуватися з постачальниками ERP-систем: вони здатні порекомендувати вас своїм клієнтам і, що важливо, охоче робитимуть це. Адже свою систему вони не зможуть поставити "в повітря". Їм необхідно, щоб у клієнта було потрібне обладнання.

Чим це можна замінити

Конкуренцію так не люблять продавці і так вітають споживачі. Приємно, коли є вибір, і добре, коли у продавців є стимул знижувати ціни. Але самі продавці не замислюються, що якби не існувало конкуренції, то і вони б не були взагалі потрібні. Конкуренція набуває різних форм: змагаються різні продавці одного й того самого продукту; продавці різних, але аналогічних продуктів; продавці рішень, які зовсім відрізняються одне від одного, але розв'язують одну й ту саму проблему клієнта; навіть продавці абсолютно різних товарів – просто за гаманець споживача.

Банку Кока-Коли можна замінити точно такою самою банкою, купленою в іншому магазині, її можна замінити банкою Пепсі, банкою пива, морозивом і, врешті-решт, можна витратити ці гроші на поїздку в метро.

Продавцю, зайнятому розвитком потреб, у такій ситуації доведеться йти з найглибшого рівня. Візьмемо для прикладу продавця кондиціонерів. Спочатку потрібно показати клієнту, що гроші варто витрачати саме на поліпшення обстановки в офісі, а не, скажімо, на рекламу. Потім потрібно разом з ним вирішити, що кулер з водою і вентилятор не вирішують проблеми, а без кондиціонера призводять до перевитрати води та електрики. Опісля потрібно зупинитися на певній марці кондиціонера та обрати модель. І, врешті-решт, клієнт має купити це саме у вас. Дуже невдячна робота: провівши клієнта через один або два рівні прийняття рішення, ми ризикуємо його втратити на інших рівнях. Зовсім прикро, коли сформувавши в нього попит, ми просто "віддаємо" його нашому конкуренту.

За великим рахунком, замінити можна все. Клієнт сам вибирає, як і разом із ким витрачати гроші. Але є одна незамінна річ – сам продавець. Якщо каскад ухвалення рішень почати не з того, в якому напрямку витрачати гроші, а з того, з яким продавцем краще працювати, клієнт навряд чи втече до конкурента. Адже він не ви. Щоправда, людину не можна скопіювати тільки в одному випадку: якщо вона унікальна. Зауважте, не "краща за всіх" або не "підходить усім", а саме унікальна. Світ сповнений різних людей. Комусь ви підходите як особистість, комусь – ні. Не потрібно намагатися збирати врожай на "чужій території" до того, як ви зібрали його на своїй. Ви все одно будете гарні для тих, з ким у вас виходить побудувати стосунки, і не надто гарні (або навіть штучні) для інших. Зрозумійте, які люди ваші, і працюйте тільки з ними. Білі продавці – найвільніші люди. Єдині, хто дійсно вибирає, з ким їм приємно працювати.

Одного разу я, здійснюючи регулярну поїздку регіональними офісами страхової компанії, дістався до одного містечка на Заході України зовсім недалеко від кордону, де успішно працювала група агентів. Насторожувало одне – 80% продажів робила одна людина. Часто це означає, що агенти дружно записують результат на одного з них, щоб потім отримати бонуси за перевиконання індивідуальних показників. Таке явище можливе також, коли керівник агентської групи продає сам і записує всі продажі на "свого" агента, заразом відбираючи бізнес в інших. Я їхав із твердим наміром вивести шахраїв на чисту воду.

Коли всі агенти зібралися на зустріч, серед них опинилася пані бальзаківського віку, яка була вельми зухвало вбрана і взагалі всім своїм виглядом демонструвала цілковите незнання того, який вигляд має мати респектабельний страховий агент згідно з корпоративними стандартами. У неї була зачіска, що стирчала на всі боки, з волоссям малинового і зеленого кольору. На обличчі був грубий, яскравий до вульгарності макіяж, великі груди випирали через глибоке декольте, а пишні форми внизу прикривала безглузда мініспідниця з якоїсь лакованої клейонки. Повноти картині додавав убивчий запах її парфумерії: якийсь нудотно-солодкий і водночас їдкий, концентрований запах вмить викликав бажання провітрити приміщення, поки не розболілася голова. Я пошепки запитав у начальника групи, навіщо він тримає у себе це непорозуміння. Той теж пошепки відповів, що "непорозуміння" якраз і приносить 80% усіх продажів.

Неймовірно. Я тут же вирішив подивитися, як вона працює, і попросив, щоб мені організували спільний візит до її потенційного клієнта. Це не стало проблемою: вечорами дама їздить до кордону, де продає страхування життя. Як, просто на кордоні?! Страховку, за всіма правилами, треба продавати в колі сім'ї. Я ще більше засумнівався в правдивості цих розповідей.

На кордоні я побачив таке. Мадам, абсолютно не соромлячись, підійшла до першого-ліпшого водія фури, який палив у черзі на митницю, притулилася до нього і вкрадливим, ніби п'яним голосом запитала:

— Скажи, ти поганий хлопчик?

— Т-так, – усе ще не розуміючи, яка відповідь правильна, відповів водій.

— Хм, я бачу. Ти – поганий хлопчик! А коли ти приїжджаєш додому, ти ж хороший? – із придихом продовжувала вона.

— Таа-а-аа… – водій уже безглуздо посміхався, повністю зануривши свою свідомість у декольте суперпродавця.

— А в усіх хороших хлопчиків є страховка життя. У тебе є страховка?

— Ні-і-і, – відповідав із глибини декольте далекобійник, який уже неабияк стомився від стояння в черзі на митниці і жадав змін.

— Тоді ось, заповни анкету і підпиши, – дама вручала йому анкету і йшла до наступного далекобійника.

На зворотному шляху вона просто забирала заповнені анкети і домовлялася про те, коли вона зможе зустріти хлопців наступного разу, щоб вручити поліс і забрати гроші. У неї виходило продавати до 10 полісів на день!

За що її любили клієнти? Вже точно не за те, що вона ходила в діловому костюмі з серйозною міною і папкою під пахвою, проводячи стандартні бесіди про продаж.

Перебуваючи в близьких стосунках із клієнтом, ви здатні докопатися до найглибшого рівня його проблем. Ви будете вхожі в ті двері, куди ніколи не впустять чужого. Адже часто проблеми клієнта продавець отримує у вигляді шаблонних фраз – резюме з нарад. У них немає ні глибини, ні причини складнощів, а тільки їхня назва і симптоми. Одного разу мені довелося продавати корпоративним клієнтам недержавне пенсійне забезпечення їхніх співробітників. Дуже неприємний продукт, незважаючи на невисоку його вартість. Ця його неприємність полягала в недосконалій законодавчій базі, що вкрай ускладнює операції з придбання цього продукту корпоративними клієнтами. До того ж ефект від впровадження недержавного пенсійного забезпечення полягав у підвищенні лояльності співробітників. Відповідно, його можна було застосувати тільки в компаніях із добре розвиненою корпоративною культурою і низьким рівнем плинності кадрів, що звужувало коло потенційних клієнтів в Україні на початку кризи.

Будь-яка бесіда про продаж будується на виявленні проблеми, яку потрібно розвинути. Спілкуючись із керівником кадрової служби, я дізнався, що більшу частину часу вона зайнята підбором персоналу на вакансії супервайзерів – керівників груп торгових представників. Виявляється, що саме серед цих співробітників досить висока плинність: їх переманюють конкуренти, іноді навіть цілими командами. Прикро, що їм гроші пропонують майже такі самі. Просто людям хочеться змін і вони готові йти до тих, хто їм приділяє більше уваги. За ідеєю, можна було б запропонувати пенсійні програми як засіб утримання супервайзерів. Але це була явно поверхнева проблема, той самий шаблон-резюме: "висока плинність супервайзерів".

Тому я вирішив копати далі. Поговоривши ще, начальниця відділу кадрів разом зі мною порахувала, в яку саме копієчку обходиться ця проблема. Це і прямі витрати на пошук, підбір та адаптацію персоналу, і непрямі витрати, пов'язані з тим, що за відсутності супервайзера команда працює менш ефективно. Тобто продажі падають цілком відчутно. Напевно, вже можна порівнювати вартість пенсійної програми з витратами від високої плинності. Але ми заглибилися ще більше.

У результаті виявилося, що компанія, переживаючи кризу, страждає від зниження обсягів продажів. Це пригнічує людей і вселяє в них невпевненість. Співробітники схильні замислюватися про зміну роботи до того, як їх усіх звільнять. І у них немає жодного інструменту, що гарантує їм довгострокову лояльність з боку роботодавця. Уже можна продавати товар? Все ще ні.

Як компанія реагуватиме на скорочення обсягів продажів? Зрозуміло, урізанням витрат. А як начальник HR-служби бачить це урізання? Виявилося, що, на її думку, насамперед скоротять саму кадрову службу. І ще з'ясувалося, що підлегла начальниці – вельми тямуща дівчина, тому зможе робити всю ту саму роботу за менші гроші. А ще глибше, на самому дні лежала особиста проблема кадровика – вона була матір'ю-одиначкою, у якої донька закінчувала школу. Тож про ризик втрати роботи не могло бути й мови.

І ось тоді недержавна пенсійна програма постала у світлі вирішення всіх перерахованих проблем – від корпоративних до особистих. Керівник HR-служби стала союзником продавця і просувала ідею пенсійного страхування в компанії, агітуючи і надихаючи на її реалізацію.

Чи варто говорити, що до найглибшого рівня проблем неможливо докопатися, якщо продавець не став "своїм". Тим самим, якого не можна замінити.

Підсумки глави

Основні думки

- Кожна людина має вбудовану систему раціоналізації. Будь-яке твердження моментально "сканується" на неправдивість, і тому перша реакція зазвичай – опір. Не треба нічого стверджувати. Запитуйте.

- Грошей немає ніколи. Відмова від покупки через брак грошей – це відмова через відсутність пріоритету вашого товару у витрачанні коштів.

- Не треба боротися з клієнтом. Станьте на його бік, і він сам купить у вас те, що ви хочете продати.

- Плануйте від кінця. Якщо ви хочете щось розповісти клієнту, побудуйте зустріч так, щоб він сам вам це розповів.

- Надкомпетентність шкодить продажам. Знати все про продукт – не обов'язок продавця. Обов'язок продавця – знати все про своїх клієнтів.

- Відкати несумісні з довгостроковою бізнес-стратегією будь-якої компанії. Якщо у вас буде репутація чистого продавця, у вас будуть чисті клієнти. На ваш портфель вистачить.

- Неможливо продати клієнту те, що йому не потрібно або шкодить. Розумійте бізнес клієнта і допомагайте йому, а не продавайте.

- Для будь-якого товару чи послуги на ринку має бути момент, коли цей товар стає необхідним для клієнта. Опиніться в цей час у нього в кабінеті.

- Для того щоб не втрачати клієнта і провести його ланцюжком рішень від необхідності в товарі до необхідності у вас, ви заздалегідь маєте бути впевненими, що за інших рівних клієнт віддасть перевагу вам.

Вправи

- Для вашого бізнесу випишіть ключові відмінні характеристики продукту. Потім подумайте, які переваги це дає клієнтам. Напишіть 1-2 діалоги, в яких клієнт сам згадує ці переваги.

- Подивіться на портфель ваших клієнтів. У якій галузі вони працюють? Спробуйте описати ваш продукт їхньою мовою. Наприклад, страхування для будівельників –

надійний фундамент, бездротовий інтернет для вчителів – свобода отримання інформації, а клімат-контроль для лікарів – здорова атмосфера.

- Постарайтеся відповісти на такі запитання, що стосуються вашого продукту: навіщо це, для кого це потрібно, у яких випадках це потрібно, чому без цього не можна, чим це можна замінити, чим це відрізняється від інших? Виходячи з відповідей, плануйте пошук і залучення клієнтів, а також переговори з можливими партнерами і каналами продажів.

З чого почати

- Перед кожною зустріччю пишіть її мету в термінах SMART: конкретна, вимірювана, досяжна, релевантна (відповідає більшій меті), обмежена в часі.
- Перед кожною зустріччю пишіть її план, включно з варіантами запитань до клієнта, які ведуть до того, щоб він сам назвав перевагу вашого продукту важливою для себе.
- Уникайте ситуацій і, відповідно, запитань, коли клієнт відповідає односкладово "так" або "ні".

Коли клієнт заперечує

Ви не можете продати, якщо люди не хочуть купувати.

Акіо Моріта

Причина і наслідок

Як би ви подивилися на лікаря, який у відповідь на ваші скарги про болі в животі дає вам знеболювальне? Адже причин болю може бути дуже багато. Це і розлад шлунка, і апендицит, і виразка. Та й сам розлад шлунка – теж лише симптом. Реальна хвороба завжди має ім'я. Це може бути отруєння грибами, прийняте нещодавно проносне, кишкова інфекція. Сама кишкова інфекція знову-таки може бути різною: від кишкової палички до дизентерії. А можливо, це і не кишкова інфекція зовсім.

Здається неймовірним, що ще недавно хвороби лікували, виходячи тільки із симптомів, що лежать на поверхні відчуттів. Болить – знеболювальне. Запор – проносне. Пронос – кріпильний. Виразка? Операція, ріжемо живіт, зашиваємо кишки. Насправді виразкова хвороба викликається бактеріальною інфекцією і, виявляється, чудово лікується антибіотиками, а не скальпелем. А у кашлю існує так багато причин, що прописувати героїн від нього просто безумство. Ми приберемо кашель, але дамо можливість основній хворобі поширюватися далі.

Те, що клієнт заперечує, – симптом, а не проблема. Так, хотілося б, щоб він тільки погоджувався з вами. Продавці частенько шукають якісь "фішки" або "фрази, які чіпляють", записують і зубрять методи "боротьби із запереченнями", ходять на спеціальні курси. Але якщо клієнт заперечує, поїзд уже пішов. Йому можна "виписати героїн" і красиво переконати за допомогою технік роботи із запереченнями, однак це свідчитиме не про успіх продавця, а лише про довірливість клієнта. Можливо, він погодиться на покупку лише заради того, щоб позбутися настирливого продавця. Цей клієнт згодом шкодуватиме про покупку і вже точно не порекомендує цього "борця із запереченнями" своїм друзям.

Людський організм здатний виробляти наркотичні речовини – ендорфіни. Вони дають людям відчуття щастя і благополуччя, заглушають біль і хвилювання. Ендорфіни потрібні людині, оскільки з їхньою допомогою регулюються емоції та настрій. Вони купирують більшість помилкових больових сигналів. Ендорфінами також стимулюється поведінка, необхідна для розмноження і виживання. Наприклад, нам приємно, якщо ми ситі. Коли людина починає вживати героїн – речовину, схожу за структурою на ендорфіни, – нервова система поступово звикає до рівня наркотичних речовин у крові, який у багато разів перевищує природний. Відповідно, припинення прийому героїну призводить до того, що людина позбавляється наркотичного стимулювання взагалі. Ендорфіни або перестали вироблятися через постійний приплив речовини ззовні, або нервова система просто не сприймає такі мікрорівні наркотичних речовин, звикнувши до більшої їхньої кількості. Наркоману не цікавий успіх, благополуччя, радість від любові, відчуття щастя, зрештою, якщо вони не полягають у черговій дозі наркотику.

Героїн як "ліки від кашлю" в продажах використовується в буквальному сенсі цього слова. Якщо покупцеві дати дозу ендорфінів, то він буде щасливий і менш критично поставиться до реальності. Покупцеві можна дати позитивні емоції, що безпосередньо впливають на ймовірність здійснення покупки. До цього вдаються роздрібні торговці, вмикаючи хорошу музику в магазині, підбираючи приємні кольори та обстановку. В одному регіональному офісі компанії зі страхування життя стали брати з собою на роботу собаку – добродушного спанієля – і продажі зросли. Майже всі книги про продажі наполягають на тому, що гарне почуття гумору – необхідна для професійного продавця риса. Позитивні емоції допомагають продавцеві заглушити розум покупця і продати йому свій товар або послугу.

Але що якщо рішення, яке пропонує продавець, впливає на довгострокові плани покупця? Що якщо йдеться про серйозні інвестиції? Що якщо покупець ризикує не тільки грошима, а й репутацією, тому що наслідки покупки не можна буде приховати? Що якщо в рішенні бере участь більше людей, а сам процес його прийняття розтягнутий у часі? У таких умовах покупець, навіть перебуваючи під ендорфіновим "кайфом", буде зупиняти себе. Він захоче розглянути питання ще раз, але вже без продавця. Що ще гірше, то це те, що у частини людей, яка, мабуть, не випадково виявляється найбільш успішною, виробляється парадоксальна реакція на ендорфіновий вплив. Вони відмовляються приймати рішення, перебуваючи під впливом емоцій. Чим закінчиться зустріч, що підігрівається позитивними емоціями, якщо продавець проводить її з успішним бізнесменом, який знає життя? Швидше за все, відстрочкою, а не угодою. Кожна доросла розважлива людина розуміє, коли вона п'яна. У такому стані вона не підпише жодного паперу і не зробить жодного вчинку з сумнівними наслідками.

Природний відбір нещадно й ефективно відсіює тих, хто не здатен впоратися зі своїми емоціями або діагностувати власне сп'яніння. Ці люди тонуть, розбивають автівки, банкрутують, програють усе, що в них є, в карти, пропивають своє життя, очищаючи наступні покоління від власних генів.

Людей, яких можна легко переконати, меншість. Їх практично не залишилося. Вони вимерли під час еволюції. А останні їхні представники були добиті під час двох світових воєн: ті, хто більше піддавався масовій пропаганді, гинули раніше за інших. Згадайте, коли вас востаннє переконали на серйозній угоді? Наскільки важко це було зробити, якщо взагалі було можливо? Саме тому практично будь-яке твердження викликає опір. Ті, хто не пручаються, не вижили. І навіть якщо ви ще замолоду легко піддавалися навіюванню, то пара-трійка гарних уроків, піднесених шахраями та й узагалі життям, навчили вас не ухвалювати серйозних рішень під впливом ендорфінових емоцій.

І як би ви тепер подивилися на лікаря, який у відповідь на ваші скарги на погане самопочуття, дає вам знеболювальне, яке на вас навіть не діє? Але якщо героїн не працює, це хороші новини. Ми зможемо подивитися на проблему заперечень з точки зору Системи сталих продажів 3S. 3S продавцю не потрібно шукати "чарівну пігулку", що знижує критичність мислення покупця. У 3S продажах не борються взагалі і тим більше не борються із запереченнями. Якщо клієнт каже, що йому не потрібен ваш товар, йому це, найімовірніше, дійсно не потрібно. Не можна зробити ваш продукт потрібним, підбираючи красномовну відповідь на заперечення.

Отже, не потрібно шукати "фішки" або "фрази, що чіпляють", адже їх не існує. Те, що роблять Білі продавці, навіть не називається "роботою із запереченнями" або "профілактикою заперечень". 3S продавець просто не буде продавати те, що не потрібно клієнту. Він почне сам собі ставити запитання: "Навіщо це потрібно?", "Для чого це?", "Чим це можна замінити?", "Коли без цього не обійтися?". Відповіді на них дадуть чітке розуміння, до кого варто йти на зустріч і з чого починати розмову.

Наполеон – великий полководець, який не програв жодної битви, крім останньої. Секрет його генія простий. Він не вплутувався в битву, не будучи впевненим у перемозі. 3S продавець не йде на зустріч, передбачуваний результат якої йому не подобається. Тому в нього всі зустрічі результативні. А розуміння того, що ти переможець завжди, дуже надихає.

Досвід відсутності

Якщо ми запитаємо продавців, які використовують "техніки роботи із запереченнями", наскільки ці розробки дієві, наші співрозмовники будуть упевнені в тому, що ці техніки працюють, і наведуть приклади вдало закритих угод. Однак такі продавці перебувають одразу у двох пастках.

Пастка перша – абсолютизація досвіду. Спробувавши щось, ми починаємо вважати, що маємо відповідний досвід. Але це не так. Уявіть собі, що ви вперше в житті виїхали на відпочинок за кордон. Ви повністю задоволені сервісом вашого тризіркового готелю і не уявляєте, що може бути краще. У вас є досвід? Досвідчена людина одразу зрозуміє, що досвіду немає. Тоді ви їдете вдруге і втретє в ту саму країну. Ви думаєте, ви отримали досвід тепер? Теж ні. Ви не порівняли з іншими країнами, не оцінили альтернативні способи відпочинку, ваші відчуття не об'єктивні.

У бізнесі в нас часто немає можливості спробувати вдруге. Перша зустріч із новим клієнтом унікальна, її не повторити. Те, що ми пробуємо з одним клієнтом, не обов'язково працюватиме з іншим. У нас немає можливості набратися "досвіду в продажах", тому що ми не можемо повторити кілька разів одну й ту саму зустріч, використовуючи різні підходи до клієнта і стилі бесіди. Це не гра, в якій можна "зберегтися" і спробувати пройти ще раз.

Неможливість об'єктивно оцінити досвід призводить до того, що ми нездатні зрозуміти, працюють техніки боротьби із запереченнями чи ні. Ми не маємо шансу повторити цю саму зустріч, використовуючи інші техніки або не використовуючи їх узагалі. Але якщо ми постійно використовуватимемо якісь техніки, іноді зустрічі закінчуватимуться угодами. Тоді ми, спираючись на свій досвід, скажемо, що техніки працюють.

Буває і навпаки. "Досвідченому" продавцеві дуже важко повірити в працездатність 3S продажів. Він працював по-іншому і йому все вдавалося. Чи буде тепер виходити? Ясна річ, ні – його досвід показує, що всі укладені ним угоди були результатом його стилю роботи. І він нездатний оцінити, допомагали йому його "техніки" чи ні, тому що у нього просто немає альтернативного досвіду. Пастка абсолютизації власного досвіду змушує успішних бізнесменів критично ставитися до бізнес-консультантів. Бізнесмен робив так-то все життя і домігся успіху. Якщо йому радять чинити навпаки, природно, він чинитиме опір. Хто такий цей консультант, щоб ставити під сумнів єдине мірило правильності – фактичний грошовий успіх? Але бізнесмен не здатний оцінити, чи домігся б він ще більшого успіху, якби чинив так, як рекомендує консультант. Успіх до бізнесмена прийшов завдяки або всупереч його діям.

Друга пастка пов'язана з ефектом дофамінової стимуляції. Коли людина прагне до мети, в її мозку виробляється нейромедіатор дофамін. Він є одним із хімічно активних факторів внутрішнього підкріплення і слугує важливою частиною "системи заохочення" мозку, оскільки викликає почуття задоволення (або вдоволення), впливаючи на процеси мотивації та навчання[9]. Дофамін природним

---

[9] Речення цілком узяте з відповідної статті у Вікіпедії

чином виробляється у великих кількостях під час позитивного, за суб'єктивним уявленням людини, досвіду – наприклад, сексу, вживання смачної їжі, приємних тілесних відчуттів, а також стимуляторів, асоційованих із ними. Якщо у піддослідного щура ліквідувати вироблення дофаміну, то він перестане хотіти смачний шматочок цукру, але продовжуватиме отримувати задоволення від його поїдання. Дофамін стимулює до дій, коли мета ще не досягнута. Щур без дофаміну не шукатиме спосіб отримати цукор. Нейробіологічні експерименти показали, що навіть спогади про позитивне заохочення можуть збільшити рівень дофаміну, тому цей нейромедіатор використовується мозком для оцінки та мотивації, закріплюючи важливі для виживання і продовження роду дії. Якщо ми шукаємо винагороди, ми продовжуватимемо робити щось, що нам уже одного разу подарувало нагороду. Подумайте тепер, наскільки усвідомлено ви натискаєте на кнопочку "Facebook" у вашому браузері? Або як ваза з цукерками, що стоїть в офісі, може стимулювати результат важливих переговорів?

Кожен із нас знає, що якщо він відкриє холодильник, то отримає їжу, яка лежить у ньому. Тому ми відкриваємо дверцята холодильника лише тоді, коли хочемо їсти. З іншого боку, ми не відчиняємо дверцята пральної машини в пошуках їжі, бо там її бути не може. Якщо позитивна винагорода гарантована, то ми чинимо дії тільки тоді, коли нам потрібно отримати цю нагороду. Якщо винагорода не дається взагалі, то ми також взагалі відмовляємося від дій. Але тепер уявіть собі, що їжа в холодильнику з'являтиметься не завжди і навіть не часто. А зрідка. Що ми будемо робити? Ми відчинятимемо дверцята набагато частіше, ніж варто було б, у надії отримати їжу. Ба більше, ми відкриватимемо дверцята навіть тоді, коли будемо ситі. А раптом коли ми зголодніємо, їжі на полиці не виявиться? Значить, треба взяти про запас. При цьому ми отримуватимемо внутрішній дофаміновий стимул, який змушуватиме нас знову і знову відкривати холодильник у пошуках їжі.

Дофаміновий гачок – головне джерело лудоманії (залежності від азартних ігор), бажання грати на Форексі, наявності ритуалів і забобонів або... використання техніки роботи із запереченнями. Продавці саме тому їх продовжують наполегливо використовувати, тому що ці техніки працюють не завжди і не часто, а іноді. Вони отримують внутрішній дофаміновий стимул їх використання, що базується на минулому досвіді успіху. Не вийшло? Пробуємо ще. А відсутність розуміння, що заперечення – симптом, а не справжня проблема, надає використанню технік риси містики або "вищого знання". Продавець, який не знає, чому насправді заперечує клієнт, буде оточувати своє життя ритуалами, амулетами, прикметами і техніками роботи із запереченнями. У такого продавця немає і не буде досвіду того, як вимкнути режим боротьби і погодитися з клієнтом, а не грати з ним у заперечення.

Спочатку погодьтесь

Білі продажі припускають, що продавець іде на зустріч із тим клієнтом, якому буде корисним пропоноване рішення. Але розраховувати на вічно ідеальне виправдання очікувань продавця не варто. Що потрібно робити, коли клієнту не потрібно те, що ви продаєте? Погодьтеся з ним. Намагаючись працювати із запереченнями, ви маєте дуже мало шансів на те, щоб переконати свого клієнта. Але погодившись із ним, ви зможете знайти з клієнтом спільну мову і розраховувати на його допомогу.

Одного разу я, будучи керівником великої агентської мережі, вирішив показати агентам, як потрібно вести бесіду про продаж. Перед кожною поїздкою до регіонального офісу я просив місцевого керівника зібрати агентів і привести якогось клієнта до офісу для демонстраційного продажу поліса страхування життя. Це було сміливим кроком, тому що тут, як і в будь-якому продажі, існує серйозний ризик невдалих переговорів. А якщо сам керівник мережі не зможе продати, він втратить авторитет, а його агенти будуть деморалізовані.

Завдання ускладнювалося ще й тим, що правильний продаж страхування життя вимагає від продавця знання досить інтимних подробиць про клієнта. Потрібно знати його дохід, життєві цілі, розуміння благополуччя. Адже страхування життя – це, по суті, рішення, що дає змогу захистити сім'ю від фінансових наслідків, які виникли у зв'язку з втратою годувальника. Потрібно було вести зустріч із клієнтом так, щоб він зміг розслабитися і розкритися в присутності не тільки продавця, а й 10-20 агентів, які спостерігають за бесідою в цій же кімнаті.

І ось, у Вінниці мені надають такого клієнта – великого і вгодованого чоловіка. Типовий "український бізнесмен" із червоним обличчям і товстими пальцями, які він одразу ж схрестив на своєму великому животі, щойно ми розпочали бесіду. Під час бесіди я торкнувся питання заробітку:

— А чим ви заробляєте?

— Приміщення в оренду здаю.

Тут стало зрозуміло, що у сім'ї клієнта немає страхового інтересу в захисті годувальника, бо той уже забезпечив сім'ю пасивним доходом. Але в будь-якому продажу завжди варто уточнювати деталі.

— І це все?

— Ну, ще в мене ресторан є. Але це так, неосновний дохід.

Копати було далі нікуди. Залишалося для проформи запитати, як справи у дітей, щоб спробувати запропонувати студентські страхові програми.

— А дітей скільки у вас?

— Двоє.

— І як вони, навчаються?

— Та ні.

— А чого?

— Ну, один уже відучився, йому 25 років.

— А другий?

— А другий повністю щасливий.

— Тобто?

— Він даун.

Це зовсім неприємна нота, на якій практично обірвалася наша бесіда. Людина виклала найпотаємніший біль своєї родини. Оптимізм і позитивні емоції, що так добре допомагають продажу, різко випарувалися. До того ж людині явно не потрібне страхування життя, а збоку сидить 20 агентів, які отримують задоволення від вистави.

Іване Трохимовичу, я бачу, що у вашому випадку страхування життя марне, – залишалося останнє – погодитися з клієнтом до того, як він узагалі почне заперечувати.

Так і я їм це кажу! – виявляється, клієнт уже мав досвід спілкування з агентами і вони, не вміючи продавати, тільки переконали клієнта ще раз у його правоті – страховка не потрібна.

— Іване Трохимовичу, а кому, на вашу думку, може бути корисна така страховка?

— Ясна річ, тим, хто на зарплаті, – клієнт сам зрозумів сенс страхування життя і без підказок усвідомив, що це інструмент для бідних, а не для багатих.

— Скажіть, а як ви платите людям, які працюють у вашому ресторані?

— Тобто "як"?

— Ну, вони у вас у частці від бізнесу чи…

— Не вистачало ще! Зарплату їм плачу.

— То може їм буде корисна страховка?

— А ми зараз дізнаємося…

клієнт бере маленький складаний телефончик, нігтем мізинця натискає кнопку повторного виклику і звертається до співрозмовника:

— Толя!.. Слухай, тут є страхова компанія… Хороша. Запитай людей, чи будуть страхуватися… Кажуть, що по 200 гривень на місяць достатньо… Гаразд, чекаю.

Хвилину чи дві триває вельми напружена пауза. За всіма правилами ведення продажів, так ніхто не продає і люди, найімовірніше, відмовляться страхуватися. І тут лунає дзвінок мобільного:

— Так? Добре! – клієнт складає телефончик, кладе його в кишеню і каже: – Сказали, що будуть.

Тут явно спрацював ефект авторитету лідера і начальника. Що в результаті? Вийшло вісім якісних договорів страхування замість одного досить сумнівного. Чи був продаж? Так. Але не цьому клієнту. Найголовніше, що він, побачивши повагу до власної думки з боку персоналу, сам надав допомогу.

Навіть техніки роботи із запереченнями передбачають, що перед відповіддю на заперечення потрібно погодитися з клієнтом. Адже він має рацію, хоч і зі свого погляду, виходячи зі свого досвіду, спираючись на свої знання або віру.

Коли клієнт заперечує, головне не "корчити пики Тому, хто сидить у ставку", а посміхнутися і погодитися. У відповідь можна отримати посмішку, згоду і багато нових клієнтів.

Де починається робота із запереченнями

Типовий продаж, з точки зору звичайного продавця, має такий вигляд. Прийти, привітатися, зробити комплімент, розповісти про компанію, презентувати її можливості і... сподіватися, що клієнт, вислухавши все, прийме рішення про покупку. Після презентації бесіда триває в режимі запитань і відповідей. Клієнт ставить запитання, а продавець відповідає – зі знанням справи, з професійною компетенцією.

Продавець задоволений своєю роботою. Адже він розкриває переваги та властивості свого товару чи послуги. Деякі запитання, які ставить клієнт, стають схожими на заперечення: "Скільки чекати замовлення? 20 днів? А швидше не можна? Я так довго чекати не можу". Продавець розуміє, що клієнт незадоволений, і починає вишукувати красиві відповіді на таке "заперечення". До наступної зустрічі він уже має відповідь, наприклад: "Іване Івановичу, я коли починав продавати цей товар, теж думав, що 20 днів – це багато, та й мої перші клієнти теж вважали, що це тривалий термін. Але виявилося, що 20 днів – мінімальний для цього ринку термін виконання подібних замовлень".

Продавець застосував техніку ДДВ – "Думав, думали, виявилося", яка дуже добре підходить для людей, що цінують понад усе комфорт і безпеку. Однак такий прийом не підійде для тих, хто більше орієнтується на вплив і вигоду. Вони звикли самі вирішувати, що їх влаштовує, і вважають, що успіх у житті не полягає в тому, щоб чинити як усі. Для орієнтованих на вигоду і вплив у такій ситуації краще підійшла б техніка "Зміна намірів", якщо вже справа дійшла до технік роботи із запереченнями. Наприклад, продавець міг відповісти так: "Іване Івановичу, чи не здається вам, що ваше бажання прискорити виконання замовлення може негативно позначитися на його якості або взагалі призвести до невиправного браку? Тоді буде потрібно більше часу на вирішення нових проблем". Щоправда, щоб розуміти, як саме спілкуватися з клієнтами, потрібно навчитися швидко визначати їхній тип. Інакше "робота із запереченнями" перетворюється на гру 50/50 – або спрацює, або ні. Як у відомому анекдоті про блондинку, яка на запитання, яка ймовірність того, що вона зустріне на вулиці динозавра, відповіла: "50/50 – або зустріну, або ні".

Цікаво, що продавець навіть не розглядає варіанту, що клієнт охоче погодився б із будь-якими термінами, якби йому це було реально потрібно. Взагалі, всі заперечення несуттєві, якщо товар справді потрібен. Ми не знаємо, з чого складається ковбаса, яку ми купуємо в магазині. Ми не впевнені у справедливості її ціни, ми не думаємо про антибіотики, якими годували корів, або сою, що замінює м'ясо. Ми просто купуємо цю ковбасу, тому що нам потрібно чимось харчуватися. І навіть якщо ви не їсте ковбасу, ви в будь-якому разі не знаєте, що саме потрапляє до вас на стіл, якщо не ви самі це вирощували й готували. Але ви не заперечуєте, а берете продукт з полиці. І як інакше, якщо ваша потреба вже сформована і повідомляє про це бурчанням порожнього шлунка.

Однак, як продавець може розвинути потребу, якщо він не веде розмову? Якщо він розповідає клієнту речі, які того не цікавлять. Навіщо клієнту отримувати інформацію про компанію продавця, якщо клієнт ще навіть не знає, що він купуватиме? Або навіщо клієнту презентація всіх можливостей компанії, якщо його потреба реалізується тільки за рахунок однієї з них? Продавець, захоплюючись презентацією, насправді зовсім не продає! Він виступає в ролі маркетингового інструменту, буклету, який не можна погортати, але доведеться слухати. А якщо він не продає, значить, і платити йому нема за що. Клієнт не бачить цінності в роботі продавця і не має наміру йому платити ту додаткову вартість, яку продавець повинен формувати і яка становить суть його винагороди. Клієнт або починає видавлювати знижки, або взагалі відмовляється від покупки.

Є просте правило 3S продажів: продає той, хто ставить запитання. І якщо їх на зустрічі ставить клієнт, то саме він і продає щось продавцеві. Наприклад, ідею, що в клієнта і так усе добре. Або думку про те, що товар занадто дорогий, що у конкурентів краще. Продавці, які купили це (і купилися на це), повертаються у свою компанію і починають поширювати "придбання" всередині компанії. Отже, продавець лише тоді відпрацьовує свій хліб, коли запитання ставить він сам. Причому йдеться не про ті запитання, відповіді на які цікаві тільки продавцеві (щоб приміряти обсяги замовлення), а про запитання про самого клієнта, його бізнес, думку, почуття й очікування, проблеми. У такій бесіді буде зрозуміло, що саме цікавить клієнта, а що йому не цікаво зовсім і про це краще не згадувати, щоб не отримати відповідь "мені це не потрібно".

Уявіть собі, що ви продаєте системи світлодіодного освітлення для підприємств. Поки що таке освітлення є дорожчим, якщо порівнювати його з металогалогенними лампами. Проте світлодіоди мають беззаперечні плюси – їх можна швидко вмикати й вимикати, вони краще пристосовані для невеликих приміщень, їм не страшні перепади напруги і вони не вибухають, загрожуючи пожежею.

Щоб продати світлодіодне освітлення, потрібно всього лише, щоб клієнт сам висловив свою потребу в одній із трьох переваг світлодіодів порівняно з металогалогенними лампами.

— Яким освітленням ви зараз користуєтеся?

— Люмінесцентними лампами.

— А чому ви не використовуєте більш економічні металогалогенні лампи?

— Вони хоч і економічні, але їх не можна одразу ввімкнути після вимкнення, та й узагалі вони дуже довго виходять на робочий режим.

— А чому це так важливо для вас?

— Ми намагаємося економити світло і тому постійно вимикаємо його в приміщеннях, де воно не потрібне.

— Але люмінесцентні лампи також не дуже добре працюють у режимі постійних вмикань-вимикань. Як часто ви їх міняєте?

— У нас є відділ, який цим займається. Я не знаю.

— А у вас у кабінеті?

— Ну раз на місяць якась перегорає.

— Але ви все-таки дивилися на металогалогенні лампи?

— Так, якби не їхні недоліки… Та й ціна… Хоча вона виправдовує себе з часом.

— А що ви чули про сучасні світлодіодні системи?

— Це дуже дорого…

— А крім ціни?

— Вони миттєво вмикаються, дають хороший спектр і дуже економічні. Вони б підійшли нам, якби не вартість.

— Ви знаєте, якраз зараз вартість світлодіодного світильника практично зрівнялася з ціною металогалогенної лампи з пускорегулювальним автоматом. Як ви сказали, ціна себе виправдовує з часом. Вам було б цікаво поглянути на наші рішення?

У цьому діалозі продавець не розповідав про характеристики товару. Він запитував клієнта і той йому сам розповів, що для нього важливо. Адже розмова з таким же хорошим результатом могла піти зовсім по-іншому:

— Яким освітленням ви зараз користуєтеся?

— Ми використовуємо металогалогенні лампи.

— А чому ви не використовуєте люмінесцентне освітлення? Такі лампи не мають неприємної інерційності металогалогенних.

— Наші світильники працюють по 20 годин на добу і дві хвилини виходу лампи на потужність для нас не критичні. Економія важливіша.

— А коли пропадає світло, як швидко ви відновлюєте освітлення?

— Ну 10 хвилин, поки лампи знову зможуть запуститися, ми повинні чекати. Але це не сильно нас засмучує. Світло пропадає не часто, до того ж ми плануємо закупити аварійні дизель-генератори.

— Тим паче для вас важлива економія, адже електрика, яку виробляє дизель, обходиться разів у 10 дорожче за мережеву. А ви у всіх приміщеннях використовуєте такі лампи?

— Ні. У нас великий склад, на якому зберігається багато горючих матеріалів. Там доводиться використовувати лампи холодного розряду, хоч вони менш економічні.

— Та й ресурс у них менший. А як би вам допомогло, якби знайшлися лампи, які за порівнянної ціни не були б настільки вибухонебезпечні, як металогалогенні, але водночас виявилися б економічнішими?

— Думаю, ми змогли б із часом замінити все освітлення на такі лампи. А про що йдеться?

— Про світлодіодні системи. Вам цікаво послухати ще про них? Ми можемо разом із вами подивитись на всі місця, які потребують економного освітлення, і обговорити переваги впровадження цієї технології?

— Так, мабуть.

Так, складність Системи сталих продажів 3S полягає в тому, що кожна бесіда унікальна. Немає шаблону, за яким слід іти: привітатися, презентувати компанію, презентувати товар. Є просто розуміння переваг і недоліків вашого рішення та вміння вести розмову так, щоб клієнт сам сказав, що йому потрібно. Зверніть увагу, як у другому діалозі продавець зміг зрозуміти, що йому не треба продавати безінерційність світлодіодів, і зосередився на економії та безпеці. Водночас у першому випадку клієнт дав чітко зрозуміти, що для нього важлива саме безінерційність за економічної виправданості інвестицій. У клієнта немає місця для заперечень, оскільки продавець не продавав йому те, що йому не потрібно.

Подумайте самі, як би відбулися обидва діалоги, якби продавець почав презентувати товар: світлодіоди економічні, не мають інерції ввімкнення-вимкнення, безпечні, сучасні та красиві. Він би отримав у відповідь лише заперечення. У першому випадку йому б сказали, що безпека не така вже й важлива. Тим паче що лампи вибухають вкрай рідко. У другому випадку клієнт би заперечив, що для великих приміщень, які освітлюються по 20 годин, інерція ввімкнення-вимкнення не критична. І в обох випадках конкретно ці клієнти повідомили б, що для них не важливий дизайн, а сучасному зовнішньому вигляду вони віддадуть перевагу перевіреним часом рішенням. В обох випадках вийшло так, що на 1 плюс кожен із клієнтів згенерував би 3-4 заперечення. Така арифметика до угоди не приведе.

Але якщо Білі продажі – це не презентація, а бесіда із запитаннями, звідки тоді можуть взятися заперечення у клієнта? Вони можуть виникнути, тільки якщо продавець не зможе почати ставити запитання. У свою чергу, це буде можливо, якщо він не отримає права їх ставити. Виходить, перше, що потрібно зробити продавцеві під час зустрічі, – отримати право ставити запитання.

— Іване Івановичу, наша компанія спеціалізується на сучасних системах освітлення. Щоб зрозуміти, які з наших рішень могли б бути вам корисні, можу я поставити кілька запитань?

— Так, будь ласка!

Це те місце, з якого починається розмова без заперечень.

«Ні» за замовчуванням

Так складається, що деякі люди ще в дитинстві починають розуміти дві прості речі. Перша: якщо тобі щось пропонують, значить, від тебе чогось хочуть. Друга: якщо сказати "ні", можна отримати ще.

— Машенько, хочеш кашки?

— Ні!

— А якщо після неї я тобі дам цукерку?

— Добре.

—

— Марійко, а хочеш подивитися мультики?

— Так.

— Тоді поїж кашку.

— Ні.

— А якщо ще й цукерку?

— Добре.

— Марійко, а хочеш подивитися мультики?

— Ні!

— Ну Машенька, мамі з татом потрібно вийти в магазин на півгодини, подивися мультики!

— Ні!

— А ми тобі що-небудь купимо

— А що?

— Цукерку.

— Не хочу цукерку.

— А що ти хочеш?

— Хочу цукерку та іграшку!

— …

Ці люди виростають і перетворюються на покупців, які звикли говорити "ні", розраховуючи, що їм запропонують кращий варіант. Життя, як правило, набагато безсердечніше за батьків, але евристики, напрацьовані в дитинстві, продовжують керувати людиною. Мало того, не отримуючи здебільшого чогось кращого, а іноді не отримуючи взагалі нічого, людина продовжує грати з оточуючими в цю гру, як собачка Павлова. Адже час від часу вона отримує позитивне підкріплення своїй евристиці.

Що б ви не пропонували таким людям, перше, що ви від них почуєте, – "ні". Вони нічого не втрачають, відмовивши продавцеві, але можуть знайти, якщо той почне пропонувати кращі умови. Такі люди завжди казатимуть "це дорого" тільки для того, щоб спробувати отримати дешевше. Вони казатимуть "мені це не потрібно" тим імовірніше, чим потрібніше їм це насправді. Такі люди навіть не усвідомлюватимуть, що продовжують грати в примхливу дитину. Відмовляючись від чогось, вони абсолютно щиро в цей момент вважають, що їм це не потрібно. Або що це занадто дорого. Така в них поведінкова риса.

Як продавати таким людям? Дуже просто. Нічого не пропонувати і нічого не просити. Адже в цьому і є сам сенс Системи сталих продажів 3S. Клієнт має купити сам. Усе, що може і повинен зробити продавець, – ставити запитання. Якщо ми зустрілися з ні-людиною, то з нею можна і потрібно сперечатися. Вона звикла це робити.

Наприклад, ви продаєте пилососи з водяним фільтром без мішка для збору сміття і спілкуєтеся з ні-клієнтом.

— Як часто ви пилососите свою квартиру?

— Раз на тиждень.

— Виходить, що мішок із пилом у вас заповнюється десь за місяць?

— Набагато частіше!

— Та невже? Ось у мене виходить, що я викидаю пил не частіше ніж раз на місяць. Може, ви могли б робити це рідше?

— Слухайте, я не знаю, яка у вас квартира, але в мене великий будинок і мішок забивається вже до кінця прибирання!

— Ну хоча б на прибирання вистачає…

— Та не дуже. Під кінець пилосос уже зовсім не смокче.

— У чому проблема? Викидайте двічі за прибирання!

— Що ви мені кажете, так не набігаєшся!

— Подумаєш, вийшов витрусив мішок.

— По-перше, у мене мішки одноразові. Кожен 10 гривень коштує. Їх потрібно витрачати економно. А по-друге, як я вже сказав, я живу в приватному будинку. Мені сміття викидати нікуди. Я його вивожу на своїй машині в місто щоразу.

— Тим паче! Не треба йти до контейнера і витрушувати. Кинув мішок у пакет для сміття – і все!

— І пакет тут же переповнився. Доводиться вивозити мішок знову, коли можна було б у нього ще сміття скласти. Тим паче що після прибирання сміття і так набирається в мішок.

— Слухайте, ви сказали, що у вас швидко забиваються мішки, вони коштують грошей, а викидати їх для вас окрема проблема. Чому ж ви не купили пилосос без мішка?

— Що значить без мішка, а хіба такі бувають?

— Звичайно, бувають, але навіщо вам купувати новий пилосос, коли у вас цей працює всього…

— Три роки. Він уже старий і його можна поміняти.

— А куди ви подінете нинішній?

— До тещі на дачу відвезу. Вона тільки рада буде!

— Як старий пилосос обрадує тещу?

— У неї на дачі немає пилососа, а цей – найкращий у своєму класі. Йому всього три роки. Вона якраз скаржилася, що їй нічим прибирати в будинку. А скільки коштують пилососи без мішка?

— Вони дещо дорожчі за ті, що з мішком. Подумайте, він точно вам потрібен?

— Звичайно! Ну і що, що дорожче, адже мішки купувати не треба?

— Ні, не треба. І смокче він рівномірно, незалежно від того, заповнений пилозбірник чи ні. Але його сила втягування за тієї ж потужності трохи слабша, ніж у порожнього пилососа з мішком. Вам же важлива сила втягування?

— Якщо вона достатня і не зникає з часом, то мені все одно, яка вона! Як такий пилосос можна купити?

— Ну, якщо ви реально впевнені в тому, що ви хочете, я б міг підібрати для вас модель. Але, може, ви спочатку тещі зателефонуєте?

— Не буду я їй дзвонити. Я знаю, що в неї немає пилососа, а якщо вже і є, я знайду, куди подіти старий. То ви мені підберете пилосос?

Цікаво, що розмову в такому стилі можна сміливо починати і з так-клієнтом, і з ні-клієнтом. Під час бесіди ви зрозумієте, якого типу клієнт попався вам. Якщо це так-клієнт, у вас ще багато часу і можливостей налагодити з ним контакт. Якщо ж це ні-клієнт, перше ж ваше твердження викличе в нього опір. Тому краще не ризикувати. Заздалегідь приготуйтеся до того, що ваш клієнт звик говорити "ні".

Комерційні пропозиції

У який би спосіб не було б зроблено дівчині пропозицію – у вигляді запису на "стіні" в соціальній мережі, білборда, освідчення в коханні на сімейному застіллі, напису літаком по небу, підношення обручки і т. д., – отримати відповідь "так" у нареченого є шанси тільки тоді, коли наречена його добре знає особисто. Зрозуміло, ми не розглядаємо випадки, коли дітей одружують їхні батьки.

На що в такому разі розраховують люди, які вважають, що надіслана комерційна пропозиція має якимось чином вплинути на рішення компанії про вибір постачальника робіт або послуг? Хіба цю пропозицію висилає монополіст, який зглянувся до клієнта і дозволяє тому скористатися своїми послугами? Чи на ринку існує дефіцит пропозиції?

Наречені, на відміну від постачальників, мають більше шансів отримати "так", щонайменше, з двох причин. По-перше, чоловіків менше, ніж жінок, але кожна мріє вийти заміж. По-друге, двічі таке не пропонують, тому варто замислитися над тим, погоджуватися зараз чи ще понабивати собі ціну. Постачальники ж ніколи не посоромляться запропонувати ще раз. Та й дефіциту подібних компаній з подібними умовами поставок не спостерігається.

Ще комічнішою виглядає ситуація, коли пропозиції надсилають фірмам, які вже мають постійного постачальника. Це робиться в надії, що пропозицію вивчать, її адресати самостійно знайдуть вигоди і переваги продукції, а потім із блискавичною швидкістю ухвалять рішення про зміну мобільного провайдера або постачальника канцтоварів. Ви коли-небудь бачили, щоб заміжній жінці робив пропозицію незнайомий їй чоловік?

То що ж робити? Не висилати комерційних пропозицій, звісно. Краще почати з того самого, з чого починають наречені, – зі знайомства.

Є ще один неприємний бік комерційних пропозицій, що висилаються до або замість зустрічі з клієнтом. Він полягає в тому, що клієнт, який ознайомився з комерційною пропозицією, підготується – він зможе заперечувати продавцеві, коли той усе-таки почне зав'язувати знайомство. Чому це має статися?

По-перше, у клієнта, який читає вашу пропозицію, зазвичай є бажання вирішити питання якомога швидше. Тому він читатиме вашу пропозицію так, щоб знайти причину далі її не розглядати. Будь-яка людина має ліміт часу, і щось, що його витрачає даремно, провокуватиме раціоналізацію відмови від розгляду цієї пропозиції. Їй може не сподобатися все що завгодно: від ціни до її відсутності. Від дизайну до надмірної кількості характеристик. Від умов постачання до… та врешті-решт, ми ж жили якось без цього. І якщо вже дуже буде потрібно, знайдемо, у кого купити. Так, на жаль, люди не цінують те, що дістається їм без зусиль.

По-друге, ви бачили коли-небудь, щоб велика компанія, яка поважає себе, розсилала комерційні пропозиції? Клієнт матиме рацію, якщо подумає, що ви – несолідна організація, яка відчуває дефіцит постійних клієнтів, раз витрачаєте час і ресурси на активний пошук нових. А якщо у цієї компанії проблеми з покупцями, з нею краще взагалі не зв'язуватися.

По-третє, як ви можете вислати гарну і конкретну комерційну пропозицію в XXI столітті, коли складність і кількість модифікацій, в яких поставляється товар, перевищує всі розумні межі? Що ви можете дізнатися про компанію і про людей у ній, не спілкуючись із ними? Ви, можливо, вважаєте, що продаєте простий товар? Але якщо він настільки простий, що клієнт уже до купівлі розуміє, про що конкретно йдеться, вам не треба його продавати: розмістіть оголошення в прайс-листах і чекайте на свою частку ринку.

По-четверте, надсилаючи комерційні пропозиції, ви не продаєте, ви шукаєте готових покупців. Це означає, що клієнту нема за що платити вам: ви не створили для нього додаткової вартості.

Досить часто продавці не прагнуть уникнути перешкод, а знаходять їх і долають. Один із прикладів такої поведінки – розсилка комерційної пропозиції у відповідь на відмовку секретаря: "Надішліть вашу пропозицію електронною поштою". Найкращим результатом для вас буде, якщо її не прочитають. Тоді ви хоча б зможете грати в гру "Зверніть увагу", презентуючи телефоном важливі переваги товару і розраховуючи на те, що "винний" клієнт буде вас слухати. Наприклад, так:

— Добрий день! Я вислав вам учора комерційну пропозицію. Ви вже переглянули її?

— Ні.

— Коли будете читати, зверніть увагу, що колірна гама нашої продукції містить понад 200 відтінків. Це може бути важливо для правильної комплектації замовлень ваших клієнтів.

...

— Добрий день! Ну як, вам вдалося ознайомитися з нашою пропозицією?

— Ні, я був зайнятий.

— Я вас розумію. Будь ласка, обов'язково перегляньте її цього тижня. Зверніть увагу, що наші прилади можуть працювати в умовах підвищеної вологості. Таким чином, ви зможете комплектувати замовлення для ресторанів, басейнів і зон із тропічним кліматом.

— Так-так, дякую.

І так далі. Ми просто експлуатуємо примарну надію, що хоч щось "зачепить" нашого клієнта. Але ми даремно витрачаємо час. 10-15 дзвінків зрештою викличуть у клієнта роздратування і відторгнення. Він придумає для себе, чим саме ви йому не подобаєтеся. Вийде, що даремно ви витрачали дорогоцінний час замість того, щоб іти далі або вирішувати, як призначити зустріч із клієнтом без допомоги комерційних пропозицій.

Двозначно

Уявіть собі сержанта на плацу, що кричить солдату, який проходить повз нього, "Сми-и-ирно!". Що зробить солдат? Солдат зупиниться, витягне руки по швах, випрямить спину і втупиться прямо перед собою. Він зрозумів сигнал сержанта певним чином і зробив те, чого від нього очікували. Тепер уявіть собі того самого сержанта, який так само кричить "Смир-и-и-ирно!" дівчині в темному підворітті. Як себе поведе дівчина? Що вона подумає?

Виходить, що інформація залежить від її одержувача? Так. Саме так. Смисли формуються в голові одержувача. Якщо ви зазирнете у Вікіпедію і прочитаєте розділ "інформація", ви побачите, що всі значення цього слова говорять про отримання, а не про передачу відомостей. Для продавця це означає тільки одне: що б він не сказав, найімовірніше, це не буде зрозуміло клієнтом правильно.

Кожен із нас пізнає різні смисли одних і тих самих слів, фраз, виразів. Дистанцію між клієнтом і продавцем збільшує галузева спеціалізація продавця. Те, що для нього є само собою зрозумілим і цілком прийнятним, для покупця може здаватися неймовірним. У кожного з нас різне розуміння навіть цілком очевидних речей. Слово "зелений" викликає у кожної людини абсолютно різну картинку. Від кольору анілінового барвника "діамантовий зелений", до кольору весняного салату. В англійській мові взагалі немає слова "блакитний". Лазурний є, бірюзовий є, синій є, а блакитного немає. Скільки, наприклад, ви знаєте слів для позначення снігу? Тільки "сніг". А в мові ескімосів таких позначень близько 40: є слово для позначення снігу, що тільки-но випав, і того, що вже злежався, снігу ввечері і снігу вранці, снігу першого і снігу останнього... Просто вони живуть за полярним колом і в них завжди зима. Сніг важливий для ескімосів, ось і виходить, що у них 40 різних снігів. Але зате для них не надто важливі якісь корали, і навряд чи для позначення кольору у своїй ескімоській вишивці вони використовували б слово "персиковий".

Повернемося в цивілізацію. Знаєте, скільки в IT-фахівця слів для позначення комп'ютера? Мейнфрейм, сервер, лаптоп, нетбук, планшет, смартфон, тонкий клієнт, блейд-сервер, бербон, ультрабук, робоча станція, десктоп, контролер тощо. І коли ви йому говорите слово "комп'ютер", невеликі шанси, що в його голові виникне той самий образ, що й у вас.

Ми здатні хоч якось розуміти одне одного лише тому, що виросли в одній культурі. А смисли слів у людей, які живуть у спільному культурному просторі, приблизно однакові. Але крок вліво, крок вправо – і люди вже говорять різними мовами. Причому настільки різними, що співрозмовники ставлять під сумнів адекватність один одного. Спробуйте у відповідь на комплімент "О, ти в мене такий розумний", відповісти подрузі: "Та ні, це ти – дура". Найімовірніше, вона не знає цього анекдоту, який був щойно процитований практично повністю. Вона не засміється, а образиться. Навіть більш нешкідливі фрази можуть і будуть зрозумілі не так, як ви планували.

— Розмова з тобою схожа на розмінування боєприпасу часів вітчизняної війни – хто знає, в який момент він рвоне.

— Я що, така стара?!

Якщо ще кілька років тому фраза "Спасибі жителям Донбасу"[10] сприймалася в дусі "лінії партії", то тепер ці три

---

[10] "Спасибі жителям Донбасу за президента-підараса" – фраза,

слова мають зовсім інший сенс і зовсім інакше впливають на слухача. Згадаймо привітання президента Ющенка до одного з днів Перемоги. Просто два слова, які для будь-кого, хто "поза культурою", виглядатимуть таким собі нейтральним вихвалянням. Тоді Ющенко з білбордів, декорованих стандартною символікою Перемоги (орден Перемоги, Георгіївські стрічки), звернувся до народу з гаслом "Героям слава!". Адже тут навіть не самі слова, а лише їхній порядок несе певний сенс[11].

Людина додумує значення, виходячи зі свого досвіду й очікувань, а не з того, що думає співрозмовник. Як то кажуть, "кожен думає в міру своєї розбещеності". Зрозуміло, різне розуміння одного й того самого є серйозним джерелом заперечень. Якщо люди говорять різними мовами, як вони можуть домовитися?

Що ж робити? Є три простих рецепти. Рецепт перший – використовуйте мову тіла і мову інтонацій. 93% усієї інформації передається не словами. Мова інтонацій може змінити сенс сказаного, але сказане не може змінити інтонацію. Хороша новина: невербальна комунікація інстинктивна і тому універсальна. Її зрозуміє кожен. Ваше завдання – передати клієнту турботу про нього, щирий інтерес до нього як людини, відчуття залежності вашого

футбольна кричалка, початок промови, використаної 7 серпня 2011 року футбольними вболівальниками київського "Динамо", яка стала широко відомою в Україні и в інтернеті. Її вважають образливою для президента України Віктора Януковича , уродженця Донецької області .

[11] "Слава Україні – Героям Слава" – українське вітання, гасло українських націоналістів. Першу частину – Слава Україні – використовували за часів УНР і в міжвоєнні роки. У повному варіанті "Слава Україні – Героям Слава!" Набуло поширення з часів УПА, де також було поширене як вітання.

успіху від його успіху. Слова для цього не потрібні. Якщо ви не передасте йому свою любов, він не зможе вам довіряти.

Рецепт другий – уникайте письмової комунікації. У тексті немає інтонацій і жестів. Він читається внутрішнім голосом кожної людини і сприймається, відповідно, по-різному. У письмовій комунікації ми практично гарантуємо різний зміст слів, який виникає в голові в людей, які читають. Будь-яка інформація з'являється в голові одержувача. До того вона – просто шум. І те, як ці дані інтерпретує одержувач, залежить від культури, носієм якої він є. Якщо тепер ми говоримо про якийсь текст, що має "чіпляти" клієнта, то звертаємося ми не просто до слів, а до культурного тла, усередині якого вони використовуються. Від виконання гімну твоєї країни щемити під ложечкою буде в тебе, але не в іноземця.

При цьому виходить, що культурний фон у вас, так чи інакше, відрізняється від культурного фону ваших клієнтів. Проба тексту "на смак" як критерій його якості тут недоречна. І що найважливіше, культурний фон кожного з клієнтів також відрізнятиметься. Тобто будь-який стандартний лист буде завжди читатися по-різному. Не можна вибудувати набір фраз, що викликає однакову реакцію у всіх поголовно. Завжди потрібно розуміти, хто твоя цільова аудиторія, хто зрозуміє більше за інших, про що йдеться, кого це має "зачепити", і зовсім добре, якщо цей цільовий прошарок буде більшістю серед одержувачів повідомлення.

Як ви думаєте, чому політична реклама не "чіпляє" майже нікого? Та тому що вона не заглиблюється в культуру конкретних груп і працює вихолощеними універсальними "цінностями", які за фактом не притаманні жодному культурному прошарку суспільства. Зате політична реклама – стерильна і нікого не ображає.

Виходить, текст, який подобається вам, навряд чи буде точно так само сприйнятий клієнтом. Тому у вас ніколи не вийде змайструвати такий слоган, який би чіпляв кожного. Максимум, вийде фраза, яка не стане образливою для більшості.

Третій рецепт – слухайте. Слухайте і ставте запитання. Ви, таким чином, отримуєте можливість підлаштуватися під клієнта і зрозуміти його смисли. Крім того, ви уникаєте ситуацій, коли вам доводиться передавати смисли іншим (з гарантованою похибкою). В ідеалі треба вміти говорити мовою клієнта. Деякі компанії беруть у продавці людей, які були представниками тієї самої професії, що і їхні клієнти. Тому ліки доручають продавати лікарям. На жаль, цей підхід не завжди може бути застосований до В2В-продажів, тому що користувач і той, хто ухвалює рішення, зазвичай чимало відрізняються один від одного. Тому продавцю і потрібно вміти говорити мовою бізнесу, а не мовою, скажімо, технічного директора компанії.

Підсумки глави

Основні думки

- Не має сенсу боротися із запереченнями. Будь-яка боротьба неконструктивна. Краще думати про джерело заперечень, щоб їх не допустити.
- Люди не здатні критично оцінювати власний досвід і робити правильні висновки. Часто продавці з досвідом, на жаль, не є хорошими продавцями, але вірять у власний професіоналізм.
- Відносини важливіші за все. Якщо клієнту не потрібен ваш товар, погодьтеся. Ви придбаєте друга, який знає, що ви його розумієте. Це коштує дорожче за якусь примарну надію на угоду.

- Робота із запереченнями починається з найпершої хвилини зустрічі. Робота із запереченнями починається ще до зустрічі. З вибору того, з ким зустрічатися.

- Якщо запитання ставить клієнт, то насправді продає він. Що він продає? Те, що "товар дорогий", а "у конкурентів все набагато краще"? Мабуть, добре продає, якщо ви цьому вірите. Продає той, хто ставить запитання.

- Якщо клієнт любить говорити "ні", дайте йому цю можливість. Розмову завжди можна побудувати так, щоб його "ні" вело до продажу.

- Не розсилайте комерційні пропозиції до того, як познайомитеся з клієнтом.

- Смисли утворюються в голові одержувача, а не відправника інформації. Ми говоримо різними мовами, і нездатність до кінця зрозуміти один одного є важливим джерелом заперечень.

- Уникайте письмової комунікації. Приділяйте увагу мові жестів та інтонацій.

- Слухайте, а не говоріть.

Вправи

- Побудуйте діалог із продажу світлодіодних ламп уявному клієнту, для якого важливий дизайн нових світильників, їхня компактність, довговічність, можливість вписати в будь-який інтер'єр.

- Побудуйте бесіду з ні-клієнтом, продаючи йому ноутбук замість наявного в нього стаціонарного комп'ютера.

З чого почати

- Припиніть боротьбу із запереченнями. Плануйте зустріч так, щоб їм просто не було місця. Не презентуйте, а слухайте.

- Підіть на зустріч із клієнтом і слухайте його, ставлячи запитання. Слухайте щиро, і тоді він розкриється для вас.

Не бійтеся розпитувати і перепитувати. Людина, яка не знає, але запитує, буває дурною лише одного разу. А той, хто не запитує, залишається невігласом назавжди.

Світ із котами в мішках

> *За інших рівних умов люди воліли б вести бізнес виключно зі своїми друзями. Насправді ці інші умови не такі вже й рівні. Однак люди все одно хочуть вести бізнес зі своїми друзями.*
>
> Джеффрі Гітомер

Новий час

Ми вже дуже глибоко увійшли в постіндустріальну економіку, в якій більша частина валового продукту виробляється за рахунок надання послуг, а не за рахунок матеріального виробництва. Та й саме матеріальне виробництво вже подолало той рубіж, коли про річ можна було судити за її виглядом і списком характеристик. Зараз з'явилися слова на кшталт "юзабіліті", стали важливими надійність, час і коректність відгуку на дії користувача. Навіть побутова техніка або посуд розкривають усі свої "секрети", що відрізняють продукцію одного виробника від продукції іншого і складають основу доданої вартості, не в магазині, а вдома. Чи легко мити посуд у цій посудомийній машині? Як переноситься нею стрибок напруги? Яка насправді витрата води і чи справді ця лампочка працюватиме 4000 годин?

З кожним днем дистанція між продуктом і його споживанням збільшується. Раніше товар можна було оцінити до його споживання. І лише дуже невелика частина всієї економіки перебувала у зворотних умовах: після придбання клієнт міг отримати уявлення про товар лікарів, перукарів, консультантів і деяких інших професіоналів.

Нині ж виявляється, що всі рекомендації бізнес-консультантів та економістів перестають бути актуальними просто тому, що ці люди виросли і були виховані в старій парадигмі, в якій споживач мав уявлення про продукт до покупки. З цього погляду, споживач поводився раціонально. Порівнював, робив висновки й ухвалював рішення. Але що далі ми входимо в нову епоху, то частіше поведінка людини стає схожою на поведінку покупця, який обирає одного кота в мішку з кількох. Навіть якщо ми можемо помацати новий мобільний телефон, ми не здатні зрозуміти, як саме він працюватиме. Кінцеві продукти стали складними і недоступними для розуміння споживача.

Складність кінцевих продуктів, своєю чергою, означає, що до сировини потрібно пред'являти вищі, ніж раніше, вимоги. Тепер навіть залізна руда, видобуток якої все ще є прикладом поділу продукту і споживання, вже має стільки сортів і властивостей, що про реальну її придатність для того чи іншого виробництва можна судити тільки після спроби роботи з нею. Основа основ будь-якої економіки – сільське господарство. Але й воно стрімко перетворюється з процедури перемішування гною чобітьми на високотехнологічну галузь, де послуги займають левову частку вартості продукції. Зібрати врожай – послуга. Зберігати врожай – послуга. Обробити хімікатами – теж послуга. Яке насіння, можна дізнатися, тільки посіявши його, наскільки гарні помідори – тільки спробувавши.

Зразок

Що все це означає для бізнесу? Щоб зрозуміти всю неспроможність старих бізнес-парадигм у новий час, наведемо простий приклад. Припустимо, компанія займається продажами автопричепів. Що ця компанія продає? Автопричепи? Ні. Автопричепи продають ще десять компаній. За що саме платить споживач, купуючи автопричіп? Він платить за сам товар, зрозуміло, і ще доплачує щось, що дає змогу компанії, яка продає, вижити. Раніше це називалося "торговою націнкою" або "комісійними". Насправді ж продавець виробляє якийсь продукт, який споживає покупець. Виробник дає всім однакову ціну на причепи (за винятком нестаціонарних ринкових випадків). А покупець обиратиме для себе продавця причепів, очікуючи за певні гроші певного продукту (який причепом не є). Продукт цей розмитий, складний і мало піддається опису: це і посмішка, і час оформлення, і коректність, супутня усуненню дрібних недоліків, і подальший сервіс. Це – все, що становить для покупця "задоволення від покупки". І цей продукт має ту найважливішу властивість, про яку ми згадали спочатку. Його не можна оцінити, не споживши його.

У сучасному світі більша частина продукту може бути оцінена тільки після його споживання. Але, якщо копати глибше, покупець насправді споживає не цей продукт, який ми так і не змогли описати словами, а різницю між такими продуктами у різних продавців. Тобто споживається те, що відрізняє конкретного продавця від інших, і те, що є найбільш прийнятним для покупця. Він платить конкретному постачальнику причепів тому, що так зручніше, ближче, швидше, надійніше, вигідніше, комфортніше або навіть престижніше. Оцінити все це він все одно зможе тільки після купівлі причепа. Але спочатку він припускає і діє згідно з цими припущеннями.

Як думає покупець?

Уявімо собі, що на базарі стоять люди з котами в мішках. В одного гарний квітчастий мішок, на якому красується напис "елітний перський кіт", в іншого – простий брезентовий мішок із написом "кіт-мишолов", у третього – "кіт звичайний, недорого", у четвертого на мішку наклеєно фотографію пухнастої няшки і т. д. Перевірити вміст мішка неможливо. У всіх різна ціна. Який мішок вибрати? Саме в такому стані перебувають споживачі, купуючи щось у того чи іншого продавця. Звісно, споживачі думатимуть, що міркують логічно, роблячи свій вибір:

- Хтось подумає, що в дорогому шовковому мішку із запаморочливим цінником вже точно буде придатний кіт. А якщо там будуть цеглини, значить, це престижні коти тепер так виглядають.

- Хтось вибере мішок із ручкою: раз він все одно не знає, який кіт, то хоча б зробить для себе зручнішим перенесення мішка.

- Хтось вибере міцніший мішок, вважаючи, що кіт, який перебуває всередині, так не зможе подряпати господаря.

- Хтось пішов на ринок із певною метою і купить мішок із написом "кіт-мишолов", вважаючи, що в мішку, найімовірніше, перебуває кіт, який вміє ловити мишей.

- Хтось попросить усіх продавців зважити мішки і вибере найважчий. Ну або найлегший, вже хто його знає?

Але більшість людей вчинять, як вони вважають, цілком прагматично. Вони виберуть найдешевший мішок із котом, оскільки все одно не відомо, чи є там тварина.

Решта продавців, бачачи, як розходяться дешеві коти в мішках, почнуть знижувати ціну на свої пропозиції. У цій ситуації найбільший прибуток і, відповідно, найкращу пропозицію та найвищі обсяги продажів забезпечать тим, у кого і кота в мішку-то немає. Такий продавець може знижувати ціну до упору, видавлюючи з ринку всіх інших, яким просто не вигідно продавати своїх котів на таких умовах. Ті, хто залишаться на ринку, також продаватимуть цеглу, але не котів. А найбільш спритні проштовхнуть ідеї, які розширять визначення кота до "керамічного паралелепіпеда з отворами". Так не буває, скажете? Тоді подивіться на ігри з "мегабайтами"/мільйонами[12] байт серед продавців жорстких дисків або почитайте про склад продукту, який досі називається, судячи з пакування, "сир", "сметана", "вершкове масло" або "горіхово-шоколадний спред", який на 75% складається з пальмової олії.

Такі ринки отримали назви "ринки з асиметричною інформацією": продавець знає про те, що в мішку, краще за покупця. Доведено[13], що за відсутності якогось ринкового регулятора, такі ринки швидко руйнуються. Реальним продавцям котів там робити нічого – вони зазнають збитків, а споживачі просто починають відмовлятися від цегли і з недовірою ставитися навіть до мішків зі справжніми котами.

Регулювання

Світ був би жахливий, якби все було дійсно так. На щастя, завжди існувала держава, яка і брала на себе роль регулятора подібних ринків. Вона вводила ліцензування, описувала стандарти якості, стежила за дотриманням

---

[12] Професіонали в галузі інформаційних технологій вважають, що "мегабайт" – це 1 048 576 (220) байт. Але маркетологи називають "мегабайтом" 1 000 000 (106) байт. Дріб'язковий обман допомагає продати дорожче менш місткі накопичувачі даних.

[13] "Ринок "лимонів": невизначеність якості та ринковий механізм" Джородж Акрелоф

продавцями цих норм, карала нечесних учасників. На низці ринків такі заходи приводили до задовільного результату, наприклад, фармацевтичний ринок досить безпечний для споживачів. На інших ринках, наприклад, на страховому або банківському, неможливо врахувати все і вся, тому що надійність операцій для клієнтів завжди перебувала в протиріччі із суттю фінансового бізнесу, що полягав у свободі прийняття певних ризиків. І, зрозуміло, складно уявити собі регулювання державою пропозиції такого товару, як "задоволення від покупки".

Але саме зараз весь світ прийшов у стан, коли продається те саме "задоволення від покупки". Людину здебільшого неможливо змусити обирати товар або послугу тільки в одного продавця, вона, найімовірніше, буде порівнювати для себе варіанти. "Задоволення від покупки" це не тільки посмішка. Це також цілком реальні гроші, витрачені або зекономлені під час укладення угоди: і на пошук інформації про товар або послугу, і на доставку товару, і на рекламації, ліквідацію наслідків нечесної поведінки продавця, судові витрати, і на очікування поставки, і на впровадження обраного рішення, і на перебудову бізнес-процесів. Усе це прийнято називати терміном "транзакційні витрати". І покупець, обираючи з однакових товарів, що поставляються двома різними компаніями, купує це щось за ціною, зазначеною на ціннику, плюс транзакційні витрати. Чим вони менші і чим вони передбачуваніші, тим охочіше товар буде придбано.

Старий підхід

Але, як ми вже зрозуміли, "транзакційні витрати" або "задоволення від покупки" неможливо оцінити, не споживши їх. Як і в більш приземлених прикладах, державне або інше суспільне регулювання дає лише непрямі оцінки можливої якості цього продукту. Диплом перукаря не гарантує гарної стрижки, а диплом лікаря – того, що його власник не спав на лекціях і не купував потім цей документ.

Старий підхід до продажу такого роду товарів передбачав, як і на ринку котів у мішках, що виграє той, хто створить враження дорогого кота в мішку, а насправді покладе в мішок цеглу. Припустимо, цеглу завжди можна повернути назад, але й тут постає питання транзакційних витрат. Часто цим користуються заміські гіпермаркети, продаючи непотріб за такою ціною, щоб покупцеві просто не захотілося їздити туди ще раз в обумовлений період повернення товару. А ще можна влаштувати складнощі з його поверненням, наприклад, у вигляді черги з таких самих обурених споживачів. Так чинить один київський оператор кабельного телебачення, прагнучи скоротити відтік клієнтів не за рахунок поліпшення сервісу, а за рахунок вибудовування адміністративних перешкод при розірванні контракту.

Головне при такому підході – створити враження вигідної угоди, тоді товар буде розходитися. Для того щоб його все-таки не повертали, цегли, зрозуміло, не кладуть. Але все одно за допомогою реклами і пропаганди у покупця створюють враження, що він купує щось більше, ніж продається насправді. Дезодорант нібито робить людину чарівною, сигарети – крутим, а ноутбук – впливовим і багатим. При цьому в будь-якому разі продається щось, що лише мінімально відповідає заявленим характеристикам. Ніхто не вкладає гроші в поліпшення формули дезодоранту, якщо це лише покращує властивості товару, але не зможе бути приводом для маркетингової активності. Тим паче що її можна здійснювати і без зміни формули дезодоранту. Найчастіше продається щось, що взагалі не відповідає очікуванням клієнта. Товар лише створює у покупця враження про наявність того, що він придбав. Найпростіший приклад – сосиски і ковбаси практично без м'яса, "молочні" продукти з пальмової олії або страховий поліс, за яким ніхто не збирається виплачувати гроші.

Антиселекція

Упаковка виявляється важливішою за вміст, а гроші, витрачені на маркетингове просування товару, завжди можна забирати з вартості цього самого товару. І тоді ми отримуємо на вітринах молоко, що продається не літровими пляшками, а по 920 грам. Мінус 80 грам – це вартість бренду, яку забирають прямо з гаманця споживача.

Існує явище, дуже характерне для ринків з асиметричною інформацією, – антиселекція. Приклад антиселекції – вибір банком стратегії видачі кредитів. Що вищий відсоток позики, то більше шансів, що її візьме людина, яка і не думає повертати гроші кредитору. Банкіри, щоб нівелювати ризик неповернення, знову підвищують ставки, але це призводить до ще більших безнадійних заборгованостей. У цьому випадку саме банкіри є "покупцями", адже це вони платять позичальникам гроші (в надії на отримання продукту – доходу від кредиту). Подібна антиселекція існує на всіх ринках.

Як уже написано вище, світ стає дедалі плоскішим: усі отримують приблизно однаковий доступ до одних і тих самих ресурсів; усі володіють більш-менш однаковою інформацією. І якщо два продавці продають щось за різною ціною, до того ж ця різниця у вартості вельми істотна, то той, хто продає дешевше, найімовірніше, пропонує гірше. Прийнявши в рівняння ще одну змінну, можна стверджувати, що продавець товару підтримує його збут потужною рекламою, а тому витрачає менше грошей на інші речі. Таким чином, він, імовірно, продає більш низькоякісний продукт. Адже якщо ми вважаємо, що всі перебувають у приблизно рівних умовах, отже, взявши гроші на рекламне просування, їх потрібно забрати звідкись іще: доведеться або підняти ціну на товар, або зробити його якість нижчою.

Для споживача це виливається в просте правило: що легшою й очевиднішою здається покупка, то більше шансів, що ти переплачуєш або взагалі отримуєш непридатний товар. Найгірший спосіб знайти собі постачальника послуг – дослухатися до поради реклами. Справжній майстер не має часу обслужити потік замовлень від рекомендацій і реклами не потребує. А той, хто дає рекламу, або новачок на ринку, або халтурник, не здатний отримати рекомендації. І, що найважливіше, зараз, як ніколи раніше, це просте знання поширюється серед споживачів із небувалою швидкістю. Реклама перестає діяти і починає працювати "навпаки". Дедалі більше компаній, які свідомо створюють для себе мінімалістичні вебсайти й офіси, відмовляються від реклами та покладаються на рекомендації, розмірковуючи з погляду клієнта: "Ага, дорогий вебсайт і реклама. Напевно, у них і ціни високі".

Анонімні та репутаційні спільноти

Етологія, наука про поведінку тварин, розрізняє два види спільнот – анонімні та репутаційні. У перших особини ставляться одна до одної однаково або орієнтуються на якісь атрибути статусу, тому що не здатні вибудувати у себе в голові очікування від поведінки конкретного члена спільноти. У другому виді груп особини досить розвинені, щоб пам'ятати, хто є хто.

Анонімні спільноти масштабні, як, наприклад, мурашник. Репутаційні ж нечисленні, як вовча зграя або сім'я приматів. Людина спочатку спиралася на репутаційні взаємодії, але зі збільшенням розмірів спільнот вони поступово замінювалися анонімними. Ми поводимося в метро, автомобільному заторі або супермаркеті не розумніше за мурах. Але ми все-таки намагаємося вибудувати соціальні зв'язки, ідентифікувати ватажка, встановити власний соціальний статус, знайти собі суперника або зібрати навколо себе поплічників. На жаль, мозок людини не здатний відстежити велику кількість соціальних зв'язків. Їхня кількість обмежена так званим числом Данбара – від 100 до 230 осіб.

Тактика продажу цегли замість котів добре працює в анонімній спільноті. Ніхто не персоніфікує продавця або покупця, а отже, можна обманювати споживачів і далі. Адже інформація про результати здійснених угод не дійде до наступного наївного покупця. Така тактика добре працює і для тих, хто монополізує інформаційний потік, набуваючи в очах споживача авторитету, і це призводить до того, що в людини в голові дедалі менше реальних друзів, але дедалі більше брендів, впізнаючи які, вона сортує реальних людей навколо себе. Ми мимоволі асоціюємо людей з машинами, на яких вони їздять, приписуючи їм ті чи інші риси характеру. Ми оцінюємо співрозмовника за маркою годинника. Нам важлива етикетка на одязі, який ми носимо.

Максимальна кількість соціальних зв'язків у нас обмежена природою, і якщо ми дізнаємося пару десятків політиків, ще кілька десятків торгових марок, відомих артистів і спортсменів, у нас просто не залишається місця на реальних людей. Ми стаємо маріонетками, керованими неіснуючими образами. А що більший потік інформації ллється на нас від певного образу, то вищим нам здається його авторитет і цінність. Наш мозок сприймає Кока-Колу, як ватажка зграї. Ми знаємо більше про наручний годинник, ніж про однокласників. І нам можна продавати повітря, вибудовуючи високі рівні асиметричності інформації та експлуатуючи антиселекцію. Ми в пастці.

Мережі людей

Насправді ми були в пастці лише донедавна. Монополії на інформацію більше немає. Завдяки розвитку інформаційних технологій люди отримали дві можливості: впливати на оточуючих не гірше за пропагандистську машину і вибудовувати власні соціальні зв'язки, в яких кількість людей перевищує число Данбара. І це погані новини для маркетологів. Вони незграбно намагаються лізти в новий світ старими методами, але в них погано виходить.

Тепер в "особистій мережі" людини знову більшу частину займають реальні люди. Уже неможливо продати цеглу замість кота, тому що продавець ідентифікується, стає впізнаваним, причому не тільки скривдженому покупцеві, а й цілій спільноті. Якщо раніше можна було "надути" за допомогою маркетингу бульбашку корисності товару або послуги, то тепер ця бульбашка миттєво лопається за допомогою пари відгуків у соціальних мережах. Відтепер що гірший товар, то менше про нього варто говорити. Тоді він довше зможе продаватися.

Зрозуміло, це стосується не всіх. В Україні 65% людей ще не знають, навіщо їм Інтернет, а тим більше – соціальні мережі. Вони не можуть скористатися ними, як інструментом, що дає змогу отримувати досвід тисячі людей. Для цієї частки населення все ще працює старий трюк із котами в мішках. Але світ змінюється. З кожним новонародженим, з кожним смартфоном старий світ відходить, а до нового всі виявляються не готові.

Бізнесмени дивуються, що реклама перестає працювати, але продовжують витрачати на неї гроші. Відділи маркетингу все ще намагаються створювати бренди та легенди, але аудиторія, сприйнятлива до них, дедалі стрімкіше скорочується до підлітків, яких ще не пустили в мережу, і до пенсіонерів, яким не до неї в принципі.

Раніше ми були в розгубленості, який пральний порошок купити з десятка приблизно однакових за ціною, і орієнтувалися у своєму виборі на емоції, тобто рекламу. Зараз же, коли один із тисячі ризикне спробувати інший порошок і розповість усім, що він виявився кращим, ми зможемо вибрати цей порошок раціонально.

Тепер не страшно ставити вищу ціну за якісніший товар – сарафанне радіо стає сильнішим за рекламу, і за гарним товаром прийдуть вдруге і втретє, і вчетверте. Тепер мішок можна відкрити до того, як купити кота. А якщо й не можна, нескладно дізнатися про досвід інших людей, а не покладатися на "ватажка зграї", який диктує, що купувати.

Рішення

Виходить, що стара доктрина, яка диктувала збільшення асиметричності інформації, не працює у світі, де відомості розподіляються дедалі рівномірніше і рівномірніше. Виходить, те, що продається насправді (горезвісне "задоволення від купівлі"), тепер покупці можуть оцінити до укладення угоди. Цим можна і потрібно користуватися, замість спроб роботи старими методами: дешево, сердито і реклама на білборді. Адже якщо основний продукт сучасного бізнесу можна оцінити заздалегідь, у його розвиток можна і потрібно вкладати кошти. Якщо мішок на базарі можна відкрити, нема чого витрачати кошти на красу цієї упаковки. Краще витратити їх на родовід кота або його виховання. І найголовніше: на базарі, де стоятимуть люди з відкритими і закритими мішками, в останніх ніхто нічого не купить незалежно від ціни на їхній товар.

У цьому й полягає парадигма Системи сталих продажів 3S – робити свій бізнес прозорішим, свої соціальні зв'язки – ширшими і стимулювати обмін досвідом між клієнтами замість нав'язування односторонньої пропаганди.

Адже вже зараз деякі роботодавці не беруть на роботу людей, у яких немає заповнених профілів у соціальних мережах. Навіщо обирати котів у мішках, якщо можна оцінити кандидатів: якими вони є самі, хто їхні друзі і чим вони захоплені насправді, а не за записами в резюме. Звісно, така практика не стосується банків і великих FMCG-корпорацій, де основний прибуток продовжує генеруватися за допомогою високого рівня асиметричності інформації та які бояться соціальних мереж, як вогню: а раптом туди що-небудь витече?

Але ж ми розуміємо, що якщо є чому витікати, то "не все спокійно в данському королівстві". Як на вулиці перехожий має більшу ймовірність розлучитися з гаманцем там, де густіша тінь, так і менш прозорий бізнес означає більшу небезпеку для споживача.

Саме тому зараз настав час невеликих компаній. Раніше великі корпорації, спираючись на свій обіг, могли дозволити собі витрачати гроші на рекламу й отримувати від неї ефект у вигляді невеликого у відсотковому відношенні, але відчутного в грошовому вираженні зростання продажів. Маленька компанія, не маючи великих обсягів продажів, не отримувала позитивного ефекту від реклами, тому що реклама виходила дорожче прибутку від зростання продажів. А тепер реклама працює дедалі гірше, і великі компанії втрачають свої переваги.

Ціновий ефект масштабу великих компаній із розвитком технологій перестає працювати, а сам масштаб виробництва призводить до погіршення якості та зменшення задоволеності середнього клієнта. Що більше клієнтів, то складніше догодити кожному з них. Маленька компанія може обрати маленьку нішу (мікро- або навіть нано-), що складається із сотні клієнтів, і задовольняти їхній попит. Нині, коли інформація не має перепон, про цю компанію обов'язково дізнаються, якщо вона того варта. До того ж вона позбавлена величезної бюрократичної машини, що з'їдає більшу частину доходів. Маленька компанія спритніше реагує на зміни на ринку. Їй простіше змінити ринок, якщо буде потрібно. У сучасному постіндустріальному світі, світі послуг, розмір величезної компанії, обмеженої у своїй діяльності правилами, регламентами і процедурами, часто тільки шкодить. Швидше за все, покупець отримає від великої компанії менше того самого задоволення, ніж від "камерної". Зрозуміло, завжди було і є місце для великих корпорацій, але його дедалі менше і менше. Найуспішніші та найдинамічніші з них відходять від монолітних пірамідальних структур, перетворюючись, по суті, на "хмару" дрібніших фірм і компаній, пов'язаних контрактами. Ми є свідками нової революції, такої самої, яка трапилася на рубежі XIX-XX століть. Тоді, незважаючи на появу "заводів, газет, пароплавів", однаково залишилося місце для мануфактур, ручної праці та агітплакатів, намальованих художником, а не надрукованих на верстаті.

Великий секрет для маленької компанії

Наскільки ефективна реклама? Це легко порахувати, знаючи, на скільки відсотків вона підвищує показник продажів. Якщо 1 білборд за 1000 гривень піднімає продажі на 0.01%, то його розміщення стає доцільним, якщо продажі становитимуть 10 мільйонів гривень. Маленькі компанії часто не бачать економічного сенсу у витрачанні коштів на масову пропаганду. Як показує досвід, 80% клієнтів маленьких компаній – ті, хто прийшли повторно, або ті, хто прийшов за рекомендацією. Компанії, які не змогли вибудувати рекомендаційні мережі, просто неуспішні і в нашу вибірку не потрапляють за законами природного відбору.

Іншими словами, маленькі компанії вже зараз працюють у полі репутаційних зв'язків і соціальні мережі для них не загроза, а підмога. Однак компанії одна за одною роблять помилки, наївно вважаючи, що розвинувши активну діяльність у мережах і блогах, зайнявшись SMM, вони зможуть залучити клієнтів. Зрозуміло, що ні. Великі й широкі соціальні зв'язки в реальних спільнотах або віртуальних не є причиною хороших продажів, а виступають їхнім наслідком: не треба ставити віз попереду коня.

Але як же тоді знаходити й утримувати клієнтів? Насправді потрібно всього лише усвідомити дві речі:

Як написано вище, більшість клієнтів приходять із репутаційної мережі.

Не можна заробити грошей, не відрізняючись від інших.

Сенс другого пункту стає зрозумілим з усвідомлення того, що основний продукт, вироблений бізнесом, – задоволення клієнта – не вимагає жодних стартових інвестицій, не супроводжується фіксованими витратами і легко копіюється конкурентами. Рано чи пізно між компаніями починається цінова конкуренція за один і той самий уже прозорий і зрозумілий клієнтам продукт. Тоді заробіток учасників ринку наближається до нуля.

Як на долоні

Отже, у новий час бізнес змушений ставати прозорим, і це хороші новини для споживача. Але прозорість хороша лише тоді, коли вона взаємна. Що означає нинішня одностороння прозорість бізнесу стосовно споживачів/клієнтів, які здебільшого можуть залишатися анонімними? Вона означає крайній дискомфорт для підприємця, загрозу, яка описана в книзі Ф. Котлера "Хаотика". Одностороння прозорість нікому не подобається. Ніхто не готовий жити в телевізійному проєкті "За склом" безкоштовно. Дискомфорт цей не надуманий, він виникає з усвідомленого або неусвідомленого почуття небезпеки. Якщо ти йдеш лісом, і за тобою стежать, а ти цього не знаєш, то це ніколи не обіцяло нічого хорошого. Набагато спокійніше, коли ти точно знаєш, чи стежать за тобою і хто саме це робить.

Мало хто усвідомлює, яка страшна і нелюдська зброя може опинитися в руках маркетологів і піарників завдяки соціальним мережам, які, власне, і роблять виробників прозорими по відношенню до споживачів. Навряд чи знайдеться хтось, хто не погодиться, що серія з 10-20 дзвінких "чорних" публікацій у блогах чи соцмережах, нібито "з особистого досвіду", може поставити на коліна будь-якого FMCG виробника. Якщо у вашої компанії є основний конкурент, і ви чітко розумієте, що відмова клієнтів від продукції конкурента збільшить ваші продажі, то інвестиції, зроблені в соціальний чорний піар, відіб'ються в перший же сезон стократно.

Єдине, що може обмежувати компанії від використання таких методів конкурентної боротьби, – той факт, що конкурентів на ринку часто більше одного, і відхід одного з гравців буде суспільним благом для інших компаній. А отже, інвестувати у створення цього блага не буде ніхто, очікуючи, що це зробить інший. Але крім простої прагматики, виробник може реально постраждати від того, що знайдеться наполегливий скривджений споживач, який буде просто мстити. Виходить абсолютно асиметричне протиборство. Десять публікацій у блогах коштують з десяток годин часу, проведеного "для задоволення", а ліквідація наслідків потребуватиме заходів, вартість яких описується сумами з чотирма-п'ятьма нулями.

Продавцю в новому світі дуже потрібні інструменти, за допомогою яких він зможе довести, що публікації неправдиві, вивести анонімного капосника на чисту воду і притягнути до відповідальності. Продавцю потрібно знати споживачів в обличчя. Адже стара система стимуляції продажів, що сповідується маркетологами і передбачає анонімний натовп "середніх" споживачів, зараз є ахіллесовою п'ятою будь-якого виробника. Зрозуміти і розібратися в проблемі можна, тільки якщо є фактичні докази того, що так, існує такий споживач, так, він спожив такий-то товар, який виявився неякісним, і так, тут є недоробка.

Цікаво, що новий ринок – ринок інтернет-продажів – формувався вже з можливістю відстежувати споживача. Від самого початку інтернет-магазини мали справу із зареєстрованими користувачами. Завжди можна було зрозуміти, хто це, про кого і про що йдеться. Завжди, від самого початку, на будь-яку кляузу в онлайні можна було спокійно й адекватно відповісти одразу ж, наступним коментарем, розпочавши розмову з того, щоб запитати в кляузника номер накладної або його реєстраційні дані. Найбільший торговий майданчик України hotline.ua спеціально веде систему відгуків про вендорів, де ті здатні спілкуватися зі споживачами. Споживачі при цьому ретельно враховані і перераховані, причому настільки, що деякі компанії взагалі не заморочуються з видачею якихось гарантійних талонів. А навіщо? І так записано, хто, коли і що купував.

Деанонімізація споживачів повертає відносини між торговцем і покупцем до тих часів, коли обидва одне одного знали в обличчя і, відповідно, не могли одне одного обдурити. Тобто йдеться про вибудовування не анонімних, а репутаційних взаємин між споживачем і продавцем. У таких умовах і продавець вибудовує свою репутаційну оцінку (тобто набір очікувань) стосовно споживача, і споживач, будучи перерахованим і прив'язаним програмою лояльності до продавця, вибудовує свою модель очікувань. Так, бізнесу тепер зовсім не можна помилятися. Зате йому можна звертатися адресно до кожного споживача, нехай і за допомогою розумних аналітичних програм, що формують такі "адресні" пропозиції.

Роздрібні торговці, як і будь-який інший бізнес, також прагнуть отримати інструмент "перерахунку" споживачів або, як зараз кажуть, вибудувати програму лояльності. Цікаво, що наявність технічної можливості цього "перерахунку" не викликає ні в кого сумнівів. Ми сприймаємо комп'ютери та бази даних як даність. Але ж ще зовсім недавно утримання програми лояльності обходилося б компанії занадто дорого. Завдяки ІТ йде постійне зниження, аж до рівня зневаги, вартості транзакційних витрат.

Програми лояльності необхідні не тільки для безпеки бізнесу, а й для адресної стимуляції споживачів. Якщо ваш товар купують регулярно, то бізнес-аналітика здатна підказати вам момент зміни споживчих переваг і допомогти зробити конкретну цікаву пропозицію конкретному клієнту в конкретний момент. На жаль, інформацією, яку збирають за допомогою програм лояльності, продавці продовжують користуватися незграбно, просто пропонуючи бонуси. Мало хто веде клієнтську аналітику. Мало хто додумується хоча б вітати клієнта на касі на ім'я, якщо він пред'явив свою картку. І мало хто замислюється, що зростання продажів саме серед зареєстрованих клієнтів пояснюється, скоріше, тим, що тепер усі родичі скуповуються за однією й тією самою дисконтною карткою, а не якимось чарівним зростанням лояльності та рівня споживання. Це був реальний приклад оцінки маркетологами ефективності дисконтної програми лояльності однієї з мереж із продажу побутової техніки. На їхню думку, яку я поспішив при особистій зустрічі виправити, купівля клієнтом трьох холодильників, двох пральних машин і п'яти кухонних комбайнів протягом одного року є нормальним явищем. Мало того, вони навіть не намагалися аналізувати споживчу поведінку, а просто роздавали бонуси, фактично даючи знижку не за те, за що хотіли її давати.

Цікаво простежити історію появи програм лояльності авіакомпаній. Спочатку з'явилися програми лояльності для готелів. Люди, які подорожують, могли отримувати бонуси та знижки, будучи прихильними до однієї конкретної мережі готелів. Це давало змогу "купити" лояльність бізнес-клієнтів. Це давало зрозумілі очікування рівня сервісу і виділяло конкретний готель, який є членом мережі, серед сотні готелів у місті. Авіакомпанії подивилися на все це і… розробили власні програми. Але ж під час вибору авіаперевізника у пасажира, як правило, і вибору-то немає. Ринок монополізований. Кожен маршрут виконується одним-двома перевізниками, які мають при цьому викуплені блок-місця на рейсах один одного. Вибору немає. І фраза стюардеси по завершенню рейсу "Спасибі, що ви обрали нашу авіакомпанію" насправді звучить знущально. Тобто, "милі", які дають авіакомпанії пасажирам, у 90% випадків просто не потрібні. Своєю чергою, авіакомпанія втрачає гроші, коли пасажир, і так маючи необхідність летіти, купує щось дешевше, ніж мав би. При цьому авіакомпанії не знають про пасажира нічого крім історії його переміщень.

Сьогодні як ніколи важливо знати клієнтів в обличчя. Ваші стосунки з ними мають будуватися на інформації про них дещо ширшій, ніж їхня присутність у магазині або здійснені покупки. Якщо ви можете, створюйте програми лояльності, спільноти клієнтів, організовуйте зустрічі клієнтів і ділові клуби, знайте про те, коли і на що ваші клієнти витрачають гроші. Так ви знайдете нових покупців серед тих, хто витрачає гроші на те, на що їх витрачають ваші клієнти. Розширюйте програму лояльності та залучайте до неї інші компанії, які дають щось саме вашим клієнтам. Робіть ваших клієнтів прозорими по відношенню до вас, якщо вже вони змушують вас бути прозорими по відношенню до них.

Прозорість як додаткова вартість

Уявіть собі п'ять пачок пельменів, що стоять поруч на полиці. Ціна в них однакова, упаковка схожа. Перша пачка – картонна. Друга відрізняється від першої прозорою упаковкою. На обох написано просто "Пельмені". На третіх до того ж вказано приблизний склад, наприклад: борошно зі злаків, рослинний жир, ароматизатор, ідентичний натуральному. На четвертих зазначено докладний склад, а на п'ятих, крім складу, вказано й адресу веб-камери, встановленої у виробничому цеху, і сторінки з докладною рецептурою, і посилання на "живі" бухгалтерські відомості, з яких видно, що саме закуповувала фабрика в постачальників.

Яким пельменям ви віддасте перевагу? Питання майже риторичне. Що більше дається достовірної (і це важливо) інформації про пельмені, то більшим буде попит на товар.

Більш "прозорі" пельмені можна дорожче продати, раз попит на них вищий. Виходить, що простим способом збільшення додаткової вартості, яку виробляє бізнес – від консалтингу до сталепрокату, є організація його прозорості, причому буквальної.

Чи новина це? І так, і ні. Так – тому що сама ідея прозорого бізнесу нібито суперечить і теорії про асиметричність інформації, і сформованій практиці, коли деякі виробники безалкогольних напоїв продовжують вважати, що їхня "фішка" – таємниця рецептури напою, яка вже давно перетворилася на секрет Полішинеля. Тобто, весь департамент маркетингу великої міжнародної компанії вірить, що успіх їхнього бізнесу і споживчі переваги забезпечуються удаваною таємничістю складу продукту, який споживається всередину. Вони наївно вважають, що щойно рецепт напою опублікують, мільйони його клонів одразу ж піднесуться з праху і почнуть конкурувати з товаром. При тому, що один із лідерів близького, пивного ринку не переймається з приводу виробництва пива ще тисячею заводів у світі. Адже не в рецептурі ж справа, а в ефекті масштабу і сильній маркетинговій підтримці.

Ні – тому що ідею прозорості вже давно освоїли представники громадського харчування. Існує планування їдалень і ресторанів, де відвідувачі бачать кухню. Зрозуміло, в цьому випадку доводиться більше думати про чистоту і коректність процедур обробки їжі. Але саме це й утворює додаткову вартість. Їдальня, в якій кухню видно, вселяє більше довіри. Таке планування приміщень з'явилося в середині XX століття у відповідь на "міські легенди" про котлети з туалетного паперу і кухарів, які мочаться в котли.

Ви також можете спостерігати наживо, з чого роблять м'ясний фарш, який продають тут же в супермаркеті, – м'ясний цех нерідко відокремлюють від торговельного залу склом. На Близькому Сході хлібні крамниці майже завжди організовані так, що покупець бачить, як і з чого роблять хліб.

Просте запитання: вам подобається, коли на "соку" написано щось на кшталт "100% апельсиновий", а потім зеленим по зеленому додано слово "нектар"? А є ще люди, які вважають, що це має комусь подобатися і що споживачі захочуть бути обдуреними? Наскільки простіше бути чесним? Оцініть це як споживач перед тим, як поставити на полицю молоко в пляшках по 920 мл.

Що відбувається насправді? Є товар і є ціна. Прибираючи зайве, можна користуватися формулою:

Гроші + Транзакційні витрати = Вартість продукту + Пропаганда

У цій формулі ліва частина виразу відповідає витратам покупця, а права – витратам продавця. Продавець, бажаючи отримати ваші гроші, може грати з правою частиною формули. Досі набагато легше було вкладати гроші в пропаганду, а не в товар. Споживач не мав голосу (там, де він не має голосу і зараз, це триває). Продавця обмежує закон, наприклад, вимога вказувати масу товару на упаковці молока. Але продавець чинить опір щосили і пише це число дрібними літерами. Після цього він упаковує молоко по 3 пачки разом, крупно пише "3 за ціною 2!", та так, щоб загальна упаковка з привабливим гаслом перекривала напис про те, що в пакеті молока не 1000 мл, а лише 920.

Покупців обважували і будуть обважувати. Посмішка продавця все одно дешевша, а зі своїми вагами на базар мало хто ходить. Чому ж? Тому що ви витрачаєте не тільки гроші на товар, а й зусилля з видобутку інформації про нього. Це – частина тих самих транзакційних витрат, неочевидна, але дуже суттєва. І що дорожче людина оцінює свій час, то менше вона стоятиме і вибиратиме товар на полиці. Або того гірше, обчислювати, на якому ринку яка ціна на продукт і куди вигідніше поїхати, враховуючи транспортні витрати. Ще менша ймовірність того, що вирушаючи по морквину, покупець прихопить із собою не тільки ваги, а й мас-спектрометр. Людина прагне скоротити свої витрати, припускаючи приблизно однакову якість товару. Вона орієнтується на ціну, ні, не оббігаючи всіх продавців, а роблячи "зріз ринку" – обійшовши двох-трьох і отримавши середню, з її точки зору, ціну на товар. Що глибше прихована справжня інформація про товар, то менше зусиль людина витрачатиме на її добування. Вона вибере що-небудь із нічого, керуючись емоціями, а не результатами аналізу. Вибере або посмішку "Веселого молочника", або те, що купили інші, або те, що… дорожче ("якісніше і престижніше"), або те, що не брав ніхто. У будь-якому разі в нього буде методика нераціонального вибору, оскільки раціональний вибір занадто дорогий. Цим-то і користуються маркетологи. Проста математика – і нічого особистого. "Ми вас не обманюємо. Ми додаємо в товар пропаганду з одного боку і збільшуємо ваші транзакційні витрати з іншого".

Але сьогодні пропаганда обходиться дедалі дорожче, та й ефективність її дедалі нижча. На масовому ринку ці методи вже не значать нічого і, якщо перебільшувати, більше одного примірника невдалого товару вже не продати. Про погану якість і невідповідність товару рекламі тут же дізнаються всі.

І сьогодні матеріальні зусилля щодо забезпечення відкритості стають дедалі доступнішими. Поставити в цеху веб-камери, а бухгалтерію вивести в онлайн може кожен. Не кожен замислюється про такі можливості і, на жаль, у наших умовах постійної боротьби за інформацію між бізнесом і владною елітою, це не завжди безпечно. Потрібно виробляти процедури і планувати проєкти з розкриття інформації. Так, щоб вона була максимально прозора, але не загрожувала благополуччю компанії.

Репутація – останній капітал

Хочете ви того чи ні, але Facebook уже винайшли. І якщо ваш продукт буде вартий уваги споживачів, про нього дізнаються всі й одразу. Так уже повелося, що погані новини поширюються миттєво. Тому якість має бути бездоганною за замовчуванням.

Тепер вам не треба чекати, поки недобросовісний конкурент, що ховається за асиметричністю, стане жертвою соціальних мереж. Навпаки, вам треба показати, чим ви кращі, що і як ви робите, показати те, що боїться показувати конкурент. Адже ви вже зараз робите речі добре і вам нема чого соромитися.

А якщо будуть погані новини – станьте самі їхнім господарем. Ви припините чутки, зможете показати свою відкритість, бажання відповісти на всі запитання, виправити неприємність і зробити все, щоб подібне більше не повторилося. Це ж так просто, будучи власником кафе, написати в блозі, що сьогодні довелося викинути партію риби, а також описати ваші зусилля, докладені до того, щоб наступного разу риба не зіпсувалася. Тоді вам не доведеться думати, що скривджений співробітник викладе у себе на сторінці фотографії з гнилою рибою і коментарями "дивіться, тут цим годують". Погані новини теж потрібні, тому що нудотно-позитивна "соціальна активність у мережах" уже почала набивати оскому. Проблеми в бізнесі? Опишіть їх, змусьте ваших клієнтів вболівати за вас.

У вас уже немає і ніколи не буде часу на вибудовування PR-стратегії та політики управління репутацією. Репутація просто має бути бездоганною з першого дня. А бездоганною вона може бути тільки тоді, коли вам принципово нічого приховувати і коли не може виникнути підґрунтя для спекуляції.

Продажі в плоскому світі

Сьогодні кожен споживач може одразу отримати доступ до величезної кількості постачальників. У такому світі продажі, здавалося б, вести неможливо взагалі. І часто люди зовсім не розуміють, у чому, власне, полягає функція продавця. Чи не їдуть продажники на поїзді без локомотива?

Одного разу я зіткнувся з ситуацією, коли новий локальний інтернет-провайдер намагався конкурувати і з таким самим як він локальним провайдером, і з китами телекому. Усі вони надавали якісний високошвидкісний інтернет оптичними лініями зв'язку. Але, незважаючи на видиму однаковість послуги, що надається всіма провайдерами, клієнти чомусь вважали за краще працювати з одним із них, оминали іншого і взагалі ігнорували третього. Отже, незважаючи на технічні характеристики, є щось, що змушує клієнтів вибирати одного провайдера серед мінімум трьох.

Зрозуміло, цінова конкуренція ролі не відігравала. Набагато важливішою була репутація. Новий провайдер, що входить на цей локальний ринок, був незнайомий клієнтам, які вже обрали одного з двох уже наявних і абсолютно не бачили причин змінювати його. І якщо репутація безпосередньо залежить від щільності комунікації, то єдине правильне рішення, яке я підказав провайдеру, полягало в:

- тест-драйві,
- акції типу "приведи друга",

- спонсорованому перший місяць підключенні, якщо є контракт у конкурента,

- упереджувальному закачуванні на локальні сервери провайдера найпопулярніших файлів, що роздаються на торрент-трекерах, – щоб люди могли впевнено казати одне одному, що "в них реально швидший інтернет", за тієї самої, власне, "товщини" каналу.

І саме тому, що всі провайдери були "як на долоні", тобто перебували в плоскому світі, клієнти стали уважніше придивлятися до нової опції. Тим більше що новачок практично ліквідував транзакційні витрати, пов'язані зі зміною провайдера.

У підсумку, через три місяці новий провайдер мав 20% локального ринку, після чого другий локальний конкурент почав цінову війну, намагаючись побитися і з новачком, і з великим оператором. Він, як і багато хто, припустився типової помилки продавця – вважав, що ціна має значення. Нових клієнтів він не придбав, а ось закрити бізнес ще через півроку йому довелося. І тепер у тому мікрорайоні так само два провайдери з "оптикою" – наш новачок і великий телеком, який нікуди не подівся.

Тож крім репутації в плоскому світі клієнт орієнтується на зручність. На все те, що скорочує його транзакційні витрати. Наприклад, купуючи комплектуючі до комп'ютера, покупець більше схильний купити все в одній точці, ніж у п'яти різних. Ця зручність часом ставиться вище, ніж питання ціни або невеликої різниці в технічних характеристиках комплектуючих.

Нещодавно я вибирав акумулятор на прохання своєї тещі. Мене цікавила можливість отримати товар з доставкою у вихідний день о 7 годині вечора. Я вибрав перший-ліпший інтернет-магазин, який виконав мої вимоги. Ціна не мала особливого значення, оскільки була в межах розумного (+/- 10% від середньої вартості).

Усі ці приклади свідчать про те, що світ ніколи не зможе бути ідеально плоским. Важливо, що ідея плоского ринку доречна тільки тоді, коли споживачі знають усе про товар і в них вироблена явна потреба в ньому. Тут ми і знаходимо те, чим здатні керувати, – інформованістю споживача.

Учіть інших. Діліться рецептами, будьте активні в мережі, розповідайте цікаво (!) про свій бізнес тощо. У плоскому світі ви не зможете вибудувати конкурентні переваги, задавити рекламою, отримувати вигоди з частки ринку. Вам треба "вибудовувати" свою аудиторію – людей, які порекомендують вас іншим. Не соромтеся просити ваших клієнтів написати відгук про придбаний товар у своїх блогах і сторінках у соцмережах.

Ваш шанс отримати більше клієнтів, ніж сусідній інтернет-магазин, полягає в тому, що споживач саме від вас дізнається те, що йому цікаво про продукт. Споживач саме вас вважатиме експертом і тому саме вам довіриться. Зрозуміло, за порівнянних цін на подібний товар.

Виробіть філософію обмежень, за допомогою якої ви зможете виділятися в натовпі. Щоб ваші шанувальники любили вас не тільки за те, що у вас є, а й за те, чого у вас точно не знайдеш. Наприклад, у вас ніколи не буде китайських товарів. Або навпаки – тільки китайські. Вирішіть для себе. Репутація – це ясні очікування, тому формуйте їх. Споживачі люблять надійність і люблять, коли їхні очікування виправдовуються. Спробуйте діяти локально. Створіть інтернет-магазин для певного вузького сегмента: будівельний – тільки для виконробів; піца з доставкою – тільки для мешканців мікрорайону (ви вводите обмеження, щоб доставку можна було організувати за 15 хвилин на велосипеді – незалежно від заторів), а потім продайте це обмеження!

Завжди ставте собі запитання: "Чим я кращий за інших?" Важко відповісти? Запитайте себе: "Чим я відрізняюся від інших?" Культивуйте те, у чому криється ваша неповторність. Пишайтеся цим, живіть цим.

Підсумки глави

Основні думки

- Дедалі більше товарів і послуг неможливо оцінити до моменту їх споживання.
- Різниця між ціною закупівлі та ціною продажу – та сама додаткова вартість, створювана продавцем.
- На ринках, де продають "котів у мішках", тобто послуги, які не можна оцінити заздалегідь, має існувати або державне ліцензування учасників ринку, або підтримка розвиненої репутаційної системи. В іншому разі всі продавці починають продавати в мішках "цеглу" замість "котів".
- Зробіть для споживача вибір вас легким і очевидним. Подумайте про те, як зробити свій бізнес прозорішим, про те, як поширювати серед інших вашу репутацію.
- У вас немає другого шансу вибудувати репутацію. Інформаційні технології працюють проти великих компаній, але на боці чесних і чистих.
- Реклама має продавати. Якщо ви не можете оцінити прямий грошовий ефект від реклами, не замовляйте її.
- Прозорість вашого бізнесу коштує грошей, які він у результаті отримає. На ринку "котів у мішках" найкращий спосіб продати товар – розкрити мішок. Тоді закриті мішки взагалі не сприйматимуться як мішки з котами.

- У новому світі конкурувати потрібно не ціною на товар, а транзакційними витратами: покупець повинен витрачати менше сил на те, щоб зрозуміти ваш товар – "дістати кота з мішка"; на те, щоб за тієї самої ціни йому було зручніше купити у вас; на те, щоб його очікування щодо вас виправдовувалися завжди; на те, щоб ризики, на які наражається покупець, коли вступає в операцію з вами, були для нього мінімальні; на те, щоб заздалегідь мати думку про вас, що ґрунтується на правильній репутації.

- Якщо світ стає плоским, то навіть найменший пагорб на ньому буде помітний. Бійтеся бути такими, як усі інші.

Вправи

- Припустіть, на скільки відсотків підвищить продажі один рекламний щит. Порівняйте його вартість зі зростанням прибутку (але не обсягів продажів), забезпеченим цією активністю. Чи варто його розміщувати?

- Накидайте план, як ще, крім реклами, ви можете розповісти людям про себе і про те, що ви продаєте. Як можна стимулювати до цього наявних клієнтів?

- Продумайте таку програму лояльності, щоб вона збільшувала ваші продажі, а не зменшувала середній чек.

З чого почати

- Подивіться, як ви можете зробити свій бізнес прозорішим? Веб-камери на виробництві? Прохання до клієнтів писати про вас у соцмережах?

- Виробіть принципи. Відмовтеся від продажів, якщо їхні наслідки можуть зашкодити вашій репутації, і не шкодуйте про втрати.

- Що ви можете зробити, щоб більше знати про своїх клієнтів? Чи можете ви, ґрунтуючись на даних про покупки клієнтів, передбачити їхні наступні придбання?

Не логічно і не раціонально

Щоразу, коли людина припускається дурості, вона робить це з найблагородніших спонукань.

О. Вайльд

Людина відрізняється від тварин своєю здатністю маніпулювати об'єктами подумки, в голові, передбачаючи результат таких маніпуляцій. Те саме можуть і тварини: собаці вистачає розуму зрозуміти, куди впаде палиця. Шимпанзе, жонглюючи в голові двома сутностями, здатні вирішувати прості головоломки. Але тільки людина здатна утримувати в голові три і більше сутностей. Це дозволяє нам у буквальному сенсі бачити майбутнє. Щоправда, його ми вибудовуємо з цеглинок сьогодення. І нам здається, що ми здатні передбачити те, наскільки ми будемо щасливі від поїдання копченої мойви, яку ми імпульсивно купили, коли зайшли в супермаркет голодними.

Художники XIX століття малювали на своїх картинах майбутнє, де пані в криналінах і панове у фраках розсікають повітря на персональних дирижаблях із велосипедним приводом. Уміння людей бачити майбутнє, відчуття того, що вони уявляють його правильно, і фактична нездатність розглянути його в потрібному світлі є серйозними перешкодами, з якими стикаються продавці. Спираючись на раціональний початок людини, яка приймає рішення, продавці насправді спираються на хиткий ґрунт ірраціональності, стереотипів і шаблонів. Ми не здатні передбачити своє майбутнє, але ми здатні оцінити ймовірність того, наскільки ми будемо ним задоволені, опитавши людей, які вже в цьому майбутньому "побували".

Так ми ходимо в кіно – нам порадили. Так ми звертаємося до стоматолога чи перукаря – за рекомендацією. Важливою причиною, через яку Білі продажі ведуться переважно за рекомендаціями, є можливість допомогти клієнту зрозуміти, наскільки він буде задоволений у майбутньому. Зрозуміло, цей спосіб не дає 100% достовірності. Однак його використовують навіть у серйозних дослідженнях. Наприклад, з'ясовуючи, наскільки допоможуть чи зашкодять нові ліки конкретному пацієнтові, зазвичай спираються на статистику клінічних випробувань на інших людях.

Цей розділ буде присвячений нераціональному. У ньому ви дізнаєтеся про мотиви, які штовхають людей на ті чи інші вчинки та рішення. Прихильник 3S продажів не використовуватиме цей матеріал для явних маніпуляцій клієнтом. Відносини і задоволення покупця після угоди важливіші за миттєвий продаж. Але ці знання можна використовувати для того, щоб допомогти клієнту прийняти правильне рішення. Таке, яке задовольнятиме його і зараз, і в майбутньому. Адже 3S продавець бачить майбутнє свого клієнта набагато краще, ніж сам покупець. 3S продавець знайомий і підтримує стосунки з людьми, які вже перебувають у цьому майбутньому, – із задоволеними клієнтами.

Пліч-о-пліч

Є така байка про те, як трунарі пропонують покупцям свій товар:

— Яке горе, мені вже говорили!

— Так, тому-то ми й у вас. Нам потрібна труна.

— Ах так, у мене для вас є ексклюзивний варіант – золочені ручки, червоне дерево, оксамит… 10 000 доларів.

— А… чогось дешевшого у вас немає?

— Так, звісно, ось ця модель: картон, обтягнутий тканиною, фанерні вставки, щоб не ламався, – ідеальна модель для кремації. Усього 20 доларів.

— Ну, це якось….

— Добре, ось вам труна за 2000 доларів. Дуб, атлас, кована фурнітура, кришка з дверцятами. Солідна річ.

— Так, мабуть, цю ми і візьмемо.

При цьому трунар "випускає" з уваги ще купу варіантів трун від 1900 до 100 доларів і продає фактично найдорожчу після "ексклюзивної". При цьому логіка думок клієнта була такою: "Ну, ми не купуємо найексклюзивнішу труну, але й не картонну ж коробку, справді! Щоб перед людьми не було соромно".

Цим прийомом щосили користуються роздрібні торговці. Найкращий спосіб підняти продажі дорогих речей – ставити поруч ще дорожчі речі. Ця тактика присутня не тільки під час продажу трун, а й у всіх сферах людської діяльності. Вам здасться не такою вже дорогою пляшка коньяку V. S. O. P. порівняно з X. O., що стоїть тут же на полиці. Та й Porsche Cayenne виглядатиме "тачкою для бідних", якщо знати про існування Bentley і Bugatti.

Кожен, хто користувався послугами агентів з нерухомості, стикався з їхньою тактикою – показати купу "курників" перед тим, як надати для перегляду просто посередню квартиру. Навряд чи ви захотіли б її розглядати, якби вона була першою і єдиною, куди вас привели. Однак після того як потенційного мешканця налякали порівнянням з іншими квартирами, ця здасться цілком пристойною: "Дивись, навіть шпалери не відклеїлися". Тобто покупець фактично обманю себе, ґрунтуючи свій вибір не на об'єктивних характеристиках предмета, а на порівняльних. Бізнесменам варто пам'ятати про цю властивість людського мозку, вибудовуючи свій асортиментний ряд.

Під час одного дослідження лікарям давали інформацію про якийсь засіб Х, який допомагає від певної хвороби. Після ознайомлення з інформацією про ліки, їх запитували, прописали б вони ці ліки своїм пацієнтам чи ні. Лікарі здебільшого погоджувалися, прописувати його відмовилося лише 28% лікарів. Однак коли іншій групі лікарів дали інформацію про два подібні препарати Х і У, вже 48% учасників експерименту вирішили не прописувати нічого.

Очевидно, що розширення списку можливостей ускладнює вибір. Напевно, у кожного з вас є в пам'яті ситуація, коли ви стоїте перед ресторанним меню, вивішеним на вулиці, довго в нього дивитеся, а потім вирішуєте взагалі не заходити в цей заклад.

Що більше рівноцінних можливостей ви даєте для порівняння, то більше людина починає думати про "такий самий, але з перламутровими ґудзиками". Тобто в її голові виникає фантастична опція, що включає всі переваги і виключає всі недоліки з наявних варіантів вибору. Призначаючи зустріч телефоном, спробуйте не давати альтернатив часу зустрічі. Якщо вашому клієнтові зручніше в інший час, він сам вам про це повідомить.

Порівняння "пліч-о-пліч" характеризується однією дуже підступною властивістю. Річ у тім, що воно змушує нас приділяти увагу кожному атрибуту, що відрізняє один від одного порівнювані предмети. Часто можна виявити покупців у супермаркеті, які зависли біля вітрини з чаями і абсолютно засмучені тим, що просто неможливо вибрати те, що їм потрібно. Якби на вітрині стояв просто чорний або просто зелений чай, покупці і часу менше витратили б, і самі були б щасливішими. Чи не тому в мережі МакДональдс стандартне дитяче меню називається "Хеппі міл"?

Частота появи на фотосайтах прохань на кшталт "Порекомендуйте камеру" підтверджує наявність проблеми порівняння. Можна витрачати години і дні свого життя, вибираючи фотоапарати, порівнюючи їхні докладні технічні характеристики. У Sony є компенсація вібрацій, вбудована в матрицю, а у Canon – черевик під спалах на компактному фотоапараті. Один фотоапарат дає змогу вести серійну зйомку з більшою швидкістю, а інший – менше шумить на високих значеннях світлочутливості. В одного широкий кут і все. В іншого кут не настільки широкий, як хотілося б, проте є безліч додаткових властивостей.

Розглядаючи фотоапарати та їхні характеристики, практично неможливо за п'ять хвилин вирішити, який саме з них вам потрібен. При цьому є показники, які б ви враховували в будь-якому разі. Наприклад, вага та розмір, якщо ви шукаєте компактну камеру. Однак про більшість властивостей ви навіть не замислювалися і вам доводиться звертати на них увагу, адже ви потрапили в гру "Порівняння пліч-о-пліч". Саме ці, раніше неважливі параметри відрізняють одну камеру від іншої.

А які характеристики хвилювали б вас, якби ви купували, приміром, новий словник? Під час одного дослідження людям надавали можливість призначити ціну за словник. Це було нове видання в чудовому стані, воно містило 10 000 слів. У середньому люди давали за нього 24 долари. Іншій групі запропонували встановити ціну на словник із порваною палітуркою, який містив 12 000 слів. У середньому вони готові були заплатити 20 доларів. Але коли третій групі дозволили порівняти два ці словники разом, то за цілий, але короткий вони давали 19 доларів, а за порваний, але великий – 27. Очевидно, що людей хвилює стан обкладинки. При цьому вони починають звертати увагу на кількість слів лише тоді, коли ця характеристика стає предметом порівняння пліч-о-пліч.

Тобто цінність покупки визначається тим, який вигляд вона має на тлі іншої, а не об'єктивною її корисністю. Мало того, люди схильні бачити різну цінність у речах, якщо вони порівнюють їх у різних умовах. Виходить, щоб зрозуміти, наскільки нам вигідний той чи інший вибір у майбутньому, ми маємо користуватися тим різновидом порівняння, який нам буде важливий у майбутньому, а не в сьогоденні.

Як часто ми робили вибір у супермаркеті, зайшовши туди з порожнім шлунком? Нам здавалося, що саме ця ароматна, жирна, повна ікри копчена мойва принесе нам значно більше задоволення, ніж сітка морквини, внесена до списку покупок. Насправді морквина з'їдалася миттєво, зате мойва чекала свого часу. За сніданком її не з'їси, обід проходить на роботі, вечеря – в регулярному режимі. Чекаємо вихідних? Але для них уже куплено не менш красивий оселедець…

Одного разу добровольцям надали можливість заздалегідь описати те задоволення, яке вони отримають від пачки чипсів. Учасників розділили на дві групи. Перша передбачала своє задоволення, бачачи перед собою шоколадку, а друга – банку сардин. Ті, хто бачив сардини, передбачали сильне задоволення від чіпсів. Ті, хто бачив шоколадку, – значно менше. Воно й зрозуміло: чіпси, звісно, смачні, але шоколадка краща. Однак і ті, й інші помилялися! Про які сардини та шоколад ідеться, якщо зараз ваш рот сповнений хрустких чіпсів? До чого ви потягнетеся, зрештою, знову: до ще однієї скибочки хрусткої картоплі чи ви почнете розпаковувати сардини або шоколадку? Тобто порівняння, які мимоволі робили добровольці, уявляючи, як вони їстимуть чіпси, зовсім не збігалися з уявленнями, які б вони мали, якби вони справді їли чіпси.

Типова ситуація: у закордонній поїздці ви знайомитеся з людьми, які вам здаються рідними та близькими лише тому, що ви порівнюєте їх із місцевим населенням. Ви розумієте одне одного, у вас спільні цілі та спільні цінності. Однак по приїзду на батьківщину, продовжуючи спілкування, ви бачите, що вони зовсім не вашого кола.

Те ж саме рухає нами, коли ми купуємо новий одяг, взуття, головні убори, білизну. Ми порівнюємо їх із тими речами, що вже в нас є, трохи поношеними, але не старими. Однак через два-три тижні ці нові речі стають теж поношеними і все задоволення зникає. У нас у шафі просто стає менше місця. Тоді й вимовляється (особливо це стосується дівчат) сакраментальна фраза "Мені нічого вдягнути!"

Цікавий ефект порівняння пліч-о-пліч виникає тоді, коли ми хочемо продати щось своє. Наприклад, квартиру чи машину. Давно відомо, що знахідки приносять людям менше радості, ніж втрати приносили б печалі. Ми будемо більш нещасливі, втративши 100 доларів, ніж були б щасливі, знайшовши ту саму суму. Численні досліди та експерименти на добровольцях демонструють, що очікування можливої втрати не дає змоги людям брати на себе ризик із такою ж очікуваною винагородою. Ось уявіть: вам пропонують угоду. Генератор випадкових чисел налаштований на випадання будь-якого числа від 1 до 100 і, якщо число буде більшим за 25, то ваше матеріальне становище буде подвоєно. Удвічі більший будинок, удвічі дорожча машина, подвоєння зарплати тощо. Однак якщо випаде число менше 25, то у вас забирають абсолютно все і відпускають на вулицю в одній білизні. Якщо ви належите до категорії розсудливих людей, на цю угоду ви не підете. Хоча, з точки зору економіста, вона раціональна.

Тепер перейдемо до продажу, скажімо, вашого автомобіля. Скільки коштує ваша машина? Важко відповісти. Подивіться в страховий поліс, там стоїть страхова сума. Це саме та сума грошей, яку зараз заплатили б за ваш засіб пересування. Ви продасте її за ці гроші? Ага, звісно! Я вважаю, покупцеві, який всерйоз запропонує ці гроші за машину, ви спочатку постараєтеся зламати ребра. Тепер погляньте на покупця. Що бачить він? Автомобіль, який бачив чимало, з якимись подряпинами і вм'ятинами. Невідомо, як його експлуатували, чому в нього наполовину лиса гума, а підвіска потребує ремонту. До того ж вихлопна труба вся в іржі. Скільки-скільки написано в полісі? Ага, звісно! За такі гроші до цієї машини ще й шофер має додаватися.

Звідки ж така різниця в оцінці? Річ у тім, що ви, оцінюючи свою машину, думали про угоду як про втрату автомобіля. При цьому покупець думав про неї, як про знахідку. І ви, і він порівнювали пліч-о-пліч свій наявний стан з тим, наскільки ви/він будете щасливі після укладення угоди. Як було зазначено вище, виграш, рівнозначний програшу, суб'єктивно оцінюється слабше.

Але якби покупець став на ваше місце, реально відчувши себе власником цієї машини, він би відчув, що кожна копійка, витрачена на неї, того варта. Так само як і ви, вийшовши з ролі власника машини і живучи без неї, погодилися б із точкою зору покупця. Однак ми взагалі не вміємо порівнювати такі речі. Порівнюючи варіанти свого майбутнього стану, ми будуємо це майбутнє з цеглинок теперішнього, абсолютно не помічаючи підміни.

Покупець і продавець не домовляються і, можливо, навіть сумніваються в порядності одне одного тільки тому, що під час ухвалення рішень використовують порівняння, як покупець і продавець, а не порівняння, які б використовували власник і не власник. Хочете, щоб ваш покупець погодився зі встановленою вами ціною? Поставте його на місце власника. Примусьте його назвати ту користь, яку він отримував би, маючи цей товар. Що б він дозволив собі, кому ще це було б цікаво. Занурте його в майбутнє.

Тепер спробуйте, використовуючи нові знання, зрозуміти, що відчуває клієнт, коли ви йому пропонуєте щось "революційно нове і карколомно чудове". Припустимо, він ситий і не може чітко відповісти на запитання, чи треба йому це. При цьому коли їй буде дуже треба, коли вона "зголодніє", вас поруч може не виявитися.

Проведемо уявний експеримент. Оцініть, будь ласка, що довше у лева – його задня лапа чи його хвіст? Оцінили? Готові сказати відповідь? Не потрібно. Цікаво інше: що ви уявили? Ви спочатку "намалювали" лева, потім його задню частину крупним планом, відставлену лапу і хвіст, який явно її довший. У себе в голові ви порівнювали хвіст і лапу не реального лева, а уявного. При цьому ваша оцінка була цілком адекватною.

Другий експеримент: уявіть собі ситуацію, коли п'яні підлітки на авто обганяють вас на дорозі, агресивно підрізають і, улюлюкаючи, їдуть геть. Яка ваша реакція? Відчули? У вас майже з'явився піт на лобі, точно розширилися значки і злегка підскочив тиск, а з язика мало не зірвалося непристойне слово. Тут працює те саме: щоб дізнатися власну реакцію, ми уявляємо собі цю сцену так, щоб відреагувати на неї, потім оцінюємо свою реальну реакцію на уявну сцену і даємо відповідь. Наше уявлення про нашу реакцію – досить надійний інструмент оцінки.

Повернемося в супермаркет і поставимо голодному покупцеві запитання: "Уявіть собі, що ви абсолютно ситі. Ви б захотіли їсти цю копчену мойву, яку щойно поклали у візок?" Реакція покупця буде швидкою. Він одразу ж викладе рибину назад до холодильника, тому що уявив себе наївшимся, "приміряв" мойву до своєї ситості та прийняв рішення. Ви ніколи не зможете продати копчену мойву за допомогою її демонстрації людині, яка щойно повернулася від тещі, що нагодувала її досхочу. Зате ви можете продати їй мойву, попросивши уявити, що вона дуже голодна, і запитати її, чи смачна копчена мойва.

У великих продажах це не працює. Рішення ухвалюються не однією людиною і вони, як правило, засновані на раціональному виборі. Однак і тут, щоб дати зрозуміти людині, навіщо їй потрібен ваш товар, її треба попросити описати ситуацію, в якій цей продукт виявився б необхідним. Варто запитати, як людина виплутувалася б із неї без вашого товару і з ним. Які б вигоди вона отримала від використання вашої пропозиції? Чим би їй допоміг ваш продукт?

Неминуче

Як ви б поставилися до людини, яка постійно пускає гази або колупається в носі, а потім їсть "здобуте"? Ви б продовжили з нею стосунки? Ви б покликали її до себе в гості? Спілкувалися з ним? А якщо це ваш брат чи начальник?

Ще приклади? Як би ви поставилися до кандидата в президенти, який би обмежував свободу зібрань або використовував автоінспекторів для влаштування підступів опонентові? Або як би американці поставилися до кандидата в президенти, який займався оральним сексом із секретаркою, про що негайно дізналася преса? Як ми поставимося до чинного президента, який "закручує гайки"?

У цих прикладах спочатку ми б шукали мотиви для осуду. Але коли ми усвідомили б неминучість спілкування з цією людиною або життя в країні з таким президентом, у нас швидко знайшлися б мотиви для виправдання або навіть підтримки.

Чому ми не готові пробачити кандидату на посаду запізнення, хоча дивимося крізь пальці на розхитану дисципліну своїх підлеглих або співробітників?

Начебто ми порівнюємо схожі речі, проте реакція в нас абсолютно різна. Чому так? Тому що нація повинна згуртовуватися навколо президента? Чи тому що родичі кровно близькі? Чи тому що перше враження вирішує все?

Чи тому, що ми готові шукати більше позитиву в тих речах, які ми не в силах змінити. Наша перша реакція на неприємні реалії – змінити їх. Однак якщо це нам не вдається, доводиться змінювати своє ставлення до них, інакше ми не будемо щасливими. У людини спрацьовує вбудована оборона від негативу, яка виробилася в неї в процесі еволюції.

"Зарплата маленька, але хороша", – так кажуть у великих компаніях з маленькими зарплатами. Щоправда, якщо попросити людей за 3000 гривень на місяць або, що цілком адекватно, за 100 гривень на день працювати на тебе, не відриваючи голови, вони одразу ж відмовляються. Чому? Тому що вони порівнюють можливість, якої можна уникнути, з неминучою. На наші оцінки правильності вибору впливає ще й те, наскільки він неминучий. До неминучих речей ми схильні ставитися більш позитивно, навіть якщо це ешафот.

"Коли без цього не можна обійтися?" – одне з найважливіших запитань, на яке має відповісти 3S продавець. Ми не знаємо, з чого насправді складаються продукти, які ми купуємо в супермаркеті. До того ж ми здогадуємося, що виробник схильний економити на якості: в овочах будуть пестициди та нітрати, у ковбасі – соя, а в сирі – пальмова олія. Але для нас усе це є вторинним, адже нам просто потрібно їсти, щоб жити. У тих, хто не вирощує їжу самостійно, немає вибору – її доводиться купувати. Тому люди, чудово усвідомлюючи, якої якості ця ковбаса, ставляться до своєї покупки досить спокійно.

Цінність досягнень

Що цікаво, дуже часто наші уподобання залежать не тільки від реального порівняння пліч-о-пліч, а й від уявного. Ми схильні надавати більшої цінності тим речам, які нам дісталися з великими труднощами. Тут знову працює "внутрішня самооборона" людини, що видає бажане за дійсне і виправдовує вже скоєні вчинки. Цим ефектом можна пояснити чимало явищ – від наслідків залицяння до представника протилежної статі й тактики прийому таких залицянь до оцінки результатів війни. Що складніше щось дісталося, то воно сильніше цінується.

Наприклад, під час дослідження, де добровольцями виступали студенти, учасникам було запропоновано вступити до елітного університетського клубу. Церемонія прийому в нього супроводжувалася трьома ударами струму. Зрозуміло, студентів розділили на дві групи. Одним діставалися дуже сильні, практично шокуючі удари струмом, а іншим – не дуже потужні, скоріше для формальності. У результаті ті студенти, які отримали більший заряд, полюбили студентський клуб більше, ніж ті, хто отримав менший заряд.

Мало того, окремий тест показав, що усвідомлення мети, з якою студенти йдуть на випробування, давало їм менше фізичне відчуття болю. У людині, як бачимо, вмикається оборонний механізм, вона шукає і знаходить позитивне сприйняття того, що сталося з нею: "Зате я тепер член елітного клубу!" Слабкі ж удари струмом не були достатньо сильними, щоб запустити цей самий механізм "внутрішньої оборони". Отже, для того, щоб увімкнути такий механізм, переживання має бути досить сильним.

Вам усе ще незрозуміло, за рахунок чого тримаються тоталітарні режими і секти? Чому начальник-самодур буває улюблений своїми підлеглими? Або як можна любити річ, наприклад автомобіль, тільки за те, що він тобі дорого дістався?

Тим, що людина надає більшої цінності отриманому насилу, користуються продавці та маркетологи, надсилаючи рекламні листівки в конвертах, а не просто так. Якщо ми дістаємо рекламку з конверта, ми тим самим надаємо їй більшої цінності, і в смітник вона полетить трохи пізніше, ніж оголошення без конверта.

Саме тому клієнти з такою зневагою ставляться до продавців, які знайшли їх за "холодними" дзвінками. Саме тому клієнти дуже цінують тих продавців, яких вони знайшли самі за рекомендаціями. Білі продавці не стурбовані пошуком клієнтів. Вони стурбовані тим, щоб клієнт, запитавши свого партнера, колегу, друга, отримав у відповідь потрібну рекомендацію. Коли він сам доклав зусиль до пошуку продавця, той буде вище цінуватися. Тому турбота Білого продавця – зробити так, щоб клієнт, який перебуває в пошуках, знайшов цього постачальника до того, як виявити його конкурентів.

Наявність і відсутність

Одного разу експериментатори навчили голуба отримувати корм після того, як він натискав на клавішу. Вони встановили в клітку дві клавіші й одну з них час від часу підсвічували. Коли спалахувала лампочка, голуб міг клюнути підсвічену клавішу й отримати нагороду. Цікавий результат експерименту полягав у тому, що голубові навіть не спало на думку клюнути другу клавішу, оскільки її не підсвічували. Хоча смачне зернятко чекало б на нього і там.

Насправді люди недалеко пішли від цього голуба і взагалі нездатні тверезо оцінити факт відсутності чого-небудь. Можливо, дельфіни зовсім не рятують моряків, а просто бавляться ними, штовхаючи носом як м'ячик. Ті моряки, яких випадково доштовхали до берега, розповідають, що їх врятували дельфіни. Інші ж моряки взагалі нічого не розповідають. Ми не здатні оцінити результат дій дельфіна лише за врятованими моряками і робимо хибний висновок.

Ось і клієнт не може оцінити ті проблеми, які виникають через відсутність у нього того, що ви продаєте, якщо ви йому в цьому не допоможете. Цим феноменом посилено користуються релігійні діячі та політики: "Він старанно молився, і Бог йому відплатив!", або "Він не їв м'яса та одужав!", або "Він зробив обрізання та знайшов гаманець із грішми!", "Політик ХХХ побудував дорогу! Ура!" Вибачте, а як щодо того, що він не побудував, а вкрав?

Як ви думаєте, скільки мусульман не скоювало терактів? Про це взагалі ніхто не замислюється. Просто прийнято вважати, що теракти – справа рук ісламістів. Однак суха статистика про кількість терактів у США свідчить, що 94% усіх терористичних актів у цій країні було скоєно не мусульманами.

Колись давно у випробовуваних американців запитували, які з двох пар країн більше схожі одна на одну: (Цейлон і Непал) або (Східна Німеччина і Західна Німеччина). Більшість обирала другу пару. Дивно, але вибір не змінювався, коли в іншої групи випробовуваних запитували: "Які країни найменш схожі одна на одну?" Як же можуть бути дві країни бути одночасно схожими і несхожими? Тут знову вмикався механізм неможливості оцінки відсутності. Про Цейлон чи Непал американці знали менше, ніж про Німеччину, тож давали ту відповідь, яка модулювалася запитанням. Вони підсвідомо починали згадувати спільні риси двох Німеччин (ігноруючи відсутність відмінностей), якщо питання було про спільність, і різні риси (ігноруючи відсутність спільних рис), якщо питання було про відмінності.

Коли люди купують величезний позашляховик, вони схильні вибирати його за те, що він пройде там, де не пройде звичайний седан. При цьому вони абсолютно не думають про те, де великий позашляховик не пройде. У реальності ж "місити бруд" доводиться раз на рік, а паркуватися в тісноті – щодня.

Гроші вперед

Раніше в цій книжці розповідалося, що продавець має подбати про те, щоб порівняти фінансовий результат для клієнта для двох ситуацій: коли товар було придбано і коли клієнт залишається без покупки. Якщо ми говоримо про купівлю-продаж, то це завжди інвестиції. Ми платимо зараз і багато, а отримуємо поступово і потім. Усі вигоди, які клієнт отримує від угоди, відкладені в часі, а всі витрати мають відбутися тут і зараз.

Водночас ставлення людей до майбутнього завжди рівносильне їхньому ставленню до чогось далекого. І що далі знаходиться об'єкт, то меншим він здається. Прості психологічні експерименти, що пропонують піддослідним 1 долар зараз або 2 долари через рік, показують, що переважна більшість учасників виберуть долар зараз. Хоча, з фінансової точки зору, цей вибір не має сенсу. Інфляція долара не становить 100% на рік і 2 долари потім завжди будуть вигідніші за 1 долар зараз. Просто 2 долари здаються нам далекими і тому незначними.

Для продавців є і хороші новини. Класик психологічної науки Вальтер Мішель, професор Колумбійського університету, прославився завдяки "зефірному експерименту". Чотирирічній дитині видавався шматочок зефіру. Далі їй говорили, що в дослідника термінові справи і йому потрібно на кілька хвилин вийти. Дитині пропонувалося зробити вибір: чекати 20 хвилин і потім отримати вже не 1, а 2 зефіри, або з'їсти зефір одразу, а на другий не розраховувати. У середньому чотирирічні діти могли чинити опір спокусі протягом 3 хвилин. Однак близько 30% зуміли протриматися весь визначений термін і заробити другі ласощі. Згодом Мішель досліджував, як ці діти відрізняються у віці 18 років. Ті, хто витерпів, були набагато успішнішими в навчанні та надійнішими в житті. У середньому вони набирали в контрольному тесті на 210 балів більше.

У роки індустріальної революції "терплячі класи" – купці та ремісники, чий життєвий план передбачав тривале навчання, а потім багаторічну працю заради благополуччя наприкінці життя, – замінили як еліту землевласників, у яких матеріальний добробут розвивався за лінійним графіком. Цю теорію Матіас Депке і Фабріціо Зіліботті виклали в роботі під назвою "Терпіння як капітал, вибір професії і дух капіталізму".

Успіху в цьому світі досягає той, хто здатен терпіти, хто заради майбутнього достатку готовий позбутися малого сьогодні. Ці люди стають успішними підприємцями. І щастя продавця в тому, що саме ці люди здатні оцінити різницю між "витратити зараз і заробити більше потім" і "не витрачати зараз і не отримати заробіток у майбутньому". Саме таким людям можна і потрібно показувати всю фінансову привабливість планованої угоди. Це завжди цікаво для власників бізнесу, топ-менеджерів, капіталістів. Але це абсолютно не цікаво для виконавців. Мало того, останні, виходить, не здатні мислити термінами "зараз гірше, а потім краще". Вони свій спосіб мислення транслюють і на передбачувану ними реакцію керівництва на пропоноване продавцем рішення. У результаті "ні" ви найчастіше почуєте від тих, хто нічого не вирішує в компанії, від тих, хто в дитинстві з'їв би зефір відразу. Білі продажі саме тому націлені на розв'язання потреб власників бізнесу та менеджерів, які реально відповідають за результат. На тих, хто готовий почекати, але взяти 2 шматочки зефіру. Слоган рекламної компанії Guiness – англійське прислів'я: "Good things come to those who wait" (укр. "Хороші речі приходять до тих, хто чекає").

Можна дозволити

Дивно, але люди часто задовольняються не за рахунок факту досягнення чого-небудь, а лише за рахунок наміру це зробити. Людина, яка вирішила схуднути, може тут же дозволити собі тістечко. Адже вона вже "худне", отже, завтра вона буде на дієті. Люди, які обирають для себе здорове харчування і стежать за спожитими калоріями, з чистою совістю замовлять у МакДональдсі чизбургер і салат, а не просто чизбургер. Начебто салат "очищає" чізбургер від калорій і шкідливих інгредієнтів. Цим користуються власники ресторанів. Додаючи до свого меню салати, вони стимулюють продажі картоплі фрі та бекону.

Намагаючись заощадити і купуючи товари зі знижкою, люди витрачають більше грошей, тому що дозволяють собі витрати на інші покупки. Аналітичний огляд страхових компаній за 2010 рік свідчить, що власники гібридних автомобілів частіше потрапляли в аварії, отримували на 65% більше штрафів і проїхали на 25% більше кілометрів, ніж інші водії. Виходить, усвідомлення правильності свого вчинку – купівлі дорогого, але екологічного автомобіля – виправдовує недбалість водіння? Люди, які дарують щось іншим, також відчувають себе "хорошими" і тому "дозволяють" собі те, що не дозволили б в інший час. Дослідження показують, що напередодні свят найбільші обсяги продажів припадають на жіночий одяг і взуття. Це речі, які люди купують для себе, а не в подарунок.

Джерело цього парадоксу криється у вже згаданому вище механізмі дофамінової стимуляції, виробленому в ході еволюції. Річ у тім, що покупець, зважившись на важливий і відповідальний крок, уже отримує дофамінову винагороду і може встигнути дозволити собі грошові розтрати до того, як оплатить ваш товар або послугу. Адже він уже "хороший". А якщо раптом гроші закінчаться, нічого, завтра їх точно вистачатиме на ваш товар. Щоправда, потім може виникнути нове зачароване коло. Людина, яка хотіла витратити гроші на важливу для свого майбутнього купівлю, але не втрималася від спокуси і віддала гроші за дурниці, докорятиме собі, тривожитиметься і в пошуках розради піддаватиметься новим спокусам. Тобто їй ніколи не вистачатиме грошей для справді важливих речей. Вона житиме сьогоднішнім днем і весь час страждатиме від цього. А через страждання знову продовжить жити сьогоднішнім днем.

Ще одна пастка криється в тому, що люди оцінюють завтра більш ідеалізовано, ніж сьогодні. Люди купують велотренажери, розраховуючи, що вони займатимуться спортом. У майбутньому, як думає кожен, у нас більше часу та сил для корисних занять. Але згодом виявляється, що тренажер виконує лише функції громіздкої вішалки. Спортивні та фітнес-клуби чудово знають про цю пастку мислення, тому намагаються продавати довгострокові абонементи. Все одно щонайменше половина людей не буде використовувати абонемент весь термін.

Таким чином, завдання Білого продавця не в тому, щоб продавати людям щось лише тому, що від володіння цим вони стають "хорошими", а в разі відмови від покупки – "поганими". 3S продавець вирішує важливіші завдання – він допомагає покупцеві в досягненні його цілей. Тоді намір або факт покупки не повинні бути чимось "хорошим". Це просто ще один крок до мети. Якщо ми плануємо похід і знаємо, що для успішного завершення заходу нам потрібно проходити по 20 км на день, ми не дозволимо "хвалити" себе за добре проведене вчора і "дозволяти" собі пройти менше сьогодні. Це безглуздо.

Нехай дофамін працює в стимуляції прагнення до мети, а не прагнення до покупки, яка є лише кроком на шляху досягнення мети. Однак щоб вести людей до їхніх цілей, потрібно розуміти, до чого ці люди прагнуть. А щоб це розуміти, потрібно знати їхні сподівання, читати їхні душі, бути провідником і лідером для них. Білі продажі можна назвати лідерськими продажами: якщо звичайні продавці поводяться як міноги або риби-лоцмани, використовуючи ресурси своїх клієнтів – більших риб – для досягнення своїх цілей, то Білі продавці, навпаки, ведуть своїх клієнтів до успіху.

Влипання

Микола Рудик у своїй статті "Економічний ефект влипання" дуже добре описав цікавий феномен. Молодий чоловік виграє в лотереї безкоштовний квиток на футбольний матч улюбленої команди. Він не хоче йти на цей матч наодинці і вмовляє друга придбати аналогічний квиток. Коли вони вже збираються вирушити на стадіон, вибухає жахлива гроза. Переможець лотереї визирає з вікна і каже: "У таку погоду мене може просто змити з трибуни. До біса цей матч. Краще залишимося вдома". А можливо, він каже (особливо якщо має економічну освіту): "Витрати, яких я зазнаю внаслідок грози, значно перевищують очікувану мною насолоду від матчу. До біса цей матч. Краще залишимося вдома". Як би там не було, переможець лотереї відмовляється від отриманого призу. Але що ж його друг? Та він просто в люті! Він вимагає негайно вирушити на матч: "Я не хочу втрачати 100 гривень, які заплатив за квиток".

З точки зору раціональної економічної поведінки, друг поводиться дещо дивно. Адже якщо витрати відвідування матчу перевищують його вигоди, то в його інтересах було б утриматися від відвідування події. Але з точки зору самого друга, він крупно влип, сплативши 100 гривень.

Приклади витрат влипання зустрічаються у величезній кількості в різних сферах. Припустимо, історія з радянським БАМом. Уже через кілька років після початку будівництва БАМу виявилося, що його було вигідніше негайно ліквідувати, ніж продовжувати. Проте будівництво не зупинили, хоч і не завершили повністю донині. Подібна історія трапилася з корпорацією Boeing, яка, програвши тендер на постачання міністерству оборони США винищувачів за програмою JSF, все-таки добудувала свій прототип X-32B. І це незважаючи на те, що конкуруючий X-35 компанії Lockheed Martin був кращим за цілою низкою параметрів. Після Boeing описала свої, вже непотрібні витрати як "стратегічну інвестицію".

1879 року в Парижі під головуванням керівника спорудження Суецького каналу Фердинанда Лессепса було створено "Загальну компанію міжокеанського каналу", акції якої придбало понад 800 тис. осіб. Компанія викупила в інженера Вайза за 10 млн франків концесію на будівництво Панамського каналу, отриману ним в уряду Колумбії 1878 року. Міжнародний конгрес, скликаний перед формуванням компанії Панамського каналу, висловився за канал на рівні моря; вартість робіт оцінювали в 658 млн франків, а передбачуваний обсяг земляних робіт становив 157 млн куб. ярдів. У 1887 році, щоб скоротити обсяг робіт, довелося відмовитися від ідеї безшлюзового каналу: кошти компанії (1,5 млрд. франків) витратили головним чином на підкуп газет і членів парламенту; лише третина була витрачена на проведення робіт. У результаті 14 грудня 1888 року компанія припинила платежі і незабаром роботи були зупинені.

До 1888 року на будівництво каналу було витрачено 300 млн. доларів (майже в 2 рази більше, ніж передбачалося), а виконано було тільки третину робіт. Причиною став і неправильний проєкт (Фердинанд Лессепс наполіг на тому, щоб канал було прорито на рівні моря), і низька якість організації робіт, і недооцінка його вартості, а також неможливість впоратися з хворобами – малярією і жовтою лихоманкою, – які косили працівників. Є відомості, що через відсутність протиепідемічних заходів загинули щонайменше 20 тис. осіб. Будівництво набуло поганої слави, у газетах того часу писали, що деякі групи робітників привозили із собою з Франції власні труни.

У 1889 році компанію вирішено було розпустити, і навколо її діяльності виник знаменитий скандал у Франції в 1892-1893 роках. Справу передали до суду.

Тільки 1904 року до спорудження каналу знову взялося військове міністерство США. Головним інженером каналу став Джон Френк Стівенс. Цього разу було обрано правильний проєкт: шлюзи й озера. На будівництво знадобилося 10 років, $400 млн. і 70 тис. робітників, з яких, за американськими даними, близько 5600 осіб загинуло.

Однак ще 1877 року було розпочато наукові дослідження Дарієнського і Панамського перешийків, результатами яких стали проєкти, що пропонували провести канал через озеро Нікарагуа.

Хоча перешийок Нікарагуанського каналу набагато ширший, ніж Панамський, на ньому зовсім немає крутих гір і, окрім того, тут можна скористатися великим озером і судноплавними річками. Незважаючи на те, що Панамський канал має довжину всього 65,2 км (суходолом), а Нікарагуанський канал у 4 рази довший за нього, останній у цінах того часу коштував би в 4 рази дешевше, ніж ціна завершення Панамського каналу. Проривати його довелося б лише на довжині 45 км, а вийняті матеріали могли б іти на будівництво гребель і гігантських загат. Однак 1904 року ніхто й не міг уявити собі, що "закопані в землю" 300 млн. доларів і 20 тис. осіб потрібно просто "викинути" і почати будувати новий канал в іншому місці. Компанії Нікарагуанського каналу так і не вдалося зібрати весь необхідний для будівництва каналу капітал у 100 млн. доларів або переконати уряд Сполучених Штатів узяти його будівництво у свої руки.

Безліч поганих фільмів виявляється переглянутим до кінця тільки через те, що людина, яка усвідомила, наскільки поганий фільм, опиняється під впливом кількох витрачених хвилин і грошей. Ці хвилини і гроші і змушують її чекати кінця стрічки, сподіваючись, що він буде кращим за початок. Багато військових конфліктів тривають лише через те, що одна зі сторін не хоче йти на переговори і вимагає продовження бойових дій аж до повної перемоги. Необхідність повної перемоги пояснюється тим, що заради неї вже принесено занадто багато жертв. Цікава логіка.

Науково-технічний прогрес прискорюється з року в рік. Комп'ютерні системи вже зараз встигають морально застаріти до моменту оформлення їх поставки. Йде нова науково-технічна революція, стрімко змінюються технології та методи роботи. У цих умовах людям дедалі складніше ухвалювати рішення під тиском ефекту влипання. Неможливо уявити, що куплену три роки тому за величезні гроші систему вигідно замінити на нову, більш продуктивну (при цьому вона коштує менше, ніж сформовані амортизаційні відрахування на стару систему). Продавець має розуміти нераціональне бажання людини надавати цінності вже витраченим ресурсам, якими нібито можна ще скористатися. Тільки правильна консультація клієнта з фокусуванням на бізнес-цілях компанії може допомогти йому переступити через жалі та обрати правильний шлях. Білі продавці повинні вміти приносити користь клієнту, дивлячись у його майбутнє.

Типажі

Коли клієнтом рухають ірраціональні почуття, йому потрібно дати те, чого він хоче. При цьому ми розуміємо, що він бажає цього зараз, але оцінювати його буде потім. Продавець має бути впевнений, що клієнту в майбутньому буде добре. Підвести клієнта до рішення потрібно сьогодні, спираючись на нинішні цінності. Адже якщо йому буде погано в майбутньому, не можна буде сподіватися на позитивні рекомендації. До того ж у цьому прозорому світі обурені крики незадоволеного клієнта буде чути набагато далі, ніж його задоволене бурчання. І завтра нові покупці, знаючи про проблеми з вашим продуктом, відмовляться від його придбання.

Ми схильні до стереотипного мислення. Це не погано, оскільки оптимізує наше життя. Ми практично ніколи не зможемо ухвалити раціональне рішення про покупку, оскільки не володіємо повною інформацією. Навіть якщо йдеться про прості речі на кшталт пляшки молока, щоб ухвалити правильне рішення щодо її купівлі, нам доведеться порівняти ціну цього молока з молоком на сусідніх полицях; з ціною на це молоко в сусідніх супермаркетах; оцінити наші витрати часу й ресурсів на поїздку в інші магазини; з'ясувати точний склад продукту й порівняти технологічний процес у всіх виробників, тільки після цього можна буде ухвалювати рішення. Очевидно, що наші витрати часу і коштів на добування потрібної інформації не варті цієї горезвісної пляшки молока. І тому ми, керуючись власними стереотипами, купуємо молоко з котиком на етикетці. Коти ж люблять молоко, так?

Якби ми були роботами, які ухвалюють тільки раціональні рішення, підійшовши до вітрини з молоком, ми б завмерли там навічно, не в силах зробити правильний вибір. Подібні "помилки програмування" існують у природі в примітивних організмів. Гусениці або мурахи можуть "зациклитися" і ходити ланцюжком одна за одною. Нічні метелики летять на світло лампи, приймаючи її за місяць і намагаючись летіти під одним і тим самим кутом до його променів. Але місяць далеко і тому дає змогу зберігати напрямок, орієнтуючись на нього. А лампа близько і, якщо намагатися під час польоту тримати лампу, скажімо, весь час праворуч, будеш літати по колу. Еволюція з часом відсіяла тих живих істот, які були нездатні на ірраціональні вчинки. Нарешті з'явилася людина, яка досягає успіху найчастіше тоді, коли чинить не так як усі, коли поводиться, здавалося б, ірраціонально.

Утім, за ірраціональністю поведінки ховається глибока мудрість природи. Якби всі люди раціонально хотіли одного й того самого, їм би нічого не вистачило. Але хтось полюбляє жовті фрукти, хтось – червоні, хтось узагалі віддає перевагу коренеплодам, а ось ще один "псих" навчився ловити і їсти цю бридку слизьку рибу і тепер не претендує на рослинну їжу. Чому в людей різні вподобання? Це не можна пояснити в межах раціонального для кожної людини. Зате в цих межах можна пояснити взагалі необхідність вподобань для різних особин одного і того ж виду. Навіть щури примудряються зберегти свою популяцію лише тому, що знаходяться ті, кому приманка з отрутою виявиться не до смаку. Девіз "Диференціюйся або помирай!", поставлений у заголовок книги Джека Траута, не вигаданий ним. Він узятий із природи і застосований до маркетингу.

У 1928 році психолог і винахідник Вільям Марстон видав книжку "Емоції звичайних людей", у якій він виділив чотири типи людей, залежно від бажаної ними стратегії поведінки у сприятливому або несприятливому середовищі.

Ті, хто активно поводяться в агресивному середовищі, належать до "домінуючого" типу – це владні, егоцентричні, честолюбні люди;

Ті, хто активний у сприятливому середовищі, – "впливовий" тип, такі люди товариські, чарівні, популярні;

Ті, хто в сприятливому середовищі воліє виявляти пасивність, належать до "стабільного" типу, для них характерні послідовність, спокій і передбачуваність;

Ті, хто вважає за краще залишатися пасивними навіть у несприятливому середовищі, – "ті, хто відповідає нормам", це дипломатичні, м'які, тактовні люди.

Кожен із нас носить у собі ці стереотипи. "Чистої" поведінки, притаманної лише певному типажу, так не буває, як не буває і чистих холериків чи меланхоліків. Але ми, приймаючи ті чи інші рішення у своєму житті, керуємося саме цими даними нам від народження стереотипами. Ми пояснюємо свій вибір у термінах цих стереотипів. Люди, які домінують, шукають вигоду і бояться бути обдуреними. Ті, хто має вплив, шукають престиж і бояться бути відкинутими. Люди, які прагнуть стабільності, шукають комфорт і бояться змін. А люди, які прагнуть відповідати нормам, шукають безпеку і бояться критики та помилок.

Спробуйте зараз пояснити собі, чому саме ви купуєте продукти харчування на базарі чи в магазині. Хтось скаже, що на базарі вигідно. Але завжди знайдеться той, хто скаже, що вигідніше в магазині. І навіть якщо ціни свідчитимуть проти цього твердження, людина наведе ще з десяток аргументів, що підтверджують саме вигідність покупок у супермаркеті. Знайдуться також ті, хто скаже, що їм зручніше купувати в супермаркеті (або на базарі). Будуть ті, хто пояснить свій вибір безпекою. Вони, не маючи на те підстав, стверджуватимуть, що "на базарі все свіже", або, якщо їхній вибір – супермаркет, заявлять, що "в магазині кращий контроль". Також серед опитаних знайдуться ті, хто оцінить "індивідуальний підхід" на базарі або "престижність" супермаркету. І не має значення, де саме вони здійснюють покупки насправді. У всіх цих людей не знайдеться строгих доказів своїх уподобань. Вони думають, що чинять правильно, і пояснюють собі розумність цього вибору, керуючись стереотипами.

На щастя для продавця, тип особистості та їхні стереотипи вибору можна визначити часто, навіть не вступаючи з людиною в розмову, а лише глянувши на неї. Це допомагає досвідченим продавцям підбирати потрібні слова, пропонуючи свій товар. Хороший продавець в автосалоні завжди поцікавиться у вас, яку машину ви водили до того, і головне, запитає, чому ви її обрали. По суті, адже будь-яку машину можна вибрати за те, що вона або економічна, або безпечна (в ній багато подушок, і вона пройшла тести), або престижна (із застереженням "у своєму класі"), або комфортна і містка (знову ж таки у своїй категорії).

Якщо людині, яка шукає вигоду, заперечити, що Гольф не найдешевша машина у своєму класі, вона одразу ж відповість, що у неї більший ресурс запчастин, і їх потрібно рідше міняти. На цей автомобіль дешевша страховка, у неї новий двигун зі зниженою витратою палива, і взагалі, є ще з десяток аргументів, що виправдовують високу ціну. При цьому людина, яка потребує безпеки, всі ті ж аргументи пофарбує у свій колір: Гольф рідше ламається, і власник зможе розраховувати на це авто, низька ціна страховки означає низьку аварійність, новий двигун він не згадає взагалі, зате згадає про посилену підвіску. А низька витрата палива дасть йому впевненість, що він не застрягне з порожнім баком між заправками. Людина престижу в тій самій ситуації згадає новий двигун і зауважить, що це передова розробка. Також вона повідомить, що для Гольфа у страховиків особливі умови. Ті, хто обрав комфорт, згадають про техобслуговування, але скажуть, що їм зручно не заглядати під капот машини роками. До того ж більш недорога страховка не стільки вигідна, скільки зручна.

Про людину і її стереотипи розповість нам обстановка, яку вона навколо себе створює, і поведінка, яка для неї характерна. Людина, що домінує, не керуватиметься дрес-кодами. Той, хто впливає, навпаки, одягнеться так, щоб бути впевненим, що він має кращий вигляд, ніж його співрозмовник: запонки, шпильки, хустки, дорогі костюми. Ця людина оточить своє робоче місце дипломами в рамках, фотографіями своїх досягнень або яскравих моментів життя (наприклад, рукостискання з президентом). Людина, яка цінує комфорт, зробить зручним усе навколо себе. У неї теж можуть бути фотографії на столі, але на них ми побачимо її близьких людей. Людина-стандарт підтримуватиме все в ідеальному порядку.

Знаючи всі ці особливості людей, можна легко побудувати бесіду, ґрунтуючись на речах, які для них важливі насамперед. Людина-престиж буде готова заплатити найвищу ціну за унікальність і за ірраціональну впевненість у якості дорогих речей. Якщо раптом річ виявиться неякісною, вона зробить висновок: "Хм, нічого собі, які ж тоді огидні дешевші речі". Така людина буде дуже лояльною до вас, якщо ви запропонуєте їй індивідуальні умови. Пропонуючи їй знижку, аргументуйте її унікальністю угоди як для вас, так і для неї. Людина цього типу якщо і даватиме рекомендації, то тільки розуміючи, яким чином вони піднімуть її авторитет в очах оточуючих. Хоча, найімовірніше, вона вважатиме за краще задовольнятися знанням, що в неї є унікальний постачальник із не менш унікальною пропозицією.

Людина вигоди буде цікавитися ціною. Вона домінуватиме в бесіді, намагатиметься швидко з'ясувати все, що їй потрібно, і ухвалити рішення. Таким людям потрібно надати дві-три чіткі альтернативи, не перевантажуючи їх інформацією. Це той тип людей, які впевнені, що можуть зрозуміти, що їм потрібно, дивлячись на опис розміром з один аркуш A4. Якщо їм не буде зрозуміло, вони делегують проблему іншим, але рішення ухвалять самі на основі інформації, донесеної тим, хто розібрався в питанні. І оскільки головне для них – вигода, вони мають побачити її для себе, для компанії, для інших, для продавця, зрештою. Вони ніколи не ризикнуть узяти "безкоштовний сир", вважаючи, що всім у світі рухає прагнення до вигоди. Їм важливо чітко розуміти, у чому для вас користь від їхніх рекомендацій.

Людину комфорту вкрай важко спонукати на будь-які зміни. Нове небезпечне і непередбачуване. Ця людина перебуває завжди в "зоні комфорту" і найменше вона хоче виходити з неї. Найкраще, що можна їй запропонувати, – експеримент, тест-драйв, пілотний проєкт. Ці люди, на відміну від двох попередніх типів, уважно ставляться до чужих рекомендацій і легко рекомендуватимуть вас. При цьому продавати їм важко тому, що вони хороші співрозмовники. Незважаючи на свою любов до розмов і спокійне ставлення до розпитувань продавця, вони будуть відтягувати завершення угоди лише через острах втратити з вами зв'язок. З такими людьми важливо контролювати час, витрачений на зустріч, і "вести" клієнта до прогресу під час розмови. Пропонуючи свій товар, не забудьте згадати, що саме в його придбанні буде вигідно людям, які оточують клієнта. Адже якщо покупка викликатиме лише заздрість оточуючих, людина-комфорт, імовірно, відмовиться від придбання.

Людина-страх – найскладніший покупець. Вона вважає, що є взірцем раціональності і стереотипи їй чужі. Вона не слухатиме продавця просто з остраху маніпуляції. Він сам візьме дві величезні специфікації і побудує таблицю переваг і недоліків. Він виробить таке рішення, за яке його ніхто і ніколи, як йому здається, не стане критикувати. Він побоїться давати рекомендації, тому що не здатний швидко проаналізувати наслідки того, до чого його порада може призвести. "А раптом?" – його улюблений аргумент. Якщо ви хочете, щоб людина цього типу купила товар, зішліться на досвід інших. Дайте їй усю інформацію і ні в чому її не намагайтеся переконати. Просто допоможіть їй порівняти всі можливі варіанти. Оскільки він не вірить у щирість оточуючих, ви повинні мати вагомі пояснення своєї допомоги. Говоріть із ним мовою цифр і бізнес-моделей, він це оцінить. Адже навколо повно людей, ¾ з яких узагалі не розуміють нічого – це люди інших типів особистості, які далекі від перфекціонізму, процедурності та дотримання норм.

Щоб зрозуміти, наскільки легко класифікувати людей за типами особистості та рушійними стереотипами, можна згадати будь-який хороший драматичний фільм. Наприклад, "Москва сльозам не вірить", у якому чудово зображено типи головних героїв та їхні мотиви. Типовий домінантний герой – Гоша (він же Гога). Типовий процедурний – головна героїня Катя Тихомирова. Люда Свиридова (героїня Ірини Муравйової) і Родіон (Рудольф) Рачков – типові люди престижу. А скромна Тоня Буянова, яка перша вийшла заміж і щаслива в шлюбі з коханим чоловіком Миколою, – типова комфортна людина, що цінує стабільність.

Тепер зрозуміло, чим хороше кіно відрізняється від поганого. Ви зможете поділити за типами особистості героїв серіалу "Трансформери" або фільму "Людина-Павук", якщо спробувати відволіктися від чорно-білого комплекту "лиходій-герой"? Адже серйозна частина соціального інтелекту відповідає саме за "роздільну здатність" щодо мотивів людей. І два (лиходій-герой), і чотири (вигода, комфорт, престиж, безпека) типи особистості – дуже груба класифікація. Насправді все набагато тонше й цікавіше. Тому найгірше, що може зробити продавець, – почати клеїти на людей ярлики.

Підсумки розділу

Основні думки

- Людина не може вибрати без порівняння. Однак воно теж дає суб'єктивний результат. Часто сама можливість вибору заганяє клієнта в глухий кут або робить його розчарованим після угоди.

- Щоб людина могла зробити правильний вибір і не шкодувати про це, їй потрібно допомагати.

- Люди схильні раціоналізувати неминуче. Якщо клієнт не може не купити товар, він сам знайде причини для покупки. Якщо ж він уже купив, то розповість продавцеві, навіщо він це зробив. Це корисно для отримання рекомендацій і збереження позитивного ставлення до продажу.

- Клієнт має цінувати те, що він вас знайшов. Тому не нав'язуйтеся йому і не робіть "холодних" дзвінків.

- Люди не здатні оцінити те, чого немає. Клієнти не знають про всі переваги вашого товару і не здогадаються про них до покупки, якщо їх не називати. Нехай вони куплять товар за те, за що вони самі вирішили. Решта буде для них приємним сюрпризом. Давайте більше, ніж клієнт очікує.

- Люди, які приймають рішення, відрізняються від решти співробітників компаній тим, що вони готові інвестувати сьогодні, щоб отримати завтра. Саме з ними і потрібно говорити про продаж. Причому говорити потрібно мовою інвестицій: сьогодні витратити, а завтра отримати.

- Клієнти можуть "розслабитися" тільки від одного того факту, що вони ухвалили рішення про покупку, і в результаті… не купити. Ведіть клієнта до його цілей. Він купує не тому, що він такий хороший, а тому, що йому це потрібно.

- Щоб переконати клієнта замінити старе, але дороге на нове, але дешеве, потрібно демонструвати йому конкретні цифри, оскільки він схильний цінувати вже витрачені гроші і не готовий визнавати, що він витратив їх даремно.
- Існує чотири базові типи ірраціонального вибору: вигода, престиж, комфорт і безпека. Можна розрізняти, до якого типу належить та чи інша людина, і розмовляти з нею однією мовою.

Вправи

- Візьміть будь-який хороший фільм: "Службовий роман", "Приборкання норовливого", серіал "Теорія великого вибуху". Не беріть видовищні картини або бойовики. Розпишіть героїв за типами особистості. Чому ви прийняли таке рішення?
- Простежте за тим, як ви ухвалюєте рішення під час купівлі тих товарів у магазині, які не були внесені до списку покупок.
- Згадайте ситуацію, коли ви шкодували про покупку, тому що ваші очікування не виправдалися в реальності. Що вас змусило купити цей товар? Як ви будете поводитися наступного разу?

З чого почати

- Зверніться до наявних клієнтів, попросіть їх описати 5-10 речей, які покращилися після купівлі вашого товару. Як ще їм допоміг ваш товар? Використовуйте ці відповіді (і запитання) в майбутньому під час спілкування з потенційними клієнтами.
- Подивіться на наявних клієнтів. Чим вони були рухомі, здійснюючи покупку у вас? Чи можете ви тепер говорити з ними однією мовою? Зустріньтеся з ними.

Що продають менеджери

Не роботодавець видає зарплату, роботодавець тільки розподіляє гроші. Зарплату видає клієнт.

Генрі Форд

Улюблене заняття

Припустимо, у вас є улюблене заняття. Ви готові займатися цим увесь час, від заходу до світанку і щодня (вам так здається). Для когось це – гірські лижі, для когось – пляж, для когось – секс, для когось – шоколад. Не в цьому суть. Уявіть собі зараз ретельно своє улюблене заняття.

А тепер я скажу, скільки я вам платитиму за те, що ви цим займаєтеся. Щоб оплата була справедливою, я:

- вимагатиму від вас явки з 9-00 до 18-00, пропускного режиму з електронними перепустками, що фіксують перекури;
- установлю систему штрафів за запізнення;
- поставлю план і стежитиму за його виконанням;
- вимагатиму писати щотижневі звіти і готувати доповіді на збори і планерки;
- встановлю дрес-код і кодекс поведінки;
- напишу кілька десятків важливих інструкцій;
- розставлю по офісу відеокамери;
- забороню займатися чим-небудь ще, крім обраної вами улюбленої справи в робочий час;

- буду негласно заохочувати перепрацювання і затримки на роботі.

Ви все ще хочете займатися своїм улюбленим заняттям у таких умовах? А то в мене в запасі знайдуться й інші заходи щодо "мотивації персоналу". Адже ми зовсім забули застосувати такі хороші інструменти, як "вичитувати за помилки, особливо на публіці" або "критикувати", або "тримати людей у страху звільнення", або користуватися "їжаковими рукавицями".

Ось цікаво, чому керівники, бачачи, що їхні співробітники систематично спізнюються на роботу, вирішують посилити режим, а не зрозуміти, чому співробітникам не цікаво прийти вчасно?

Часто менеджери вважають, що вони мають право вимагати від людей підпорядкування і виконання всіх вказівок на тій підставі, що вони платять гроші своїм співробітникам. Існує така думка, що хороший "людський ресурс" хоче працювати сам і буде працювати, дай йому тільки умови для роботи – зарплату, комп'ютер, стіл і туалет. Що роль керівника полягає в тому, щоб давати інструкції, кричати "побігли", "махати батогом", організовувати процедури, розподіляти покарання, примушувати працювати, ставити завдання і контролювати їх виконання. Тут же згадується фільм « Місія Клеопатра ». Там були пародійно показані вільні наймані будівельники (не раби), яких, тим не менш, наглядачі били батогами, щоб вони краще працювали. Мовляв, так тут заведено. Кредо таких менеджерів: ніхто не має бути нянькою. Хочеш працювати – працюй. Arbeit macht frei![14] Не хочеш – вали звідси! Якщо ти не поділяєш цілі

---

[14] Нім. "Праця робить вільним" або "Праця звільняє". Фразу як

компанії, ті цілі, які поставив її власник, тобі тут не місце. Jedem das Seine![15]

Коли людину, як правило, господаря бізнесу, запитуєш: "А чи багато таких чарівно-мотивованих людей?", вона журиться і каже: "У нас у країні майже немає". Але чи не нерозумно будувати свій бізнес, ґрунтуючись на тому, чого майже немає?

Немає людей, які як ідіоти будуть пахати більше і краще без будь-яких мотивів. Якщо раптом у вас на роботі хтось працює саме так, сам по собі, це означає, що ви якимось чином, імовірно, випадково зачепили потаємну струну його душі, що саме тут і зараз людина пов'язала свій успіх з успіхом компанії і тому сповнена ентузіазму. Однак це, як і будь-яка закоханість, швидко минає, і ми знову отримуємо "звичайний людський матеріал".

Є ще приклад. Подивіться на город. Те, що вам потрібно, росте і дає врожай, тільки якщо за ним доглядати, вирощувати, вірити в нього. А те, що росте саме по собі, як правило, належить до бур'янів. Та людина, яка працює з невмотивованим ентузіазмом, найімовірніше, все-таки отримує щось цінне у вашій компанії. Просто ви не знаєте, що саме.

Якщо так, може, варто все-таки розуміти, що робота менеджера не закінчується на тому, щоб просто "створити умови"? Він має давати людям те, що їм потрібно в обмін на

гасло було розміщено на вході багатьох нацистських концентраційних таборів.

[15] Нім. "Кожному своє" Фраза здобула сумну популярність як напис, зроблений німецькими нацистами над входом до концентраційного табору смерті Бухенвальд (Вікіпедія)

докладені зусилля. У цьому разі ми отримаємо тих самих фантастичних людей, які "працюють самі".

Хто кому клієнт?

Чому гроші не є тим, за що працюють люди? Тому, що гроші – частина контракту, те, чому людина готова приходити на роботу. Їх платить будь-який роботодавець, і на ринку загалом для однієї й тієї самої роботи зарплати приблизно однакові. Крім того, за теорією мотивації Герцберга, гроші не є мотиватором, а виступають лише "гігієнічним фактором", тобто однією з умов праці, а не тим, що наповнює людей ентузіазмом.

То навіщо ж люди, а особливо продавці, приходять працювати на фірму? Чому вони не можуть працювати самі на себе й отримувати свої комісійні, працюючи незалежним посередником? Якщо запитати про це в них, виявиться, що вони шукають стабільність і зростання. Вони набувають досвіду, бажають посісти краще місце в житті, і водночас уникають ризиків, які в цьому разі бере на себе фірма. Виходить, що компанія тільки "дає" своїм співробітникам, але нічого не бере сама? Ні. Завжди є друга сторона обміну.

Щоб зрозуміти, що саме віддають продавці своїй фірмі в обмін на зростання і стабільність (є ще й інші чинники мотивації, але не варто заглиблюватися), варто подивитися на продаж як на бізнес-процес. У кожного процесу є замовник. З цього погляду ясно видно, що замовником процесу продажу є фірма. Тобто продавець, реалізуючи товар або послугу фірми, формує додаткову вартість не для кінцевих споживачів, а для компанії. Якби продавець був незалежний, компанія платила б йому комісійні за кожну угоду, тобто за послугу посередника. Але коли продавець перебуває у штаті компанії, він отримує набагато менше, ніж незалежний посередник.

Отже, різниця між комісійними і цим "набагато менше" і є та плата, яку платить продавець за свою стабільність і свій розвиток. А коли ми говоримо про обмін чогось на гроші, виходить, що йдеться не про обмін, а про продаж. І виходить, що менеджер продавця сам є продавцем для своїх підлеглих. Він продає їм "товар" компанії під назвою "стабільність" і "розвиток" і отримує натомість гроші.

Продавці, відповідно, є клієнтами свого менеджера, а менеджер є клієнтом вищого менеджера. Адже якщо продавці приносять компанії гроші, вони є внутрішніми клієнтами всього бек-офісу. Але на практиці часто виходить, що внутрішніми клієнтами продавців є всі, кому не лінь, – від бухгалтера до водія. Тоді виходить, що продавець має звітувати бухгалтеру, а не бухгалтер – допомагати продавцю продати.

Клієнти – це ті люди, які оплачують ваші рахунки за квартиру, ваші витрати в супермаркеті, вашу відпустку, ваше лікування тощо. Ви добре розумієте, що ваші друзі, найімовірніше, не прийдуть до вас із грошима і не скажуть: "На ось, оплати ремонт своєї машини". Зате так зроблять ваші клієнти. У якомусь сенсі вони для вас кращі за друзів і ви вибудовуєте з ними щирі стосунки. Грамотно вибудувані відносини ведуть до розширення кола клієнтів за рахунок взаємних рекомендацій. Потім рано чи пізно настає момент, який називається "точка насичення". Ви більше не можете розширювати коло своїх покупців.

Клієнт це не завжди той, хто споживає товар. Клієнт – завжди той, хто приносить вам гроші. Виходячи з цього, ми починаємо розуміти, що рекламний плакат із кухлем красивого пінистого напою потрібен насамперед не тому, хто його п'є, а тому, хто цей напій продає тому, хто його п'є. Якщо ви – топ-менеджер мережі продажів, як ніхто інший ви знаєте, що про збільшення витрат на рекламу вас благають не споживачі ваших послуг, а люди, які продають ваші послуги.

Зверніть увагу: ці люди є вашими клієнтами незалежно від того, що ви думаєте і як ви з ними поводитеся. Усі ваші управлінські зусилля, якщо вони не набувають форми клієнтоорієнтованості, не будуть доказово ефективними. Якщо у вас щось виходить, то, найімовірніше, ви неусвідомлено даєте цим людям натомість на гроші, які вони приносять, щось, про що самі не підозрюєте.

Одного разу я розмовляв із жінкою пенсійного віку, яка скаржилася на директора своєї організації. Це була навколодержавна госпрозрахункова структура і директор, за словами співрозмовниці, виглядав як тиран. Наприклад, він змушував виходити співробітників на роботу у свята.

— Але чому ж ви погоджуєтеся на це? Чому не повідомите "куди слід" про свавілля?

— Вона задумалася, а потім відповіла:

— Знаєш, я ніколи цього не зроблю. Коли мені потрібні були гроші на лікування суглобів – імпланти, то він мені їх дав. Я зобов'язана йому своїм здоров'ям.

Виходить, що директор був тираном лише тому, що зробив усіх зобов'язаними йому. Його підлеглі чекали від нього батьківської турботи й надалі.

Якщо людина приносить вам гроші, ви маєте щось давати їй натомість або хоча б знати, що ви їй уже даєте. Що саме? А? Це і є мотивація. Реальна щоденна робота кожного керівника.

І якщо кожен керівник – продавець, то продає він не товар, а свою послугу менеджера. Сергій Бубка не став би рекордсменом світу, якби не його тренер. Успішний продавець не зміг би заробити всіх своїх грошей, якби не грамотне керівництво ним. І побудувати продажі можна, лише усвідомивши свою роль продавця для підлеглих. У цьому і є суть клієнтоорієнтованості.

Причиною відсутності клієнтоорієнтованості є відчуження працівників від результатів своєї праці. Працівник вважає, що він отримує зарплату від компанії. І компанія намагається його в цьому переконувати. Хоча в глибині душі кожен із працівників розуміє, що його присутність на роботі вигідна для роботодавця. І отже, той не платить зарплату, а повертає співробітнику частину ним же заробленого.

Але, як правило, роботодавець або безпосередній начальник працівника вважає, що це він – клієнт працівника, а не працівник – його клієнт. І виходить, що можна, наприклад, зібратися всім на нараду, залишивши телефони без уваги. Адже нараду зібрав бос, на якого ми працюємо, а клієнти – люди, що приходять. У результаті розмова з клієнтом може бути безцеремонно перервана якимось "терміновим" запитом від керівника. У нас проявляються всі ознаки типової хвороби відчуження. І працівник ніколи не буде у своїй роботі клієнтоорієнтованим, якщо його начальник не орієнтований на цього співробітника як на клієнта.

Ліквідувати відчуженість треба з самого верху, з голови компанії. Саме голова правління компанії повинен раз і назавжди спочатку повірити, а потім довести собі, що всі інші члени правління компанії є його клієнтами. Клієнтоорієнтованість народжується нагорі.

Жодні красиві плакати і супертренінги ніколи не допоможуть персоналу бути клієнтоорієнтованим, якщо ті самі принципи не сповідує вся структура компанії. Ніколи компанії не досягти успіху, якщо бухгалтерія сприймає себе клієнтом, замість того щоб вважати клієнтами інші підрозділи. Ніколи IT-відділ компанії не забезпечить її успіх, якщо буде фанатично роздруковувати зведення правил, вибудовувати файрволи[16] і встановлювати шпигунське ПЗ. І так далі.

Коли до клієнтів у компанії ставляться так, що в них немає почуття комфорту, це не проблема конкретного менеджера, а проблема всієї компанії, починаючи з самого верху. У такої організації немає майбутнього.

Клієнтоорієнтованість – це не плакати в залі продажів, а глибинна філософія компанії. Клієнт – це той, хто приносить гроші, а не той, хто споживає вашу продукцію. Ваші працівники – ваші клієнти, адже саме вони платять вам гроші, а не ви їм – зарплату. Без вибудовування внутрішньої клієнтоорієнтованості у вас не вийде вибудувати зовнішню.

Консультуючи компанії, я завжди рекомендую прибрати обмеження на користування інтернетом для співробітників, які продають. Здавалося б, закриття доступу в соціальні мережі, на відео-сайти, портали з працевлаштування має дисциплінувати співробітників. Але подібні дії – боротьба лише з наслідком, а не з причиною. Це як спроба лікувати морфієм апендицит. Закривши доступ, ви не змусите людей припинити байдикувати, але перестанете розуміти, як саме вони байдикують. Ви не уникнете витоку даних, але не зможете більше розуміти, як вони витікають. Ви не завадите людям шукати роботу, але не помітите, коли вони почали свої пошуки.

---

[16] Спеціальне програмне забезпечення, що відіграє роль "захисної стіни" між мережею всередині компанії та інтернетом.

Відкритий для співробітників доступ в інтернет для вас означає розуміння того, хто зайнятий, а хто байдикує. Ви зможете адресно коригувати поведінку людей, мотивувати їх і… дивитися, чи продовжує співробітник лінуватися. Ви легко дізнаєтеся, хто шукає роботу, хто дивиться порно в офісі, а хто намагається зняти квартиру або купити машину. У вас усе на долоні – сучасне мережеве ПЗ дає змогу бачити активність користувачів у мережі, зберігати й аналізувати протоколи цієї активності. Найголовніше: ви вже виступаєте не в ролі наглядача, а в ролі постачальника послуг продавцям. Відкриття доступу – крок до клієнтоорієнтованості. Важливий ще один невеликий штрих: нехай журнали доступу до інтернету будуть доступні не тільки вам, а й усім співробітникам компанії. Взаємна відповідальність мотивує набагато сильніше, ніж бажання уникнути покарання з боку наглядача.

Точка насичення

Є думка (у низці сфер бізнесу), що людина, яка привела клієнта в компанію, має продовжувати обслуговувати цю людину. Загалом посперечатися з цим важко. У B2B і просто великих продажах рішення про купівлю ухвалюється з оглядкою на перспективу роботи в майбутньому (сервіс, обслуговування). І особиста симпатія до представника компанії вирішує дуже багато. Мало того, IBM – компанія, яка колись робила комп'ютери і ПЗ, а зараз більшу частину грошей заробляє на консалтингу, проповідує цей підхід до упору, і хоч би яким був кар'єрний ріст людини всередині компанії, знайдені нею покупці залишаються її клієнтами на все життя.

Також справедливий підхід, згідно з яким зусилля на утримання наявних клієнтів мають перевищувати зусилля на придбання нових клієнтів за принципом 80/20. На практиці це означає, що новими клієнтами можна займатися, якщо всі старі задоволені.

Тут-то ми й отримуємо дві важливі проблеми.

- Може здатися, що людина, яка "продала", і людина, яка "веде", – різні за функціоналом люди. Це не так. Функціонал і там, і там однаковий – розуміти потребу, перекладати її внутрішньою мовою виконавця і надавати рішення. Різним функціонал може бути тоді, коли сам продаж здійснюється непрофесійно і по-браконьєрськи. Це те, що називається "впарюванням".
- Рано чи пізно виникає точка насичення, коли наявних клієнтів стільки, що вже не можна обслужити нових. Саме залучення нових клієнтів відбувається тоді, коли старі поступово "відвалюються" з різних причин.

Знаходження продавця в точці насичення – патова ситуація. Вона ускладнюється ще й тим, що:

самі продавці час від часу "відвалюються", а старі клієнти йдуть у навантаження до решти продавців, які перебувають у точці насичення і вже не можуть приділити уваги новим "старим" клієнтам. Через деякий час кількість клієнтів у кожного продавця все одно стабілізується – незадоволені клієнти підуть, а у продавця настане рівноважний стан;

продавці не тільки продають, а, як правило, ще й "обслуговують" бухгалтерію. Що більше звітності, паперової роботи, нарад і планерок, перекурів, то раніше настає точка насичення. Саме тому варто вибудовувати процеси в компанії так, щоб бухгалтерія обслуговувала продавців, а не навпаки.

Єдиний спосіб розвивати бізнес у такій ситуації – найм нових продавців, які будуватимуть свій портфель з нуля. Але це теж не вихід, і ось чому.

Уявімо собі, що на фірмі є 5 "старих" менеджерів. До них приєднується один новий. Сповідуючи логіку, описану вище, керівник приділятиме новачкові менше уваги. Сам новенький, бачачи різницю в цифрах доходів, буде дуже сильно переживати, на нього тиснутимуть, можуть влаштовувати дідівщину. Він буде жертвою виволочок і поганого настрою начальника (люди похилого віку вже "свої"). Йому помилки пробачатимуть набагато рідше, ніж людям похилого віку. У співробітника, який давно працює, будуть "прикрі непорозуміння", а у новачка – "прикмети, за якими судять про людину". На довершення до всього спрацює стандартна ксенофобська реакція на новачка в старому колективі. Якщо співробітник утримається в таких умовах, мине щонайменше півроку перед тим, як він укладе першу серйозну, непересічну угоду. Однак у 80-90% випадків новачок залишає компанію раніше, ніж це трапляється. Виходить вельми застійний колектив, який, згідно із законом напіврозпаду, поступово розвалюється сам по собі. Фірма вмирає і згортається до команди з 4-5 осіб: бухгалтер, "граючий" директор, двоє старих друзів директора і новачок, який постійно змінюється. Знайоме, чи не так?

Навіть якщо ми уявимо собі ідеального менеджера, який правильно вибудовує конвеєр рекрутингу, однаково в нього самого колись настане точка насичення, тому що керувати більш ніж десятком продавців він не зможе.

Чому ж тоді менеджер не найме собі в підпорядкування не продавців, а інших менеджерів, щоб ті наймали продавців? Але як він знайде на це час, якщо сам "насичений" продавцями? Доручить продавцям будувати свої команди? А як? Звідки "насичені" продавці візьмуть час для рекрутингу та навчання новачків? Та й чи треба їм це, якщо вони просто тут і зараз не повинні втратити гроші від наявних клієнтів. Безвихідь. Пат.

Ми з вами зараз докопалися до найважливішого. До відповіді на запитання: чому рідкісна фірма в принципі може зростати. І чому зростання не нескінченне. Поки воно йде до точки насичення, тривоги це ні в кого не викликає, а коли точка насичення досягнута, ресурсів на розвиток просто вже немає. Тепер щоб розвиватися, необхідно… втрачати клієнтів. Хто ж на це піде?

Рецепт успіху полягає в тому, що продавець не повинен виходити на насичення, а досягнувши 30-50% від своєї максимально можливої кількості клієнтів, отримавши поняття про ринок, продукт, споживачів і техніку продажів, просуватися кар'єрною драбиною вище, а решту часу приділяти не залученню нових клієнтів, а рекрутингу та навчанню новачків.

За такого підходу підрозділ продажів у компанії також вийде на точку насичення, але набагато пізніше й іншого роду. Тоді це стосуватиметься принципової можливості найвищого менеджера взагалі приділяти увагу нижнім рівням, викроювати час між усілякими "дурницями" на кшталт зустрічей, нарад, бізнес-планів, звітності, питань стратегії, паблік рилейшнз тощо.

Ключова перевага

Організовуючи свій бізнес, потрібно дуже чітко розуміти, чим саме ви кращі за інших. Вище ми вже розібрали, що тільки розуміння, чим ваш продукт або послуга відрізняється від пропонованого конкурентами, може бути основою якісних продажів. У продажі себе як менеджера своїм продавцям це тим більше важливо.

Чому люди, які працюють на вас, не можуть те саме робити самостійно? Чому, віддаючи вам частину своєї праці, вони платять вам? У чому полягає ваша послуга для них і за що вони платять? До таких переваг можна віднести початковий капітал, його наявність у вигляді грошей, обладнання, нерухомості, патентів, ліцензій та інших активів. Необхідний початковий капітал часто визначає поріг входу нових учасників на ринок. Справа зазвичай не в тому, що його немає – на цей випадок є кредити, – а в тому, що ви, на відміну від інших, готові нести бізнес-ризики, пов'язані з використанням початкового капіталу. Люди, які працюють на вас і віддають частину своєї праці, платять вам за те, що ви несете ризики, за "віртуальний кредит", за право користуватися вашим капіталом. А ризики ви готові нести саме тому, що в чомусь обізнані більше за інших.

Наприклад, у вас є кваліфікація, яка надає вам упевненості в собі. Ви фахівець у цій царині й можете передбачити всі можливі ризики, а не гадати. Кваліфікація дає вам можливість надавати своїм співробітникам інформацію, за яку вони теж готові платити частиною своєї праці. Це ж дозволяє вам розбити виробництво на низку простих операцій, які можна доручити менш кваліфікованому персоналу.

Отже, ще одна річ, яку бізнесмен дає продавцям, – це організація бізнесу, його координування. По суті, йдеться про наймання диспетчера, який виконує всю метушливу організаційну роботу, з'єднує разом етапи виробництва, узгоджує виробництво з продажами та організовує збут. Також ви наймаєте невиробничу частину вашої фірми для того, щоб утримувати в порядку записи на рахунках і відносини з податковими органами. Додатково ви за необхідності наймаєте юристів, кадровиків, службу безпеки, перевізників тощо. Ці люди платять вам за те, що вони знають, чим займуться завтра, адже ви є для них "вічним" клієнтом, а це коштує грошей. Зрозуміло, ваші послуги організатора бізнесу коштують тим дорожче, чим вища ваша управлінська кваліфікація. Тобто що кращий з вас менеджер, то більше у вас грошей. І для початку вам варто розбиратися в управлінні вашими працівниками, щоб пропонувати їм свої послуги.

Хоча б один

Досить складний шлях розвитку бізнесу проходять компанії, що надають професійні послуги. Як правило, вони починають свій шлях як команда професіоналів, які знають свою справу, але не вміють продавати. До того ж робити це їм заважає власна надкомпетентність, про яку було написано раніше в цій книзі.

Клієнт телефонує в архітектурне бюро і запитує, скільки коштує проект будинку. У відповідь йому ставлять уточнювальні запитання:

А що за будинок? Скільки поверхів, площа? Яке призначення: житло, офіс, підприємство? У якій місцевості розташований? З яких матеріалів буде будуватися?..

Вибачте, у вас усе так складно… Ви не могли б покликати когось із відділу продажів?

У будь-якому бізнесі потрібно продати те, що ти зробив. Але спочатку це потрібно зробити або бути здатним зробити. Тобто виробництво завжди стоїть на першому місці, а продажі – на другому. Ідея маркетингу – виробляти те, що потрібно споживачам, – зрозуміла. Але уявити собі бізнес, у якого немає жодного штатного продавця, можна, а ось продавців, яким нема чого продавати, – не можна.

Тому в продажах професійних послуг колектив професіоналів, якість їхньої роботи та їхня репутація завжди стоять на першому місці. Це висококомпетентні люди. І, що цікаво, вони не впевнені у своїх силах, бо перебувають під впливом ефекту Даннінга-Кюгера.

Ефект Даннінга-Крюгера – когнитивне спотворення , яке полягає в тому, що люди, які мають низький рівень кваліфікації, роблять хибні висновки, ухвалюють невдалі рішення і при цьому нездатні усвідомлювати свої помилки через низький рівень своєї кваліфікації. Це призводить до виникнення в них завищених уявлень про власні здібності. Натомість справді кваліфіковані люди, навпаки, схильні занижувати свої здібності та страждати від недостатньої впевненості у своїх силах, вважаючи інших компетентнішими. Таким чином, менш компетентні люди загалом мають вищу думку про власні здібності, ніж це притаманно людям компетентним, які до того ж схильні припускати, що оточуючі оцінюють їхні здібності так само низько, як і вони самі.

Навряд чи можна робити ставки на якісний продаж власних послуг тим, хто, попри свою надкомпетентність, не впевнений у своїх силах. Виходить, що неосвічений продавець здатен на більше, ніж професіонал у певній галузі? Ніхто ніколи не бачив програміста, який себе продає. Неможливо уявити собі інженера, який розвиває потреби в клієнта, і, тим паче, не можна уявити стоматолога, який наздоганяє перехожих і питає в них дозволу зазирнути їм у рот: а раптом є дірка, яку можна запломбувати.

Компанії, що продають професійні послуги, продають, по суті, котів у мішках, і враження, яке професіонал створює під час першої зустрічі з клієнтом, завдяки ефекту Даннінга-Кюгера не буде найкращим. Зростання бізнесу професійних послуг підпорядковується органічним законам. Природні рекомендації, а не активні продажі дають змогу наростити снігову кулю клієнтів. Але це все вимагає і часу, і удачі. Якби всі компанії були здатні однаково нарощувати снігову кулю, то у світі було б не 4, а 400 великих аудиторських компаній.

Професіоналам, які сумлінно обслуговують своїх клієнтів, заважає займатися активним залученням нових покупців ще й зосередженість на тих проєктах, які ці фахівці ведуть зараз. Стоматолог думає про конкретний зуб конкретного пацієнта. Аудитор перевіряє звітність конкретної компанії. Адвокат не здатний перебувати одночасно у двох залах суду, і інженер не зможе робити два проєкти одночасно з тією самою якістю. Нікому не потрібно більше одного клієнта в кожну конкретну хвилину. Його і не обслужиш, і не залучиш. А люди не схильні виходити з рутини і планувати свою діяльність наперед. Менеджер, який керує такою компанією, навіть не зможе належним чином мотивувати продавців грошима або ще якось для залучення нових клієнтів.

Але менеджер чи господар компанії має думати про прибуток. А прибуток за таких умов залежить від середнього рахунку, який може зростати лише тоді, коли в компанії є стабільний потік запитів на її послуги, і коли вона може обирати проєкти чи задачі, що приносять більше грошей. Але для того, щоб була можливість робити вибір, потрібно мати, з чого вибирати. У компанії в ідеалі має бути більше клієнтів, ніж вона здатна обслужити. Це дасть їй змогу вибирати, з ким працювати, а з ким ні. Це дасть їй можливість піднімати ціну на свої послуги, регулюючи як попит, так і прибуток. У цьому ключ процвітання і швидкого зростання компаній, що надають професійні послуги.

Що може менеджер такої компанії запропонувати своїм клієнтам – команді професіоналів? Зрозуміло, послугу з пошуку та залучення клієнтів. У більшості випадків так і відбувається природним чином. Менеджер є головним і єдиним продавцем, а портфель замовлень складається на 80% з того, що приніс цей менеджер у компанію. Частина менеджерів усвідомлює, що в компанії ніхто більше продавати не буде. Частина – навпаки, не розуміє, чому інші – люди такої самої кваліфікації та такого ж досвіду – нездатні привести в компанію нових клієнтів. У результаті виходить, що в компанії з'являються неробочі системи стимуляції та мотивації, преміювання людей за продажі, встановлення залежності зарплати від кількості замовлень тощо. А потім менеджери дивуються, чому професіонали тікають від них.

Головне при такій організації роботи – не потрапити в "точку насичення" і зробити так, щоб продажами в компанії від самого початку її роботи займалося, окрім керівника, ще щонайменше двоє людей. І якщо ви цінуєте своїх професіоналів, не змушуйте їх продавати самих себе. Нехай вони будуть стурбовані якістю своєї роботи, а не зароблянням грошей. Інакше вони покинуть вас і, що часто буває, підуть "на вільні хліби", адже і ви перестали надавати їм свої послуги менеджера.

Найм як продажа

Говорячи про переманювання, ми ставимо собі таке розумне обмеження: оплата праці та інша матеріальна мотивація для людей цього рівня, в принципі, однакова і склалася під впливом ринкових механізмів попиту і пропозиції. До того ж досвідчений менеджер з людських ресурсів підтвердить вам, що гроші скоріше демотивують, аніж мотивують, коли йдеться про творчу роботу, де розв'язання задач треба винаходити, а не просто застосовувати готові.

Отже, проблема виглядає так: є принц-на-білому-коні, який працює в конкурентів. Його треба переманити для клієнта. Ми, звісно, вже переконалися, що цей конкурент нашого клієнта є успішнішим у тій царині, в якій нам треба знайти фахівця: у нього краще вибудувано процеси, чи правильно організовано продажі, чи чітко і без затримок працює бухгалтерія.

Що нам потрібно зробити? По-перше, варто вже заздалегідь завести дружбу з такою людиною, наприклад, залучаючи її час від часу для інтерв'ювання інших людей. Варто взагалі тісно спілкуватися в колах вищого керівництва, щоб мати змогу питати їхніх порад і рекомендацій. Не шкодуйте грошей на каву і намагайтеся теж бути корисними для таких людей. Наприклад, давайте їм час від часу безкоштовні наводки на хороших кандидатів. Від вас не убуде. Якщо ж дружби тут ще немає, то вам варто її налагодити. Цей процес займе щонайменше місяць і клієнта про це варто попередити заздалегідь, щоб він не втрачав терпіння.

Маючи близький контакт із такою людиною або будучи порекомендованими до бесіди, вам потрібно дізнатися, що саме не подобається нашому принцу в компанії, на яку він зараз працює. Для цього вам знадобиться або задушевна бесіда з ним, або інсайдерська інформація, або прості пресрелізи, ділові новини, наприклад, про зміну одного з членів правління компанії тощо. Напевно, кожній людині щось набридло, щось лякає, у чомусь вона не відчуває впевненості, щось не контролює, десь не бачить власного зростання, а подекуди й часом, десь раз на квартал, їй навіть хочеться "розвернутися і піти". Ваше завдання – спіймати її якраз у такий момент. Станьте сповідником для таких людей, знайте про них усе. Надавайте послугу вислуховування їхніх проблем. Знаючи про проблеми людини, можна за допомогою витягувальних і спрямовувальних запитань привести її саму до думки, що пора б щось змінити в цьому житті.

Наприклад, так:

(Микола – "принц", Валентина – рекрутер)

— Миколо, до речі, а як ви ставитеся до роботи Катерини?

— Ой, краще не питайте…

— Так, я теж чула про проблеми в її департаменті.

— Та невже? Мабуть, ця ганьба вийшла за межі нашої компанії. Ну, що поробиш, не завжди є можливість вибирати, з ким працювати.

— А ви не пробували розмовляти про це з генеральним?

— Безрезультатно. Вона – чи то його кума, чи то кума його брата. Я, зізнатися, не вдавався в подробиці.

— Незавидне становище, Миколо. А як ви думаєте, наскільки серйозно позначається неефективність Катерини на вашій роботі?

— Ще й як позначається. Усі ми – внутрішні клієнти одне одного, і якби Катерина була хоч трішки спритнішою і ефективніше керувала своїми людьми, то і я б показав би кращий результат.

— Виходить, робота в одній команді з Катериною шкодить вашій продуктивності?

— Так.

— А як це позначається на вашій репутації?

— Зрештою, моя репутація успішного менеджера страждає через мою вимушену неефективність.

— Вас, наскільки я пам'ятаю, було запрошено на роботу через рекрутерів?

— Так.

— Миколо, якщо дивитися на випадок із Катериною, виходить, що ділові якості у вашій компанії менш важливі, ніж родинні зв'язки. Як ви думаєте, що буде з вами, якщо на вашу позицію знайдеться хто-небудь, близький генеральному?

— Ну, поки що ж не знайшовся, тому-то й вирішили залучити рекрутерів. Хоча ви маєте рацію, мене позбудуться.

— Чи надає це вам упевненості в завтрашньому дні?

— Ні, звісно.

— Виходить, що ви завжди ризикуєте залишитися на вулиці, до того ж із не найкращим записом у резюме, бо не були достатньо ефективним. Як довго ви розраховуєте шукати роботу, і чи є у вас парашут?

— Ну, парашут ми поки що не обговорювали…

— І яким ви бачите вихід із ситуації, що склалася?

— Активно шукати роботу я не зможу, одразу ж підуть чутки по ринку, а для керівника мого рівня це ні до чого доброго не призведе…

— Ви знаєте, Миколо, мені здається, я зможу вам допомогти. Ми добре знаємо одне одного, і якщо я побачу що-небудь вартісне для вас, я одразу організую зустріч. Йде?

— Валентина! Ви просто мій рятівник! Зрозуміло, я до ваших послуг!

Природно, у Валентини вже було щось на прикметі, однак перед тим, як це пропонувати, вона продовжить розмову з Миколою, щоб у доброзичливій формі дізнатися про роботу його мрії. Навіщо? Щоб, ретельно запам'ятавши або навіть записавши побажання Миколи, представити йому під час наступної зустрічі відповідну вакансію як роботу його мрії.

Що сталося в розмові між Валентиною і Миколою? Валентина діяла як професійний продавець: вона взяла маленьку зачіпку, розгорнула її до великої проблеми, сама ж скерувала Миколу до потрібного їй рішення і виступила вже реалізатором його потреб, а не прохачем. Такий підхід у рекрутингу справедливий не тільки для executive search, а й для взагалі всіх. Розглянемо, наприклад, діалог начальника відділу продажів і кандидата на посаду торгового агента. Зарплата тут не передбачається. Комісія велика, але її треба заробити, перспективи для зростання є, але вони досить примарні. Сам начальник очікує, що кандидат не протримається і півроку. Недосвідчений рекрутер спасує в даній ситуації або спробує, не запитуючи кандидата про його потреби, "відбарабанити" переваги (як реальні, так і вигадані), трохи описати характеристики роботи і чекати згоди кандидата. Імовірність успіху близька до нуля. Але 3S продавець вирішить, що не все втрачено, і почне:

(Валентина – начальник відділу продажів, Костянтин – майбутній агент)

— Костянтине, перш ніж говорити про роботу, яку ми вам хочемо запропонувати, я б хотіла дізнатися дещо про вас. Дозволите?

— Так, будь ласка.

— Костянтине, розкажіть, будь ласка, яку роботу ви шукаєте?

— Мене цікавить офісна робота з чітким графіком і нормальною ставкою.

— Ви маєте рацію, Костянтине. Це хороша робота. Ви сказали, вас цікавить ставка. Можна уточнити, що для вас ставка?

— Це насамперед стабільність і впевненість у завтрашньому дні.

— Можливо. Скажіть, а чому ви пішли з попередньої роботи?

— Та я й не йшов. Нас вигнали. Дали на підпис заяви "за власним" і відпустили на всі чотири сторони. Знаєте ж, зараз криза.

— Ви маєте рацію, криза багатьох людей позбавила роботи. І у вас там теж була ставка?

— Так.

— І вам вона допомогла у вашій стабільності, коли вас взяли і звільнили?

— Не особливо.

— Дякую, я ще запитання поставлю. Ви знаєте, на якій машині їздить ваш колишній начальник?

— Так, на Камрі. Чорна така.

— Як ви думаєте, хтось платить йому зарплату?

— У якому сенсі?

— Ну, ваш колишній шеф отримує від когось ставку?

— Ні, звісно, він же бізнесмен!

— А як ви думаєте, ось ви говорите – криза, а ваш шеф перестав їздити на Камрі?

— А чого йому переставати – як їздив, так і їздить!

— Виходить, що стабільність є у вашого шефа, а не у вас?

— Виходить, так…

— І ставки йому ніхто не платить. Чи не здається вам, що він купив у вас для себе стабільність, сплачуючи вам ставку?

— Хм, хитро виходить…

— Мало того, я вам скажу, що більшість оточуючих, які стабільно і надійно годують себе і свою сім'ю, ніколи не розраховували на ставку. Це і плиточник, який виклав кахель у вашій ванній, і таксист, і адвокат, і сантехнік, і меблевик, і навіть продавець сигарет, які ви курите. Однак, дякую за відповідь, у мене до вас є ще запитання.

— Давайтс.

— Припустимо, у вас є важлива справа, наприклад, ви збираєтеся на весілля найкращого друга, і вам треба купити весільний подарунок. Ви самі підете по магазинах чи попросите когось?

— Звичайно, сам піду.

— Чи правильно я зрозуміла, Костянтине, що у важливих для вас питаннях ви схильні покладатися на самого себе?

— Правильно!

— Дякую, якщо можна ще запитання. Як ви думаєте, хотіли б ваші друзі, справжні друзі, щоб ви більше заробляли?

— Звичайно!

— А ваш колишній шеф мав гостре бажання підвищити вам зарплату?

— Ха, зрозуміло, ні!

— Виходить, що у важливому для вас питанні – забезпеченні своєї стабільності – ви покладалися і не на себе, і не на друзів, а на людину, яку другом вже точно назвати не можна, і яка платила вам настільки мало, наскільки могла?

— Виходить, так.

— І переробки у вас напевно були... Ви часто залишалися вечорами?

— Бувало...

— І вам за це доплачували?

— Та яке там...

— Виходить, ви б хотіли мати роботу, в якій чим більше працюєш, тим більше отримуєш?

— Так!

— І роботу, в якій ви самі собі забезпечуєте стабільність?

— Так!

— Дякую вам, Костянтине, робота, яку я вам запропоную, саме такою і є. Стабільна робота з упевненістю в завтрашньому дні, зі справедливою оплатою, яка залежить від того, як багато ви працювали. Зрозуміло, якщо ви нічого не робитимете, то вам нічого й не заплатять. Це ж справедливо?

— Само собою!

— Ви, Костянтине, згадали про робочий день. Чи правильно я зрозуміла, що вас дуже хвилює зручний режим роботи?

— Правильно.

— І вам би хотілося самостійно обирати для себе робочі години?

— Ну… це вже зі сфери фантастики!

— Зовсім ні. Про режим вашої роботи я розповім пізніше, ще хочу уточнити про офісну роботу.

— Давайте.

— Робота, яку ми хочемо вам запропонувати, офісна. У нас дуже багато офісної роботи по заповненню бланків замовлень, оформленню самих замовлень, перевірці платежів і підтримці існуючих клієнтів. Вам це підходить?

— Так!

— При цьому, звичайно, потрібно буде виїжджати до клієнтів, а також вести самостійний пошук клієнтів, чого ми вас навчимо. Для вас же важливе персональне зростання?

— Так!

Ми стали свідками класичного продажу. Людина висловила побажання, рекрутер уточнив, що людині потрібно насправді, перевів це в площину потреб самого кандидата і запропонував вирішення його проблем. У цьому діалозі навмисно продемонстровано кілька прийомів переконання. На практиці достатньо одного або двох аргументів.

Портфель клієнтів

Часто роботодавці висловлюють побажання, щоб продавець, якого вони шукають, уже мав портфель клієнтів. Чого хочуть роботодавці насправді? Насправді вони потребують надійного вирішення своїх проблем. І якщо ми поставимо їм пряме запитання, навіщо їм менеджер із портфелем, вони так і дадуть відповідь: "Це різко підніме наші продажі, і ми будемо впевнені, що зробили правильний вибір". Однак якщо роботодавцям потрібна надійність і впевненість, то це що завгодно, але не людина з портфелем або командою.

"Портфельна" людина піде туди, де платять більше, за першої ж нагоди, і утримати її клієнтів у себе буде важко. Їх же не зміг утримати попередній роботодавець, вірно? Мало того, цей "портфельний" тип забере із собою все нове, що встиг напрацювати в наявного роботодавця. За можливості він прихопить із собою клієнтську базу. Ще одне зауваження: "портфельний" продавець – утопія. На практиці досить рідкісні успішні переходи хороших продавців в іншу компанію так, щоб їм вдавалося перетягнути більшу частину клієнтів зі старої роботи. Чому? Та тому що продавець продавав клієнтам не тільки себе, а й компанію, її переваги перед конкурентами. Клієнти вже свято вірять у свій правильний вибір. Якщо ж продавець продавав тільки себе, то він просто припинить працювати на кого-небудь і відкриє свою посередницьку контору. Навіщо йому носити портфелі від роботодавця до роботодавця і втрачати частину клієнтів під час переходу, якщо він може раз і назавжди зробити клієнтів тільки своїми, продаючи і свій професіоналізм, і знання ринку – де клієнту краще бути обслуженим наступного року або під час наступної покупки. Якщо ж у нас усе-таки є приклади людей, які мігрують від роботодавця до роботодавця зі своїм портфелем клієнтів, то невідомо взагалі, хто кого наймає, і хто від кого залежить. У таких випадках, найімовірніше, сам продавець купує в особі роботодавця потрібний йому ресурс, наприклад, офіс.

Гроші і карєра

На жаль, гроші не мотивують. Найчастіше навіть навпаки: що більше в людини грошей, то менше зусиль вона готова докласти для того, щоб заробити ще одну копійку. Тому варто чітко розділяти комісійну винагороду та заходи з мотивації персоналу. Тому ж мотивацію не можна називати "додатковою", тому що вона – основна. Комісія не є мотивацією, а є частиною контракту між компанією і продавцем, тобто обов'язковим до виконання фактором. Але у нас так повелося: називати все, що ми робимо, крім сплати комісії, "додатковою мотивацією".

І, зрозуміло, оплата праці рівноважна. Усі роботодавці платять приблизно однаково за одне й те саме. Ви не зможете змусити людей працювати тільки тому, що ви платите їм зарплату. Якщо роботодавець платитиме більше за інших, то його структура витрат на виробництво своїх товарів чи послуг зробить його менш конкурентоспроможним на ринку. Отже, всі платять настільки мало, наскільки можуть. Але й платити менше, ніж платять конкуренти, теж не можна, тому що від роботодавця підуть кваліфіковані кадри.

Існує двофакторна теорія мотивації Герцберга, згідно з нею, гроші є чинником, що не мотивує до праці, а утримує на роботі. До тих, що утримують, відносять також політику керівництва, умови праці, стосунки всередині колективу. Навіть якщо всі ці фактори максимально відповідатимуть побажанням працівника, вони самі по собі не викликають задоволення від роботи, якщо не представлені мотивуючі фактори: досягнення, визнання заслуг, відповідальність, можливість для кар'єрного зростання.

Для чого потрібна "додаткова" мотивація, коли ми маємо справу з продавцями, які отримують тим більше, чим активніше вони працюють? Для бізнесмена будь-яка мотивація має розглядатися як засіб інтенсифікації праці структури, що продає.

Деякі компанії починають вводити т.зв. "рівні" продавців, розділяючи їх на продавців 1-го, 2-го, 3-го ґатунків і пропонуючи їм "горизонтальну кар'єру" – продавай краще й отримуй більше!

Однак на ділі виходить наступне. У найскладніший етап роботи продавця – на його старті – він замість підтримки від компанії отримує штраф, хоча його трудові зусилля такі ж або навіть більші, ніж у досвідченого продавця.

З точки зору формування пропозиції на ринку праці, новий продавець оцінюватиме перспективу роботи в компанії за тією комісією, яку він напевно отримає, тобто за найменшою.

Оскільки комісія для агентів різного "ґатунку" в будь-якому разі не збиткова для бізнесмена, виходить, що він недоплачує всім своїм продавцям, крім продавців "вищого" ґатунку. Це означає, що конкуренти, напевно, зможуть зробити продавцеві більш привабливу пропозицію.

Бізнесменові невигідно мати продавців "вищого" ґатунку, і бізнес-модель якось сама собою вибудовується в бік набору великої кількості новачків-недотеп, замість того, щоб вибудовуватися в бік утримання цінних кадрів.

Розсортування продавців важче в адміністративному плані – потрібно не тільки відстежувати, які комісійні в якого продавця, а й вносити вчасно зміни до комісійного плану в тих, хто змінив свій "сорт" у той чи інший бік.

Самі продавці швидко збагнуть, що до чого, і записуватимуть продажі на одного продавця, щоб отриману комісію виплачували за вищим сортом, приносячи бізнесу несподіваний збиток.

Тому не варто думати про поділ агентів на подібні категорії. Грошова мотивація у них і так є, а вигадувати щось нове в цьому напрямку безглуздо. Уже зрозуміло, що чим більше заробляєш, тим більше отримуєш. Людський мозок не в змозі відрізнити два схожих подразники, що йдуть з однієї точки. Точно так само ми не розрізняємо без приладів подвійних зірок на небі. Тобто "повідомлення", що передається за допомогою "горизонтальної кар'єри", вже дублює "повідомлення", яке передається за допомогою комісії.

Можливість побудови справжньої кар'єри є одним із чотирьох перелічених раніше мотивувальних чинників. Тобто, приділяючи належну увагу кар'єрним амбіціям ваших співробітників, ви можете домогтися підвищення ефективності роботи. За ідеєю, правила кар'єрного зростання мають бути прозорі та здійсненні. Однак їхня здійсненність не повинна стимулювати продавців просто займатися побудовою своєї кар'єри. Кар'єрне зростання має управлятися адміністративно. Іншими словами, не повинно існувати правил "автоматичного" зростання (за умови досягнення тих чи інших показників). Ухвалювати рішення про зростання в мережі мають керівники, які стоять на сходинку вище, ніж безпосередні керівники того, хто зростає. Однак якщо в спробі розробити правила кар'єрного зростання ми будемо відштовхуватися від досягнень продавця, який виконує свої безпосередні обов'язки, то ми зіткнемося з такими проблемами.

Дублювання "повідомлення", коли можливість побудови кар'єри працює паралельно з грошовою винагородою. Це неефективно.

Компетентність на своєму рівні не є причиною для зайняття керівної позиції.

Просування "зірки" на сходинку вище, ще не принісши в компанію хорошого менеджера, позбавляє компанію хорошого продавця.

Насправді нам не потрібен продавець на позиції менеджера. На цій посаді нам потрібен саме менеджер – людина, здатна наймати людей, навчати їх і контролювати. Отже, ми робимо наступне. Усе-таки встановлюємо поріг продуктивності, при досягненні якого можливий розгляд кар'єрного просування співробітника. Поріг цей не має бути вражаючим – на рівні середньої успішності фахівця. Це буде гарним стимулом для вдосконалення новачків і дозволить вам бути максимально гнучкими, якщо ви вирішите розширити штат менеджерів, зберігаючи правила гри.

Важливим критерієм можливості кар'єрного зростання має бути досвід роботи. Якщо ви перебуваєте на етапі швидкого зростання, то досвід має бути максимально коротким. Наприклад, три місяці. Якщо ж у вас уже усталена мережа, то необхідний досвід слід тримати таким, щоб його не пережила більшість "летунів" – людей, які йдуть, нічого не досягнувши і не просочившись лояльністю до компанії. Також протяжний за часом термін вислуги буде адекватно сприйнятий наявними менеджерами, тому що вони зможуть більше уваги приділяти навчанню і наставництву перспективних продавців, не боячись, що ті швидко підуть кар'єрними сходами вгору.

Вище було зазначено, які кваліфікаційні вимоги мають висуватися до менеджера. Як дізнатися, чи може продавець керувати іншими продавцями? По-перше, ми встановлюємо, що для обіймання посади необхідно пройти навчання. Відповідно, те, чого ми будемо навчати майбутнього менеджера, має бути заздалегідь відомо. Це, щонайменше, досконале знання продукту, циклу продажу, знання теорії рекрутингу та розуміння звітності.

Передостанньою чергою ми говоримо, що кар'єрне зростання можливе тільки за потреби компанії в новому менеджері на цей момент. Наприклад, у вас може просто не бути бюджету цього року на розширення офісу і новий менеджер не входить у ваші плани, навіть якщо є гідний кандидат.

В останню чергу ми даємо йому можливість випробувати свою майбутню роботу: протягом певного терміну підібрати групу продавців і навчити їх працювати. Ми показуємо йому, що він усе ще продавець, а не менеджер, і результати цієї тестової роботи мають показати, на що він здатен насправді. Зрозуміло, займатися продажами майбутній менеджер у цей час не здатний, та й не повинен, тому ми можемо встановити йому оплату праці на рівні 80-90% від рівня оплати праці менеджерів. Само собою, перетягування продавців від колишнього керівника неприпустиме, навіть якщо ці продавці – родичі майбутнього менеджера.

У будь-якому разі ініціатива кар'єрного зростання має виходити не від самого продавця і, звісно, не від менеджера, а від керівника рівнем вище. Менеджер через свою посаду просто не зацікавлений у зростанні продавця і не може його оцінити як потенційного керівника.

Самі кращі

Коли ми намагаємося придумати якусь додаткову винагороду, наприклад, організувати поїздку за кордон для найкращих продавців, зазвичай виникають роздуми щодо бюджету такого подарунка, і на порядок денний постає питання: "Як я можу зараз сказати, скільки грошей мені треба зарезервувати на подарунок, якщо я не знаю, скільки людей поїде?"

Найпростішим рішенням будуть умови акції на кшталт "5 найкращих продавців поїдуть до Туреччини наприкінці року". На запитання, що конкретно треба зробити, щоб досягти мети, відповіді немає. Тому всі продавці, вважаючи, що кожен із них вже точно не найкращий, забувають про цю акцію і продовжують спокійно працювати. Наприкінці року бізнесмен бачить, що зірок немає, бо до "зірковості" ніхто й не прагнув, але посилати до Туреччини когось треба, щоб продавці не подумали, що їх обдурили. І тоді він обирає просто технічно найкращих за одними йому відомими критеріями (можливо, він вирішив, що краще продавати корпоративним клієнтам, а не роздрібним, і вирішив нагородити найкращих корпоративних продавців, а не тих, хто продав більше) і відправляє їх до Туреччини, розуміючи, що викидає гроші на вітер. Продавці, які не поїхали, не можуть до кінця зрозуміти, чим же кращим за інших виявився Іванов, який продав за рік лише на 10 гривень більше за середній показник. М'яко кажучи, вони перебувають у подиві.

Але навіть якщо конкретизувати заздалегідь критерії "кращості", претендент на приз (відомий фаворит) буде зацікавлений у тому, щоб інші відставали. Щоб гарантовано отримати приз, не обов'язково продавати краще за всіх. Достатньо, щоб інші продавали гірше. У такій обстановці замість злагодженої командної роботи ми отримаємо "тераріум однодумців", де кожен буде вставляти палиці в колеса своєму товаришеві.

Така неприємна і для продавців, і для бізнесмена ситуація виникає через неправильну постановку цілей для продавців. Як відомо з книжок з управління (тому детально ця тема не зачіпатиметься), цілі мають бути:

- конкретними;
- вимірюваними;
- значущими;
- досяжними;
- обмеженими в часі.

Тобто умови змагання за поїздку до Туреччини мали б звучати приблизно так. До Туреччини поїдуть ті, хто:

- протягом наступних 12 місяців
- залучить більше 3 нових клієнтів
- -кожен з яких принесе понад 100 000 гривень продажів і тому стане новим ключовим клієнтом компанії.

До всього цього ми додамо, що така мета, за нашими оцінками, цілком досяжна, якщо постаратися і докласти зусиль. Минулого року в компанії з'явилося цілих 50 таких клієнтів. Виходить, що ми не знаємо заздалегідь, скільки грошей ми витратимо на поїздку до Туреччини для найкращих продавців? Так. Нехай це буде нашим бізнес-ризиком. До того ж це не зовсім погано, якщо в компанії з'явиться більше, ніж очікувалося, хороших клієнтів. Трохи знизити цей бізнес-ризик можна шляхом оцінки бізнесу минулого року, порівнянням його з планом на цей рік і розумінням того, скільки приблизно людей поїде до Туреччини. Найімовірніше, це буде від трьох до восьми осіб. Цього діапазону цілком достатньо. Якщо у нас проблеми з бюджетом і сума витрат на поїздку до Туреччини має бути визначена заздалегідь, у нас усе ще є велике поле для маневру: строки поїздки, клас готелю, сезон поїздки тощо аж до наявності або відсутності екскурсій.

До речі, найгірше, що можна зробити, – після постановки такої конкретної мети, додати, що з усіх, хто виконав умови конкурсу, поїдуть тільки 5 найкращих. У цьому разі ми знову повертаємося до того, що ніхто не знає, що собою являє цей самий "найкращий". Зате, з точки зору планування, вартість поїздки зрозуміла заздалегідь і остаточно. Це – гарний приклад того, як хвіст виляє собакою, і як не можна допустити у своїй фірмі ситуацію, коли продажі підлаштовуються під інші процеси в компанії.

Можливим варіантом того, щоб напевно вписатися в бюджет, стане оголошення, що кількість призів обмежена. Варто пояснити, що існує певний кваліфікаційний рівень, який дає змогу претендувати на приз. Однак сам подарунок буде розіграно в лотереї. Щоправда, у цьому разі нагорода має буквально затьмарювати розум. Автомобіль, квартира, навколосвітній круїз – ось приклади суперпризів.

Штрафи

Поширеною практикою менеджерів у країнах колишнього СРСР є штрафування співробітників. Менеджер вважає, що таким чином він стимулює співробітника до дотримання дисципліни і стандартів роботи. До того ж часто система штрафів дає змогу "законно" економити на фонді заробітної плати.

Але якщо подивитися на те, як біжить стадо бізонів, можна побачити, що воно переміщається зі швидкістю найповільнішого і найвідсталішого бізона. Швидше бігти сенсу немає. Леви, які нападають на стадо, спочатку наздоженуть найповільнішого. Тому тікати на повну силу нема чого. При цьому бізони мчать щодуху, якщо потрібно встигнути зайняти зручне місце на водопої. Так само працюють і штрафи. Вони не мотивують чинити сумлінно. Вони мотивують уникати покарання.

Штрафи – яскрава ознака відсутності клієнтоорієнтованості в компанії. Часто поведінка співробітника компанії пояснюється бажанням не отримати штраф, а не наміром обслужити клієнта найкращим чином. Мабуть, кожен житель України стикався з т.зв. "синдромом вахтера", коли співробітник начебто комерційної компанії старається не для клієнта, а для себе і своїх штрафів. У супермаркетах будівельних матеріалів та інструментів вам не допоможуть із купівлею дешевого дріб'язку, вимагаючи передоплату й аргументуючи, що без неї продавцеві загрожує штраф. І це замість того, щоб просто провести вас до каси і покласти цю "цінну" річ на стрічку, якщо вже її не можна взяти в руки без попередньої оплати. У торговому центрі охоронець рано вранці не проведе вас до банкомату в ще обгородженій від публіки частині торгового простору, а скаже, що не можна туди ходити, інакше його оштрафують. Співробітник банку не напружить звивини, щоб допомогти клієнту зняти гроші з його карткового рахунку за відсутності картки. Штрафи не тільки розвертають співробітників спиною до клієнтів, а й вбивають наповал ініціативу і розумовий процес. Якщо людину весь час шмагати батогом, вона перестає думати і перетворюється на тупу залякану тварину.

Ще одна особливість штрафів полягає в тому, що вони замінюють неформальні домовленості формальним контрактом. Людина, яка заплатила штраф, вважає, що вона вже спокутувала свою провину, і голова її звільняється від думок про проступок. Одного разу завідувачка елітного дитячого садка, вирішивши простимулювати батьків забирати дітей вчасно (о 18-30), ввела штрафи за запізнення. У підсумку батьки, які раніше відчували себе зобов'язаними не підвести вихователів, тепер стали спізнюватися регулярно і взагалі відверто не поспішати з тим, щоб забрати дітей вчасно. Вихователі стали йти додому лише о 9-10 годині вечора.

Знаючи цю особливість штрафів, я, консультуючи одного з клієнтів і отримавши від нього скаргу на запізнення продавців всупереч штрафам, запропонував скасувати їх узагалі. Зрозуміло, господар компанії став проти цього, заявивши, що тоді вони "зовсім розслабляться". Я попросив два тижні на те, щоб подивитися, яким чином можна і штрафи скасувати, і людей мотивувати приходити на роботу вчасно. Під час аналізу роботи компанії з'ясувалося, що:

продавці отримують 70% доходу за рахунок змінної частини зарплати. Фактично вони є незалежними агентами і їм незрозуміло, яким чином трудова дисципліна впливає на їхню продуктивність, тим паче, що і клієнти раніше 10-00 на роботі не з'являються;

у продавців щоранку була планерка, на якій їх критикували, виставляли напоказ невдачі, жорстко "пресували" на тему виконання плану продажів. Тобто ніхто взагалі не хотів приходити на цю планерку і був готовий викласти 10 гривень штрафу, аби на ній не бути присутнім.

Тоді я запропонував змінити порядок денний планерки і самому проводити їх деякий час замість директора з продажу. Благо він якраз пішов у відпустку. На цих умовно "нових" планерках обговорювали лише досягнення, а продавці замість того, щоб слухати закиди і виправдовуватися, ділилися ідеями і хвалили один одного. Так, кожен мав згадати, за що конкретно він хотів би похвалити свого колегу. Також на планерках обговорювали можливості виходу на тих чи інших впливових осіб і роздавали наводки.

Продавців почали мотивувати приходити вчасно – "продавати" їм користь від дотримання розкладу: корисна планерка, внутрішня дисципліна, є час, щоб "розчечегаритися" перед початком серйозної роботи з 10-00, порішати зранку рутинні завдання або зробити кілька нових дзвінків. Приходити вчасно означало відтепер заробляти більше грошей. Живі приклади – ті продавці, що приходили раніше, – більше встигали і продавали краще. Виходило, що недисципліновані співробітники штрафували самі себе ще більше, ніж становила сума офіційного штрафу.

Через тиждень, на черговій планерці, у продавців запитали, чи хочуть вони, щоб скасували штрафи? Вони сказали, що хочуть. Тоді я сказав, що штрафи скасують, якщо ніхто не запізнюватиметься рівно 1 тиждень. Легка мета і, головне, солідарна. Першого тижня команда не впоралася, були "відстаючі". Тоді їм дали "другий шанс". Другий шанс перевершив усі очікування. Люди почали приходити раніше секретаря, який відкриває офіс. Робота з ранку кипіла, а відділ продажів нагадував вулик.

Я просто показав директору результати своєї роботи, і той публічно оголосив про скасування штрафів. Зрозуміло, це підняло ентузіазм продавців і посилило їхню довіру до компанії. А головне, люди тепер, якщо й спізнювалися, то намагалися попередити про це інших і бажали "відпрацювати" запізнення, затримавшись трохи довше на роботі. Підкреслимо: їх ніхто про це додатково не просив.

Що продають погані продавці?

Що ж продають погані продавці? Погані продавці відмінно продають менеджеру свою активність. Вони переконують свого менеджера в тому, що вони "роблять усе, що можливо". Однак результату чомусь немає. Власне, вони не досягають його тому, що вони не прагнуть цього. Усе, чого вони хочуть, – мати робоче місце. І все, що вони роблять, – той мінімум зусиль, який дає їм змогу зберігати своє робоче місце й надалі.

Функція менеджера – зробити так, щоб результату хотіли домогтися всі. Техніки продажів, якість наведень, досвід не мають значення. Важливо тільки бажання. Якщо воно є, то і навички, і техніки, і наведення будуть поглинуті й повністю засвоєні. А без цього прагнення жоден тренінг, на жаль, не допоможе.

У проблемі поганих продавців існує цікавий ланцюговий ефект. Менеджер знає, що певна активність призведе до результату. Поганий продавець демонструє, що активність до результату не приводить, менеджер продовжує наполягати на активності, а поганий продавець продовжує показувати активність без результату. Як бачимо, погані продавці відмінно продають менеджерам відсутність взаємозв'язку між активністю і результатом, роблячи менеджера винним у своїх невдачах і змушуючи його шукати способи оптимізації активності продавця.

Хороші продавці впевнені в тому, що активність призводить до результату. Це як іграшкові машинки на батарейках, які продаються в підземних переходах. Вони катаються по картонній "арені", стикаються зі стіною, повертають і знову їдуть. Якщо таку машинку залишити в порожній незамкненій кімнаті, вона рано чи пізно виїде з цього приміщення. Виїде тільки тому, що вона запрограмована на це: активність веде до результату.

Погані продавці схожі на машинки, які, вдарившись об стіну, або завмирають, або відскакують під кутом рівно на 180 градусів, повертаючись на вихідні позиції, або не відскакують, а продовжують битися об стінку. Усе це – демонстрація активності без результату.

Менеджер просить бути активними – нате вам активність. Кого хвилює результат? Нікого. "Мене хвилює моє робоче місце і мої функції, які полягають у тому, щоб робити те, що просить менеджер".

Однак менеджеру не варто думати про те, що його мета – перетворити поганих продавців на хороших. Робота менеджера також має бути ефективною. І якщо у вас є два продавці, один з яких продає 10 телефонів на день, а другий – 100, то, спрямувавши свої управлінські зусилля, увагу та допомогу на одного з продавців, менеджер може збільшити його продуктивність, скажімо, на 10%. Тепер дайте відповідь, що краще: +1 проданий телефон чи +10?

Чому більшість менеджерів фокусуються на тому, щоб допомагати нікчемним продавцям і виховувати їх? Чому вони "купують" активність, а не результат? Потрібно спрощувати свою діяльність: приділіть час тим, хто продає, і отримаєте більше. Для вас же теж важливий результат, а не активність? Тому не треба питати в підлеглих про їхні дії, ставте запитання про результат. Рахунок – на табло. Поганий продавець завжди намагатиметься розповісти вам, що він зробив або що йому завадило, а не те, чого він досяг. Не потрапляйте в цю пастку.

Підсумки глави

Основні думки

- Клієнт – це той, хто платить гроші. У структурі, що продає, продавці – клієнти решти структури. Отже, менеджер цих продавців має продавати їм.

- Менеджер продає продавцям ідею працювати на компанію. Продавець без менеджера і компанії не буде настільки ж успішним. Якщо немає додаткової вартості, продавець, найімовірніше, піде.

- Структура, що продає, якщо не планувати її зростання заздалегідь і стратегічно, рано чи пізно перестане рости. Бізнес буде поступово розкладатися.

- Слід розуміти, чому продавці працюють саме на вас. У чому ваша ключова перевага. Чим ви кращі за інших.

- Рекрутинг і продаж, по суті, одне й те саме, не варто навіть шукати різницю. Вона полягає лише в тому, що ви продаєте не свій продукт, а ідею працювати на вас.

- Не варто чекати від найму продавців із напрацьованим портфелем клієнтів якихось чудес. Швидше, таких варто побоюватися.

- Гроші не мотивують. Гроші – стимул і частина вашого контракту з продавцем. Продавці отримають гроші скрізь. Чого вони не отримають в іншому місці?

- Будь-які стимулюючі акції мають бути конкретизовані. Кожна людина має знати, що саме вона має зробити, щоб взяти приз. Перегони тут недоречні.

- Продавці повинні розуміти, що саме ви цінуєте в їхній роботі, крім самого показника обсягу продажів. Тримайте їх у курсі стратегічних цілей компанії.

- Знайдіть роль у команді для кожного продавця.

- Пам'ятайте, що демотивований продавець гірший за відсутність продавця. Якщо ви будете демотивувати продавців, вони будуть гірше продавати. Вам це потрібно?

- Люди цінують людське ставлення до них. Продавець, на жаль, не найвдячніша робота. Вона вимагає любові. Любіть і ви своїх продавців. Зрештою, це ви від них залежите, а не вони від вас.

Вправи

- Згадайте дні народження і сімейний стан ваших співробітників. Згадайте, хто з якого міста приїхав, які в нього житлові умови.
- Подумайте про кожного продавця: що його мотивує на ефективну роботу? Не давайте відповідь "гроші". Якщо ви не знаєте, що саме, вам слід дізнатися.
- Зв'яжіть особисті цілі кожного продавця, якими ви їх бачите, з їх досягненням у вашій компанії.
- Придумайте стимулюючу акцію з конкретними правилами отримання призу. Приз не повинен даватися за те, за що продавець і так отримує свої гроші.

З чого почати

- Почніть із вибудовування клієнтоорієнтованих відносин. Почніть із себе. Що ви можете робити щодня для своїх людей?
- Складіть план особистих зустрічей з кожним із продавців. Витрачайте 30 хвилин на тиждень на бесіду з кожним із них. Ви маєте знати їхні цілі.
- Скасуйте штрафи, якщо вони у вас є.

Заключення

Про продажі створено мільйони книжок, статей, відео та інших матеріалів. Нам не вистачило б і цілого життя для того, щоб прочитати їх усі. Ми змушені шукати, обирати та приймати лише обрану нами інформацію – важке випробування для нашого мозку! Не менш важко й перетравити, засвоїти цю інформацію, сформувати своє "я" в продажах.

Сьогодні тільки в Україні налічується понад тисячу компаній і тренерів, які пропонують допомогу в продажах за допомогою "унікальних" методик, нових технік, універсальних моделей тощо. Білі продажі не є новим запатентованим методом. Радше це перевірене часом, відфільтроване й адаптоване для ринку України знання. Продажі – одна з найдавніших професій, і смішно вважати, що буде знайдено щось радикально нове. Усі методики, техніки і секрети були відкриті століття тому. Змінюються інструменти, але технологія залишається практично тією ж.

Білі продажі – це система, орієнтована на лояльність, коли кожен клієнт розглядається як довгостроковий партнер, а його справжні інтереси ставляться на чільне місце. У ній немає багатьох елементів, які вважаються мало не обов'язковими для будь-якої методики продажів. Серед них:

"Втюхування" (продаж тут і зараз кожному) – це короткострокова "стратегія" продажів, яка в перспективі вбиває компанію. Орієнтація на плинність кадрів і неосяжний ринок (у Києві понад чотири мільйони людей, "на наш вік вистачить") закінчується тим, що компанія змушена день у день продавати товар новим клієнтам. Доти, доки ім'я компанії не почне відштовхувати і покупців, і співробітників.

"Як пройти секретаря". Навіщо боротися з вітряками? Обман і маніпуляції працюють проти продавця. Секретар – співробітник компанії, людина зі своїми проблемами і думками. Відповівши на запитання, навіщо йому ми, ми зробимо його своїм другом. Якщо ж це не вдалося, потрібно йти далі: продавати іншим або шукати інші шляхи до клієнта. Крім того, створюючи свій портфель клієнтів, партнерів і рекомендаційників, ми позбавляємося потреби дзвонити в компанію і потрапляти на секретаря.

Жорсткі переговори (перемога за будь-яку ціну). Вигравши "першу битву", ми частенько програємо саму війну. У гонитві за сьогоднішньою вигодою ми забуваємо про перспективу. Мета переговорів у продажах – співпраця, тому переможе той, хто продасть себе, а не свою думку. Переможців у суперечці немає.

Продажі по телефону. Телефон продає зустріч, продавати решту в 95% випадків варто тільки на зустрічі. Решта 5% – тільки якщо немає жодної можливості зустрітися. Однак таке насправді трапляється вкрай рідко.

"Фішки" в продажах молодих продавців. Не маючи теоретичного фундаменту та активного практичного досвіду, не можна використовувати різноманітні методики та прийоми. Перегони за універсальними секретами в продажах, що дають змогу відразу стати суперфахівцем, закінчуються зазвичай розчаруванням. "Фішки" приходять самі, коли вже "не дивишся на педалі"…

Продавати свій продукт тим, кому він потрібен, і тоді, коли він їм потрібен, – це ключова ідея Системи сталих продажів 3S. Повторні продажі, крос-продажі, додатковий сервіс, обслуговування – ось те, на чому ми робимо акцент. Ми продаємо насамперед себе і свою компанію, тобто не тільки наш сьогоднішній, а й майбутні продукти. А попутно ми здобуваємо лояльність клієнта, потік рекомендацій і позитивних відгуків.

Наше завдання – задовольняти потребу клієнта і не переступати межі моралі. Кількість наших потенційних клієнтів не нескінченна. Це цінний і крихкий ресурс. Обдуривши людину один раз, ми ризикуємо втратити не тільки її довіру, а й потенційних клієнтів, яким нас не порекомендують. Що вже говорити про негативну, але, на жаль, правдиву інформацію, поширювану про компанію ошуканими клієнтами.

З одного боку, ми відмовляємося від короткострокової вигоди, зате ми продаємо себе на майбутнє. Людина, якій ви запропонували не купувати ваш продукт з об'єктивних причин (косметика не підходить цьому типу шкіри, машина не по кишені), з більшою ймовірністю порекомендує своїх знайомих, яким цей товар підійде.

Білі продажі не просто дозволяють продавати тут і зараз – вони допомагають робити це знову і знову. Вони не тільки дають можливість продавцю отримати свій прибуток, а й сприяють тому, щоб покупець по-справжньому вирішив свої проблеми. В основі парадигми Системи сталих продажів 3S не війна на знищення, а любов і взаємодопомога – речі, які в довгостроковій перспективі вигідніші за будь-які гучні перемоги.

www.ingramcontent.com/pod-product-compliance
Lightning Source LLC
Chambersburg PA
CBHW070921260726
48661CB00003B/787